災害復興と居住福祉

災害復興と居住福祉

早川和男
井上英夫　編集
吉田邦彦

居住福祉研究叢書
第5巻

信山社

───〈著者紹介〉（五十音順）───

井上英夫（いのうえ ひでお／金沢大学教授）

井口克郎（いのくち かつろう／三重大学研究員・金沢大学客員研究員）

岡田　弘（おかだ ひろし／北海道大学名誉教授）

片山善博（かたやま よしひろ／慶應義塾大学教授・元総務大臣・元鳥取県知事）

中島絢子（なかじま あやこ／公的援助法実現ネットワーク被災者支援センター）

長島忠美（ながしま ただみ／衆議院議員・元山古志村村長）

早川和男（はやかわ かずお／神戸大学名誉教授）

宮入興一（みやいり こういち／長崎大学名誉教授・愛知大学教授）

村　榮（むら しげる／元三宅島高校教諭）

村田隆史（むらた たかふみ／金沢大学院生）

吉田邦彦（よしだ くにひこ／北海道大学教授）

───── ©2012 信山社・東京 Printed in Japan ─────

はじめに
――防災・災害復興の基本は居住福祉――

　全国各地での相次ぐ災害は多くの犠牲を強いている。そこから得られる教訓は、日常の市民生活の安全や暮らしに配慮しない行政が災害を激甚にする、ということである。ワーキングプア、ニート、ネットカフェ難民、ホームレスなど、現代の貧困の背景には日常の深刻な居住難がある。仏教でいう「平常心是道」という認識の欠如である。

　阪神・淡路大震災では、地震による直接の犠牲者の88％は家の倒壊による圧死・窒息死、10％の焼死者も家の下敷きにならなければ逃げられた。負傷者の多くは6畳に3人、4畳半に2人、2畳に1人といった超過密就寝で、そこにタンスが倒れたりテレビが飛んできた。狭くて設備の貧しい家では高齢者などの家庭内事故が増え、ちょっとした骨折が寝たきりや認知症をつくっている。

　居住貧困と災害が背中合わせであることは、近年では2008年大阪でのわずか2㎡の個室ビデオ店での15人の焼死が象徴的である。2009年3月19日群馬県渋川市「静養ホームたまゆら」での火災事故死10名は、遠方の劣悪施設にしか身を寄せる場所のない高齢者の住まい事情、7月21日山口県防府市での特別養護老人ホーム「ライフケア高砂」の土石流による死者7名は、都市計画区域外・災害危険未指定区域で地価の安い場所での施設の立地があった。ともに背景に、居住福祉施策全般の不在・貧困がある。

　相次ぐ児童の犯罪被害等も、地域でのコミュニティの喪失と無縁ではない。監視カメラの配置以前に、安心して住み暮らせる地域の復活が必要である。

　防災を、技術的な「防災対策」の枠に閉じ込めず、ひろい視野からとりくむ必要がある。その根幹は、居住福祉政策の充実である。こうした視点からの「居住福祉」の意義の解明と施策のあり方が、本学会

はじめに

には求められている。

2012 年 3 月

日本居住福祉学会会長　　早 川 和 男

目　　次

はじめに　早川和男　v

解　題　吉田邦彦
居住福祉学(居住福祉法学)と災害復興との関わり
──東日本大震災に際して ………………………………… vii

［総　論］

第1章　早川和男
防災と居住福祉資源
──日常の生活・福祉・地域施設が防災・復興資源……… 3
（居住福祉資源発見の旅Ⅱ（2008）1章、2章を基に、書き下ろし）

第2章　井上英夫
震災を見る視点と住み続ける権利
──日中比較から ………………………………… 31
（「震災を見る視点」医療・福祉研究17号（2008）などを基に、書き下ろし）

第3章　宮入興一
過疎地域における災害復興の課題と展望
──能登半島地震災害を素材として……………………… 63
（能登半島震災復興へのこれからを考える（2007）〔愛知大学中部地方
産業研究所・年報・中部の経済と社会2007年版（2008）〕から転載）

第4章　吉田邦彦
居住福祉法学から見た「弱者包有的災害復興」のあり方
──日米比較から…………………………………… 101
（同名論文・法律時報81巻9号、10号（2009）から転載）

第5章　岡田　弘
火山活動と減災の思想、ゾーニング(土地利用規制)のあり方
──ハザードマップ実現上の課題……………………… 137
（有珠──火の山とともに（北海道新聞社、2008）から転載）

目　次

［各　論］

第6章　中島絢子
この国の主権者として憲法を豊かにする動き
　　──神戸震災・被災者生活再建支援者と
　　　「公的援助法」実現ネットワーク ……………153
　（「公的援助法」実現ネットワーク被災者支援センター）

第7章　片山善博
鳥取県西部地震に学ぶ居住の大切さ……………187
　（日本居住福祉学会編・知事の決断（京都修学社、2004）から転載）

第8章　長島忠美
新潟中越地震からの復興
　　──「帰ろう、山古志へ」の実践 ……………209
　（居住福祉研究9号（2010）から転載）

第9章
能登震災の被災者生活及びコミュニティへの影響調査……223

第1節　井口克郎
能登半島地震被災者への聞き取り調査から
見える地域発展への課題
　──被災者生活再建支援制度がもたらすコミュニティへの影響……223

第2節　村田隆史
能登半島地震から3年目の被災者の生活実態
　　──「生活被害」の拡大と「復興」における長期的視点……239

第10章　村　榮
三宅島の噴火活動からの復興の現状と課題 ………253
　（三宅島噴火始末記──帰島5年間の記録（文芸社、2010）から転載）

おわりに　井上英夫　267

解題　居住福祉学(居住福祉法学)と災害復興との関わり
――東日本大震災に際して

吉 田 邦 彦

　(1)　本書編集の終盤段階である 2011 年 3 月 11 日に、東北地方を中心とした東日本は超弩級（マグニチュード 9.0）の大震災（激震、津波、原発による大被害）（震災 3 カ月後の段階で、死者・行方不明 2 万 3,547 人、負傷者 5,363 人、避難 9 万 1,523 人、全壊家屋 10 万 7,748 棟、半壊家屋 6 万 3,083 棟、一部破損家屋 29 万 8,051 棟）に見舞われ、1,000 年に一度とも言われる、途方もない未曾有の被害に呆然とする日々が続いた。まずは、この被災者の方々に、心よりお見舞い申し上げる。

　それ以来、連日震災関連の深刻な報道が続き、また全ての分野の研究者が、震災復興向けの著作に関心を向けられている感すらある。しかし最初に述べておきたいのは、本書は、そのような時流に乗ろうとしたものではないということである。そうではなくて、まだ歴史の浅い居住福祉学において、「災害復興」の問題は、核心的な分野を占めて、その学問構想上の中心的意義を有するということであり、実は、本書に収める原稿は、すべて「3・11」以前に集められたものばかりであり、むしろ我々が、この 10 年間災害復興問題について取り組んだ居住福祉学の苦闘の成果をお届けするわけである。

　このような企画に対しては、東日本大震災により、災害問題は一変してしまったのであり、それ以前のものは時代遅れになったとして、批判を投ずる向きがあるかもしれないが、私は、「決してそうではない」と答えたい。本書は、居住福祉学の見地からの、震災復興に向けた様々な処方箋ないしアンチ・テーゼ（従来の実践批判）を試みた、暗中模索の提言書であり、まさに東日本大震災において、その真価が問われ、これを拠点に災害復興学を積み重ねていってもらいたいと願うものである（何となれば、意外なことに、わが国が「災害列島（震災列島）」

にも拘わらず、居住という市民の日常生活に定位した災害復興について論ずるような、我々の意向に添う学問の蓄積は、これまで驚くほど限られていたからである)。

（2）【災害復興に関する学会活動など】この点、すなわち、居住福祉学がこの間終始災害復興問題に向き合いつつ、どのようにその展開を遂げてきたかについて、もう少し敷衍しよう。すなわち、21世紀になってから発足した居住福祉学会は、早川和男会長の『居住福祉』（岩波新書）（岩波書店、1997）をベースとしていることもあり、①同書の発条となった1995年1月に神戸を襲った神戸大震災の問題処理の一環として、同市長田地区の再開発状況及び兵庫県の辺境に作られた復興住宅を見て回ることから始められたし（2001年9月現地研究集会。なお、学会発足以前の活動については、本書6章参照）、②2000年10月の鳥取西部地震を踏まえて、2002年6月に鳥取市において行われた「居住福祉推進フォーラム」において、（全国に先駆けて自治体レベルで住宅補償を実現した）片山善博鳥取県知事（当時）から出された、「住宅ないし居住補償を行わないという行政先例は、根拠のないマインド・コントロールではないか」「コミュニティの回復はパブリックなことではないか」「仮設住宅のみに公費が費やされるというのもおかしなことではないか」などという問題提起（詳細は、本書7章に所収の講演参照）は、その後の居住福祉学（居住福祉法学）の構想一般に繋がる大きな牽引車となったことは言うまでもない。同時期に同じ鳥取の地で行われた年次大会では、「居住福祉学の方法」のシンポが組まれている（居住福祉研究2号（2004）参照）ことは、その証左であり、「このような災害復興を巡る奇妙な先例が、マインド・コントロールなのかどうか、法学的に検証して下さい」という（片山知事及び早川会長から出された）宿題は、私にとっても、トラウマとなり、投宿した白兎会館で眠れぬ一夜を過ごしたことを今でも懐かしく思い出す。もちろん当時は、——「住居は基本的人権だ」という一般的なキャッチフレーズの風靡とは裏腹に——このような震災に関する居住の公共的補償、さらに一般的に居住の公共的保護を、法原理・法政策的基礎付けの下にわ

解題　居住福祉学(居住福祉法学)と災害復興との関わり

が国で説かれることは皆無であり、上記シンポでのロールズの正義論の第2原理（格差原理）の援用は、私なりの苦し紛れの苦闘の帰結に他ならなかった。

　その後、2004年10月の新潟中越地震を皮切りとして、中山間地での震災が相次ぐこととなった（2005年3月の玄海沖地震、2007年3月の能登地震、同年7月の新潟中越沖地震、2008年6月の宮城・岩手内陸地震、そして今回（2011年3月）の東日本大震災である（なおその背後に翳んでしまっている観があるが、同時期の長野県栄村、松本市などでの震災（2011年3月、6月）も、小さくない被害をもたらしていることも忘れてはならない）。さらに、地球温暖化の影響からか、局地的な集中豪雨被害も増えており、2004年7月の新潟三条市水害、同年10月の豊岡水害、2009年7月の山口県防府市水害、同年8月の佐用町水害、2010年7月の可児市水害などと、跡を絶たない状況である）。

　そしてこうした災害頻発の状況に対して、居住福祉学会も拱手傍観していたわけではなかった。すなわち、③新潟中越地震が起きて1カ月後（2004年11月）には、早川会長、中島絢子理事とともに、被災地入りして、当時長岡市に設けられた山古志村災害対策本部に詰めて、長島忠美村長らとともに、3日3晩「鳩首凝議」して（その座談会「山古志村2004＝神戸・長田1995復興への共感・協働へ」は、一部、建築ジャーナル1079号、1081号（2005）に収録されているが、当時の張りつめた緊迫感の中での議論は、時間的にも内容的にも相当のもので、早川教授の名司会も歴史に残るものであったと、今でも考えている）、日本居住福祉学会からの「新潟中越地震及び台風による災害復興に関する要望書」を新潟県庁で発表した（なお、本要望書は、居住福祉研究3号（2005）7頁以下参照。またその注釈的論考として、吉田邦彦「新潟中越大震災の居住福祉法学的（民法学的）諸問題——山古志で災害復興を考える」同・多文化時代と所有・居住福祉・補償問題（有斐閣、2006）212頁以下（初出、法律時報77巻2号（2005））であるが、本書には収録しなかった）。ここでは詳論できないが、例えば、（近時の東日本大震災との関連で当然のように指摘されている）住宅補償と並ぶ生業補償（つまり居住のトータルの補償）の必要性

xi

は、当時類例を見ないオリジナルな指摘であり、まさしく前記座談会の貴重な居住福祉学的成果だったように思われる。なお、その5年後の 2009 年 11 月に、同地で「居住福祉サミット」が開催されて、急速な災害復興を確認できたのは、嬉しいことであった（その時の記録は、居住福祉研究9号（中山間地・山古志の再建特集号）（2010）である）。

また、④能登震災に関しては、金沢大学が、被災の翌月（2007 年 4 月）に、「能登半島地震学術調査部会」を発足させ、学長経費及び科学研究費を得て、大規模な学際的研究を行ってきており、同研究の中心的役割を演じておられる井上英夫教授（日本居住福祉学会理事）に、本書の編集委員も引き受けていただいた。そして居住福祉学との関係では、特に、「生活・住居・福祉班」の研究が注目されて、その主催のシンポジウムも行われた（とくに、日本学術会議との連携の下に、2007 年 11 月に行われた報告会シンポ「震災とセーフティネットを考える――人間と地域復興の視点から」及びフィールドワークは、本書編者の全員が参加し、本書が能登震災に触れるものが少なくない（1章～3章、9章）のは、偶然ではない）。⑤その他、吉田のグループ（早川会長もそのメンバー）も災害関連での科学研究費の補助を得ているので、――学会企画ではないものの――宮城・岩手内陸地震、玄海地震、奥尻の津波被害、また豪雨被災地として、豊岡、防府、可児、作用等、可及的に多くの被災地の現場に当たるべく努力を重ねてきたつもりである。

(3) 【本書の紹介その1】それでは、こうした居住福祉学の取り組みの成果としての本書の紹介に移ろう。便宜上、総論と各論とに分けたが、必ずしも厳密なものではない。

まず第1章の早川教授の論考は、居住福祉行政の充実による災害抑止の重要性を説いており、居住福祉資源が、「防災・復興資源」になることに目をつけられ、この点で、能登震災との関連で、輪島市門前町の特養「あかがみ」や「くしひ保育所」、公民館、公共ホテル、また寺院なども重要要素で、総持寺の鐘が被災者を元気づけたこと、そして新潟中越地震における鎮守の森の公共的支援の試みの例を紹介している。なお、同教授には、この時期の関連著作として、早川和男・

解題　居住福祉学(居住福祉法学)と災害復興との関わり

居住福祉資源発見の旅Ⅰ、Ⅱ（東信堂、2006、2008）があり、とくにⅡが、本論文と関係する。

　そして例えば、コミュニティの確保とか、暖房とか、プライバシー確保の面は、こうした防災資源の評価基準とされるが、その際の反面教師として、教授身近の神戸震災の例があることは言うまでもない。ところで、早川論文で問題提起的に紹介されている「鎮守の森公的支援プログラム」は、もし積極的に支持されるべきものとするならば、災害復興法学（とくに中山間地のそれ）的には、（法学者の仕事として）「政教分離」（憲法 20 条）との関係を分析する必要があろう。近時も砂川政教分離違憲判決も出されているし（最大判平成 22 年 1 月 20 日民集 64 巻 1 号 1 頁〔市有地の神社施設の敷地として、連合町内会に無償提供していた事例〕）も出ており（しかし、他方で、「地鎮祭」などは、憲法 20 条に触れないとされる（最大判昭和 52 年 7 月 13 日民集 31 巻 4 号 533 頁〔津地鎮祭事件〕））、災害復興としての寺院・鎮守の森への公的支援は、通常の宗教施設との支援とは異なる理由として、その実際上の居住福祉資源的性格、被災者のコミュニティ凝集的効果、復興基盤形成的効果をどのように憲法論として展開するかの作業が残されていて、「災害復興の公共性」に関わる興味深い課題と言えるであろう。

　第 2 章の井上論文は、様々なことが論じられているが、前記の如く近時中山間地の震災が多いことに鑑みて、まず中山間地の過疎の問題に向き合われて、そこでの「人間の復興」「住み続けることの保障」を分析の軸とされ（この点で、中国ではやや簡単に、集団移住が説かれることにも躊躇を示される）、これは片山講演（7 章参照）で、震災を機縁に町づくりとか区画整理などをするのではなく、まずは原状復旧こそが大切だと強調される現場感覚と通ずるものを感ずる。また、日常の保健活動、福祉施設の重要性の指摘は、早川論文と通ずるところがある。そしてまた、安易に自己責任・個人責任を持ちだすのではなく、行政責任の重要性の方を指摘されるのは、災害復興に関する居住福祉的特色が出ているところであろう。

　ところで、私が能登震災の被災地訪問の際に、まず深見地区の仮設

居住福祉研究叢書　第5巻

住宅の集会所での集会に立ち会った際、井上教授は、被災者の中に完全にとけこんで車座を作り、その聞き取りを行っておられるところであった。教授の院生諸君の話では、被災地を本当に隈なく歩き回られて、その指導方針は、安易に図式的な割り切りをすることに、慎重になれとのことであった。本論文を見るにつけ、その文体・スタイルは、論説風でなく、敢えて「被災者の目線からの物語（ナラティブ）ないしルポ報告風の書き方」をされているのも特徴的であるが、上記のような震災問題についての教授のアプローチの心意気をつかみたいと考える。その証拠に、四川地震の叙述にしてもありきたりのものではなく、被災者生活の襞にまで入り込んでおられるところに注目すべきだと思われる。

　第3章の宮入論文（講演）も、能登震災を機縁として、中山間地の震災復興について、包括的な考察をされたものであり、井上論文より、時期的にはほんの少し遡るものである。地域経済ないし災害復興経済の側からの分析で、おそらく居住福祉学会が企画した片山講演（7章に所収）などには接しておられないのであろうが、従来の災害復興の行政先例においては、復興の基本が住宅再建支援制度であることを忘却していること、そして住宅再建には公共性があることなどを、鋭く指摘されるところは、驚くほど居住福祉学（法学）と視角を共有していることに驚かされる。また、生業やコミュニティの復興を説かれるところも同様であり、玩味に値しよう。かくして、被災住民の「生活再建」と被災地の「生業再建」、さらに「地域コミュニティの再建」とが、災害復興の三位一体的なものと結ばれている。

　第4章の拙文では、前記の片山知事（当時）からの問いかけに対して、居住福祉法学の立場からは、「災害弱者包有的な公共的支援」システムの構築が求められ、そしてそれは、比較法的分析を通じても得られる帰結であるとして、わが災害復興政策の先進国の中での特異性も明らかにしたかった（井上論文でも、類似のコメントがみられて興味深いが、資本主義のメッカのアメリカ法学でも、被災者に対する公的支援は厚いというところに注目されなければいけないし、法原理・法理論的にも私保

解題　居住福祉学(居住福祉法学)と災害復興との関わり

険だけでは無理があるということも、示したかったところである)。この日米比較に際しては、2005年8月以降のニューオーリンズ市を中心とする大洪水の被災地調査も行い、特に最悪状態の第9低地地区（Lower 9th Ward）では、あたり一面家屋ごと流失して、住居の基礎しか痕跡が残っていない様を見て、息を呑んだが、まさかその数年後にわが国がその何倍もの規模の災害に襲われるとは、予想だにしなかった。

　第5章は、火山活動に関する世界的権威である岡田弘教授のものであり、教授は、ほぼ30年おきに火山活動を繰り返す有珠山の噴火活動に2度関与されているが、先般の2000年4月のそれに際しては、事前に噴火活動を予測して、一人も犠牲者を出さない手際良さと被災者との交流の際のキーパーソンとして、全国的に知られた方のものであるが、同教授の作られたハザードマップ実施における減災の思想、そのむずかしさ等を語られる。科学者としての事前的事故抑止のヒューマニズムあふれるものであるが、他面でそれは居住福祉ないし日常生活の障害との相克というディレンマがあることがわかる（しかし、真に災害抑止のためにどのような居住コミュニティを形成するかは、長期的視点から検討されなければならないであろう)。なおこうしたディレンマが一番出ているのは、三宅島の高濃度地区の指定によるゴーストタウン化という現象（これについては、10章参照）であり、宮城・岩手内陸地震においても耕英地区が同様の避難措置がとられた場合にも、同様の問題があった。

　(4)　【本書の紹介その2】具体的震災等に即した各論的部分の紹介を、重複を避けつつ続けることにしよう。すなわち、第6章は、神戸震災を機縁とする住宅補償の公的支援に関する運動の詳細な記録である。まさしく「公的援助法」実現ネットワーク代表として、この動きの中軸として尽力された、中島絢子さん(日本居住福祉学会理事)ならではの渾身の作であり、読者は、被災者生活再建支援法が、いかなる紆余曲折を経て制定され、それがまたどのような問題を抱えるかを明確に掴むことができよう。

　第7章、第8章は、災害復興の領域では先進的取り組みをされてき

xv

たリーダー格の著名首長である、片山元知事、長島元村長による記録である。前者に関しては、もはやコメントは不要であろうが、住宅補償に関する消極的先例を、地方自治体レベルで突き動かしたリーダーの熱い思いがほとばしり出る名講演である（当日司会役の村田幸子さん（元 NHK 解説委員）も絶賛されていた）。なお、同氏は、東日本大震災に関する菅＝野田両内閣の増税とリンクさせた対応を酷評しているが（朝日新聞 2011 年 10 月 25 日 13 面参照）、これは元閣僚メンバーからの発言として、並々ならぬ「内部批判」であろう。この災害復興への熱い思いからの「憤りの発露」に共鳴し、改めて敬意を表する次第である。また、後者においては、避難所、仮設住宅レベルにおいてのコミュニティの維持を最初に実践された例としても、注目に値し、さらに中山間地の地域復旧を実現された例としても、大いに注視されてよいであろう。何故山古志の復興が順調に行っているかの理由について、一言付加すると、長島村長のリーダーシップ以外にも、青木勝企画課長（現長岡市山古志支所長）、斎藤隆総務課長（現山古志支所地域振興課課長）などという参謀の優秀さもあると思う。復興の担い手の重要性という問題である。

第 9 章は能登震災に関する貴重な実証調査である。前記フォーラムに先立ち私は一部損壊の被災者からの聞き取りを行い、義援金も含めての支援金の少なさに「自殺したい思いだ。」と語られてショックを受けて、同フォーラムでは、こうした公的支援金のギャップの大きさに疑問を呈してみた。1 節の井口論文は、この点の実証調査をされているし、2 節の村田論文では、仮設住宅も取り壊されて、被災の痕跡が可視的でなくなった 3 年目からの問題調査を行った貴重なものであろう。この点で、早川論文だけ読まれると、能登震災の復興は結構うまくいっているのではないかとの感想を持たれるかも知れないが、他面でこういう影の面もある。また宮入論文（本書 3 章）を読むと、門前町等の被災地は、平成の大合併もあり、周縁化され、財政力指数も低く、地域の財政面での防災力は弱く、楽観を許さないとのことである。どちらが正しいという問題ではなく、災害復興には、両極面があ

解題　居住福祉学(居住福祉法学)と災害復興との関わり

るということであろう（その他、能登の寺院も幾つか訪ねてみたが、「政教分離」ゆえか、新潟と違い放置されているところが多く、この点では早川会長の問題提起は当たっていると思われる。「総持寺の鐘の音」的効果は、もっと拡充されなければいけないということになろうか）。

さらに 10 章は、三宅島の火山活動に関するものであり、調査の際、羽田からの飛行機が火山ガスのためになかなか飛ばなかったことを思い出すが、被災者生活再建支援法の用途制限の脱却に先駆けた立法がなされた点でも注目すべきであろうが、それよりも、高濃度地域指定による家屋の朽廃化、仮住まいを強いられる被災者からの聞き取りが強烈で、同島の状況の隅々まで知る村榮さんの現状の記述は、知られていないことも多く、注目されてよいだろう。

(5)　【終わりに──東日本大震災に直面して】冒頭に述べたように、東日本大震災の大災害の処方箋が急務の今日、もう一度我々が導いてきた居住福祉学的視角からの災害復興の分析の方向性を玩味していただきたく思う。分析視角は殆ど出ているのではないかとすら思う（しかし、近時の復興論議では、根本的なところで我々の問題提起がきちんと受け止められているのか疑問にも思われるのである）。

例えば、第 1 に、「東日本大震災復興構想会議」はその提言をまとめている（2011 年 6 月 25 日）が、そこでは、特区の採用、増税、減災の思想などは語られるが（朝日新聞 2011 年 6 月 26 日 1 面、3 面など参照）、居住福祉学からの肝心のメッセージは果たして検討されているのだろうかという疑念は拭えない（他方で、村井嘉浩宮城県知事らの漁業権解放を目指す「水産業復興特区」の議論（その賛否も含めて、さしあたり、朝日新聞 2011 年 6 月 21 日 15 面「漁業権解放」参照）などは、原理的には、災害復興それ自体とは平面を異にする問題であろう）。

つまり、これだけ大規模に破壊されるとなると、復興の規模も相当なもので、従来の災害復興の矛盾も増幅する。仮設住宅を早期に建設しなければならないという声ばかり聞こえてくるが、それに伴う従来の先例のスクラップ・アンド・ビルド的な無駄遣いを何故直そうとしないのか。同じ 20 兆円以上もの予算を使うのならば、被災者の本来

xvii

の居宅として将来に残る住宅補償、さらには生業補償を行うべく、なぜ従来の先例をこの大災害を機縁に転換しようとしないのか。こうしたことについて、議論が空白なのは、疑問というよりほかない。被災者生活再建支援法による最大300万円というだけの補助では、決して十分ではない（またその適用も制限的だったということにも思いを致すべきである）。

その点の議論にメスを入れずに放置すれば、被災者の二重ローン問題が出てくるのは必定であるが、今の政策的論点として、金融機関に——いわば「民民」的に——二重ローン問題の棒引き要請をすることを政策論点化させている（日弁連もこの要請をしている（2011年4月22日に金融庁、中小企業庁に提出））。しかし、そのことに終始するのは、前提問題を素通りしている観があり、ここに「災害復興に対する公的支援の弱さ」というわが国の負の遺産を引きずっているということは意識されているのであろうか。この点で例えば、仮設住宅に入るか、それとも入らない代わりにそれにかかる費用400〜500万の現金給付の給付を受けるか、というオプションを認めるだけでも、被災者政策の議論は、かなり活性化することであろう。

第2に、放射能汚染の問題は、今回の大震災特集の問題ということはできようが、震災による原発リスクの問題は、既に予測されていたことで、本書第4章の拙文はその批判的検討を行っている（新潟中越沖地震の際の新潟刈羽原発の危機を契機とする廃炉運動に参加して以来、まさしく居住福祉の見地から、企業利益本位の原発リスク軽視の構造的問題の批判議論の必要性は、21世紀の大きな課題であるという認識は、既に「3・11」以前から、我々は訴えてきているのである）。しかしこうした不可逆的な環境汚染（今回一番問題になっている放射能であるセシウム137の半減期は30年である）の場合には、まさしく「予防・警戒原則（precautionary principle）」の適用例であり、正確な情報の速やかな伝達と、事前的に可及的速やかで的確な行政的救済が生命線であろう。

1986年のチェルノブイリの原発悲劇では、退避が遅れた（3年以上被爆させてから10万人以上を退避させた）が、放射能汚染の帰結とし

解題　居住福祉学（居住福祉法学）と災害復興との関わり

て100万以上、否200万人を超える者が、癌で亡くなったと言われる（小出裕章・放射能汚染の現実を超えて（北斗出版、1992）（復刻版：河出書房新社、2011）44-49頁）。東日本大震災の場合にも、「直ちに影響は出ない」という趣旨不明の政府声明の裏側で、向こう50年間で40万人もの人が被爆障害（発癌）に見舞われるなどという指摘もなされている（広瀬隆・福島原発メルトダウン（朝日新書）（朝日新聞社、2011）18頁以下、及び同氏の講演会発言）。しかし被災後1週間余りの高濃度汚染時の放射能の流れおよび降雨状況が決定的だという情報、そして退避対策の迅速性は、減災の思想からは、不可欠かつ重要なはずであるが、退避措置としては、3キロ圏避難指示及び10キロ圏屋内避難指示（3月11日）、20キロ圏の避難指示（3月12日）、20～30キロ圏の屋内避難指示（3月15日）、その後自主避難指示（3月25日）、それ以遠の「計画避難地域」の指定（4月22日。5月末までの避難を求める。なお同日に、20～30キロ圏の「緊急時避難準備区域」も指定されたが、これはその後解消の動きもある）、「特定避難勧奨地点」の指定（6月16日以降）という具合に、十分な根拠を示されることなく、後手後手に退避ゾーンは広げられていっている。そして、アメリカ基準（半径50マイル〔80キロ〕）ならば、退避ゾーンとされる中に位置する、福島市、郡山市、伊達市等の住民は、今尚被爆の不安にさいなまれながら未だ退避なく居住している。

　こうした中で、原子力損害賠償紛争審査処理委員会（会長能見善久教授）は、様々な損害賠償の指針を示されていて、その労を多としたいが、その中に例えば、注目される慰謝料賠償として、避難者には、避難所の場合月額10万円、体育館等の場合には、月額12万円という慰謝料賠償の基準を打ち出している（2011年6月20日）。そして、交通事故事例が先例になるというが、放射能汚染事例はやはり類型的に状況が違うのではないか。どの被災者もその呻吟は計り知れないしその相互比較は難しかろうが、（飯館村等の高濃度地域への退避事例は格別、）安全地域に退避したものと、退避できずに放射能リスクに怯えるものと比較して、前者の方の精神的損害が大きいと断言するフィクション

性を感ずるのは、私だけであろうか。放射能問題に適合的に、事前的救済に触れようとしないのは、役割の射程外なのであろうが、そうしたことへの法学者の見解も大いに求められているのではないか。さらに汚染農作物などへの後追い的な賠償対象の拡大を進めているが、そもそも放射能リスクの特殊性に鑑みて、どのような線引きがなされようとするのか、その見通しの目処はあるのかという、賠償根拠の理論的薄弱さへの不安は募る（このこととの関連で、例えば、原子力リスクは、限界のない新たなリスクで、事故の影響が広範で複雑で長期にわたり、保険制度等では対処できないという、U・ベック教授の炯眼（例えば、「（インタビュー）原発事故の正体」朝日新聞 2011 年 5 月 13 日 13 面）をどのように受け止めておられるのだろうか）。

なお、小出氏は、放射能汚染物質からは逃れることができず、それを先進国が排除すれば、結局第 3 世界の貧困国が汚染されることになるという帰結を踏まえて、——また、東日本大震災の場合にも、福島の被爆地域（中山間地）の第一次産業を崩壊させないためにもという論理から——放射能に感度の低い大人は、汚染物質を受け入れるべきだとの論理を展開している（小出・前掲書 88 頁、108 頁、118－126 頁。同・原発のウソ（扶桑社新書）（扶桑社、2011）90 頁以下）。この議論をどうとらえるかは、大きな課題となろうが、既に三宅島の例などで論じた減災と居住福祉保護とのディレンマの問題とも通ずることだけをここでは指摘しておきたい。

また第 3 に、（前述の如く）被災者相互の比較をここで行うつもりはないが、そのように原発賠償を一生懸命に論ずる際に、津波被害者への救済には一切問題にしないことにも、何も気にならないのであろうか。気にならないとしたら、それは「責任問題」か否かで救済の線引きをしようとして怪しまない従来の民法思考の、災害復興法学とのミスマッチであり、その線引きの恣意性に気付かれても良いだろう。すなわち、むしろ《被災者の目線で、等し並みの救済を目指して、トータルな生活復興・人間復興をはかるという災害復興政策の方が、居住福祉法学の立場である》ことも押さえられてよく、こうした救済格差

解題　居住福祉学（居住福祉法学）と災害復興との関わり

についても、殆ど議論がみられないのも、不思議という他はないのである。

　さらに第4に、この大震災においては、かつて経験したことがない規模での退避ないし集団移転を余儀なくされている。神戸震災での悲劇を他山の石として、新潟中越地震以降は、「コミュニティの確保」が打ち出されるようになったが、これだけ大規模となると、なかなかその実現も難しい。例えば、福島県浪江町の2万1,000人の避難で、約3,000人が二本松市内15か所、約5,000人が福島県内、約1万3,000人が北海道から沖縄への避難とのことであるし（朝日新聞2011年4月15日13面）、福島県双葉町は、役場ごと埼玉県加須市への集団移転を決めたが、6,900人の町民の内、埼玉に移ったのはその2割の1,400人とされている（同2011年4月20日1面）。また福島県全体においては、県外避難者は3.6万人とのことでもあり（同2011年7月10日1面。東日本被災地全体の県外避難者は、7.6万人とのことである。NHKクローズアップ現代2011年8月2日放映「避難者を"絆"で支える」）、他方で、仮設住宅においてもその供給不足からくじ引きによる入居となるために、コミュニティは確保されず、「震災孤族」が続出しているとのことである（同2011年7月6日35面参照）。また（山古志のような）「故郷へ帰ろう」という合言葉も、福島原発近くの強度に放射能汚染されたところでは、絶望に変わる。

　大規模なデアスポラ的退避ないし集団移転は、比較法的には、アメリカのカトリーナ被害に見られるが、それが深刻な事態を齎していることも報ぜられるところである。また中国の四川大地震においては、対口支援という形で、他国では見られない形での提携協調関係が形成されたことも、井上論文（第2章）が報告している。日本社会はそうした試練を与えられたと言えようが、これは他でもなく、わが居住福祉社会の成熟度、そして被災者の受容度という「包有性（inclusiveness）」が試されているとも言えるであろう。

　ちょっと思いつくだけでも、以上のとおりであるが、今後の復興論議のアジェンダに是非加えて下さることをお願いして、さしあたり

居住福祉研究叢書　第5巻

の東日本大震災の災害復興に向けてのいささかの提言としたい。なお、私事に亘るが、日本居住福祉学会発足以来10年が経ち、これを区切りとして副会長職も辞し、本書の刊行も、私自身の同学会執行部としての仕事の区切りとなるものである。災害復興の問題は、当学会の中心課題であったことは既に述べたが、現場主義をモットーとする当学会ゆえに、顧みると、無我夢中で、次々と被災の各地を訪問しての「現地研究集会」をこなしていく形で、早川会長をお手伝いできたのは、いささかの感慨も無くはない。そしてその際に、終始私の脳裏にあったのは、(ⅰ)「学会である以上は、《学問と実践との架橋》という仕事をしなければいけない」(そうでないと、単なる運動団体ないし市民集会になってしまう)ということと、(ⅱ)「現場の声を聞きながら問題を発掘することの重要性」という点であった(それゆえに、年に何回もの現地集会を持つこともしばしばだった)。こうした当学会の精神が風化すること無く、益々その学術活動が進展していくことを念じつつ、筆を擱くこととしたい。

災害復興と居住福祉

第1章　防災と居住福祉資源
―日常の生活・福祉・地域施設が防災・復興資源―

早川和男

I　はじめに

「災害は忘れた頃にやって来る」と言ったのは寺田寅彦であるが、私は「災害は居住福祉を怠ったまちにやってくる」と考えている。「居住福祉」とは、安全な住居の保障、コミュニティの維持、各種老人福祉施設、障害者施設、公民館などを街の中につくる、公的な幼稚園、保育所を充実する、公園、ちびっ子広場、緑陰、水面の保全などの生活環境施設の整備等々、要は日常の生活・環境・福祉施策の充実に力を注ぐことである。

防災及び災害復興対策と言えば、災害の種類にもよるが、建築・構造物の不燃化・耐震化、広い道路、避難広場、防災公園、防火設備、耐震貯水槽、消防等の充実、密集住宅地の解消、ライフラインの強化、日常的な福祉コミュニティの形成、地震・津波等の予測等々の他、災害時の行政相互の連絡・対応・自衛隊初動態勢の早さ、情報通信機能などの危機管理態勢その他多分野にわたる。住民レベルでは「自主防災組織」「防災福祉コミュニティ」の充実も必要で有意義である。

だが、生活の基盤である住居、公園、老人ホームを初めとする生活環境、福祉施設などの日常的な「居住福祉資源」が重要な「防災資源」「復興資源」となることが、相次ぐ災害を通じて明らかになっている。

この章では、筆者の被災地調査を通じて得られたいくつかの教訓を順次述べる。調査対象は、阪神・淡路大震災、鳥取県西部地震、新潟県中越大震災、新潟中越沖大地震、能登半島沖地震、宮城・岩手大地震、福岡県西方沖地震、東日本大震災である。

居住福祉研究叢書　第5巻　　　　　　　　　　　　　　　　［早川和男］

Ⅱ　防災対策の基本は住宅保障

［市場原理住宅政策の転換］

　阪神・淡路大震災による直接の死者5,502人の88％は家屋の倒壊による。10％の焼死者も倒壊家屋の下敷きにならなければ逃げられた。下町での零細過密居住が延焼をくい止められなかった（長田区では4,759棟が全焼した）。負傷者4万1,502人は狭い家の中の家具の下敷きになるなどの被害者であった。阪神・淡路大震災は明らかに「住宅災害」であった。

　憲法25条の健康で文化的な生活の基盤をなす住居の保障が政府の責任で行われず、住宅の確保が市場原理・自助努力に委ねられてきたことが住宅原因の被災格差を大きくした。震災による犠牲は、高齢者、障害者、被差別部落住民、若者、在日外国人に多かった。低質・老朽住宅を国土に氾濫させたことが、災害の主要な原因であった（早川『居住福祉』）。今日の「ハウジング・プア」と呼ばれる様々な形態の居住貧困の原因でもある。

　防災の基本は社会保障政策の一環としての住宅保障である。個別の耐震工事補助でカバーしきれるものではない。住宅政策の市場原理から社会保障政策への転換なしに、防災対策は成立しない。政策の根本的転換が必要である。

［コミュニティの中の住宅再建］

　阪神・淡路大震災では、山の中や人工島の仮設住宅で250人以上、同じく僻地に建てられた5万戸余の高層復興公営住宅で独居死や自殺が、仮設住宅の解消した2001年1月以降の10年間で681人、直接の地震犠牲者以外の「災害関連死者」は計1,500人以上に達した（2011年1月現在）。住生活は"ねぐら"があればよいわけでない。慣れ親しんだまちと隣人の居るコミュニティによって支えられる。

　震災15年を経た被災者の言葉。神戸市東灘区の自宅が全壊し、西区の復興公営住宅に移り住んだ79歳女性「死んだ町にいるみたい。

しゃべる人がだれもいなくてちっとも楽しくない」、60代女性「震災で住民がバラバラになった。元いたところに戻りたい」と（2010年1月3日共同通信配信）。住み慣れたコミュニティから切り離され、助け合う隣人がいないこと。それが生きる希望を根こそぎ奪っている。元の町に戻らなければ犠牲はいつまでも続くと予想される。復興住宅はねぐらを供給すればよい、という行政当局の住まいの持つ意義への認識不足が根本の原因である。

　鳥取西部地震の復興対策で当時の片山善博知事は、第1に「住宅が復旧のキーワードと分かり」、第2に「今の場所に住み続けたい」という住民の希いに応えて、住宅再建を可能にするために、全壊世帯に300万円、半壊150万円の住宅再建資金の補助（県、町、個人各3分の1。日野町は個人分も町が負担した）を決断したのも、現在のコミュニティの中で住み続けられることの援助という2つの要請に応えるものであった（片山『住むことは生きること』居住福祉ブックレットNo.11、東信堂）。

Ⅲ　生活・福祉施設が防災資源

　人々の日常の暮らしや地域社会を支えている老人ホーム・保育所・公民館・公共ホテル・障害者施設等々の公共・公益・福祉施設とその関連施策、地域社会の社寺その他の「居住福祉資源」が、震災時の被災者の避難・救済、復興等に予期せざる大きな役割を果たしていることを、能登半島沖地震、新潟県中越大震災、鳥取西部地震、阪神・淡路大震災等々が明らかにしている。日常の市民の生活・環境・福祉行政の充実が防災にとって重要な施策であることが分かる。

1　老人ホーム、保育所、障害者施設

　2007年3月25日、能登半島でマグニチュード6.9の大地震が起きた。震源地の輪島市門前町は震度6強の最大の被災地となり、石川県内全壊住宅682棟のうち輪島市は513棟、そのうち門前町は338棟を占めた。だが門前町では、地震による直接の死者、避難所等での災害

関連死者は1人も出なかった。その背景には、被災者の避難・救済に際しての種々の公共関連施設の貢献があった。

[老人ホーム]

輪島市門前町の特別養護老人ホーム「あかかみ」は入居定員85人、ショートステイ（短期滞在）20人、デイ（通所）サービス15人などを有する施設である。震災の日、デイサービス、ショートステイに来ていた15人は家に帰れない。さらに役場などの要請で外からの被災者14人、併せて29人を収容した。ホーム入居待機者は32名いるが、被災者を優先的に入れてくれ、という役場の要請に対応した。幸い、部屋が広いので個室を2人、4人部屋を5人で利用できた。部屋が狭ければ、こうはできなかった。

被災者の収容に際しては別枠で補助があり、滞在期間3〜8カ月間の利用料は無料だった。デイサービスは一週間休み、職員の5〜6人は役所の要請をうけて外での被災者救済を応援した。

困ったのは、初めての人である。ショートステイやデイサービスに来ていた老人は心身の状態が分かっていて対応しやすいが、被災して初めてホームに来た老人は、からだの状態や認知症の程度などが分からない。家族も居なかったり連絡がとれなかったりで、聞けない。日常的なホームでの高齢者の定期検診などが行われておればこのような不便は生じなかった。門前町には他に「ゆきわりそう」「みやび」（ユニットケア）、「百寿園」「あての木」など計5つの特養がある。それぞれ経過は違うが、被災者の救済に貢献した。

特養「あかかみ」の介護主任・小林育洋さんは、「こんなふうに避難所として利用することになるとは思ってもみなかった」と言われた。だが、老人ホームはもともと高齢者の心身を支える施設であるから、災害時に生命守る役割を果たすことはその延長線上にあった。

阪神・淡路大震災では地震による直接の犠牲者5,502人のあと、真冬の暖房の禁じられた広い天井の高い学校の体育館などで900人以上

が死亡。毛布やふとん一枚で寒さを凌ぐことはできない。風邪をひき肺炎になる、トイレが遠いのでがまんしたり水を飲むのを控えて腎盂炎や膀胱炎を起こす、プライバシーがないことから胃に孔があき血を吐いて亡くなる人もいた。被災者の心理や健康への配慮の欠落が原因であった。

　一方、老人福祉施設等に避難した高齢者の生命は守られた。老人ホームは適度な広さで天井も高くなく、洋式トイレがあり高齢・障害者も使いやすく、布団や毛布で寒気を防ぐことができた。介護士や栄養士が居て、塩入りのおにぎりを粥にして食べさせたり、からだを拭くなど、健康管理が可能であった。

　老人ホームは一般にデイサービスを併設していることが多いので、避難者のケアがすんだあとは名簿を頼りに通所介護者の家庭を回り、施設への避難者と同様の処置をすることができた。ホームは恰も被災者救済拠点の役割を果たした。だが、最大の被災地神戸市の特別養護老人ホーム定員率（65歳以上人口100に対する定員数）は全国平均1.2に対し0.8（1994年度）で、12の政令指定都市の中で最下位、かつその殆どは開発行政の一環として六甲山中にあり高齢被災者を救えなかった。これは障害者施設についても同じであった。

[被災者救済に貢献した公的保育所]

　門前町の「くしひ保育所」も輪島市立である。園児73人、保育士9人、給食係2名、計11人の職員がいる（2007年現在）。震災時、約100人の被災者がここに避難した。地域の住民は孫の送迎などに来ていて保育所はよく知っており、避難者同士も顔見知りなので居心地は良かった。各地区ごとに20数人ずつ4つの部屋に分かれて宿泊した。大きな避難所では知らない人がまわりにいてストレスが発生し体調をくずした人がいたが、ここではそういうことが全くなかった。男性の保育士が1人いて、大人用の便所が2つあったことも幸いした。

　0～1歳児は這ったり裸足で動くので保育室は床暖房になっており、高齢者には快適な住み心地であった。他の2室も救援本部に申請して

電気カーペットを敷いた。保育士は普段から幼児に優しく話しかける習慣がついているのでお年寄りにも同じ態度で接し、話を聞いてあげるなどして極めて好評であった。中村洋子所長は「お年寄りにとっては最高だったのではないか」といわれたが、恐らくそうだったであろう。また、弁当を暖める設備があったので、配給された弁当はここで暖めて提供した。おしぼりを暖めて拭いてあげて、ほっとしたと言われた。

この保育所は市立であった。そのことが、避難所と災害対策本部相互の連絡を容易で密にし、被害状況が伝えられた。地震の3日後の3月28日、園児の修了式には避難者も出席し、園児、避難者双方にとって思い出深い行事となった。門前町には他に、松風台保育所がある。ピーク時40人が避難し、1週間で出ていくことができた。

[盲老人ホームが被災者救済果たした役割]

阪神・淡路大震災は障害者にとっても深刻であった。車椅子などの身体障害や盲の人は動けない。神戸市内の六甲ケーブル下駅近くに、養護盲老人ホーム「千山荘」がある。市内でただ一つの定員50人の施設である。

「千山荘」は、ショートステイ利用者の名簿や視覚障害者福祉協会からの連絡で、空き室利用や敷地内に緊急仮設住宅を建て、市内全域から50人ほどの被災者を受け入れた。ホームには米など食料の備蓄、プロパンガスなどがあり、避難所や半壊の自宅で生活できなかった盲の人たちの救済拠点の役割を果たした。震災から12年を経て日常に戻った「千山荘」で、鷲尾邦夫施設長も交えて20人ほどの入居者と懇談した。

入居時は勝手がわからず生傷が絶えなかったが、今はからだが覚えていて、トイレも入浴も洗濯もひとりでできる。「住み慣れた環境が一番です」。朝食前などには遊歩道の手すりを伝って、敷地内の地蔵さんにお参りする。中には1人でバスに乗って市場へ買い物に行く人もいる。街の匂い、音、人の声、店の出す音、歩数などをたよりに動

く。慣れた街だとカンが戻ってくる。

　一方、このホームは建物も職員にも満足しているが、市街地から離れていて外出するのが難しい。このままここにいるか、街に戻るか迷っている、という人もいた。もし街の中に盲老人ホームがあれば、入居者の行動範囲はもっと広がり、地域の人たちとの交流がふえ、自立性も高まるだろう。

　年をとれば、誰でも視力が衰える。足腰も弱り、歩行が困難になってくる。年をとることは障害者の仲間入りをすることでもある。各種障害者施設が街の各所に存在すれば、災害時の救済拠点としてだけでなく、すべての者に住みやすい街になる。

　「千山荘」入居者の経験や要望を高齢社会の課題として受け止めると、まちづくりも新しい視点から取り組むことができる。「まちを福祉の目で見る」ことが必要である。

2　日常の公民館・公共ホテルが被災者救済に貢献

　公民館などの公的施設が被災者救済に果たした役割も大きかった。

［公民館の活動］

　門前町の8つの集落には、それぞれ公民館がある。公民館には非常勤の館長と常勤の主事がいる。各公民館には20畳前後の和室が2〜4室連なっている。そこに多くの被災者が避難した。どの公民館も日常的に血圧測定などの健康診断、転倒予防教室、敬老会、食事会、高齢者グラウンドゴルフ、パソコン教室、カラオケ教室、また生活支援センターなどとして利用されている。いずれにも厨房があり、普段から近在の人が集まって食事をとりながら歓談し、さらに地域の高齢者に配食サービスをしていた。このような日常の活動によって、地域住民の公民館への認知度は高く、災害時にはまず公民館へと自然に集まった。避難時もこの厨房で炊事ができ食事をすることができた。

　門前町の公民館が被災者救済に貢献した背景には、上記の量・質にわたる良好な居住性と、日常的利用による認知度の高さがあった。公

民館は、小学校の体育館などと違う快適な和室、やわらかい布団があり、什器の揃った大きな厨房、快適なトイレや浴室があり、天井が低く、電気がきていたので暖がとれた。

　門前町の高齢化率は47.7％で、自立できない人がいる。地域の福祉関係者、民生委員、健康推進員は福祉マップをつくって日ごろから見まわり、居住者の特性を書き記していた。震災時にその人たちが担当の区域に入り、高齢者などを公民館に連れてきたことも被災者の避難に寄与した。地域によっては今なお見られる、冠婚葬祭、集落の寄り合い、その他の非日常的利用のために管理者にいちいち鍵を借りにいくような公民館では住民の認知度が低く、このような役割を果たせなかったと思われる。

　人口の過疎化が進む中山間地域や地方都市では、以前は小学校が地区センター的役割を果たしていたが、統廃合の増えた現在では公民館が地域のコアとしての位置を占めている。門前町では、館長の方針によっては9〜17時の間、鍵をかけない公民館もある。住民によって支えられているからであろう。公民館の地域に密着した日常的利用が、災害時に防災拠点・防災資源として活躍した。

［公共ホテル・国民宿舎］

　能登・門前ファミリーイン「ビューサンセット」は設立当初は市立のホテルであった。現在は指定管理者制度による財団法人になっているが、市長が理事長を務めており、市営ホテルとしての性格はのこっている。能登半島国定公園に位置し、日本海に沈む夕陽が一望できる大浴場と展望台のある風光明媚なリゾートホテルである。大浴場の温泉は市民にも開放されており入浴料を払えば日常的に利用できる。

　震災時、西小学校に避難していた被災者が始業式が始まる前に、また保育所の新学期開始などから40人ほどがこのホテルに移住してきた。高齢者が多かった。家族単位ごとの部屋への入居はプライバシーをはじめ居住性が確保でき、小学校避難所の居住条件の悪さに比べて最高の居住条件となった。震災後、外からの観光客はすべて断り、ホ

テルは地震のあった3月25日から5月31日まで休館した。展望大浴場は、地元の人たちに無料開放した。

ホテル経営者は、このようなことは民間では不可能だろう、という。

① 予約も含めて長期にわたり観光客を断る、などということは経営上できない。
② 家族が長期に客室を利用すると部屋が汚れる。事後の対応が大変である。
③ 料金が入るわけでない。市の関与したホテルだから可能であった。財政上の補填は開発公社がした。

国民宿舎「能登つるぎぢ荘」も同様の対応をした。19室、97人収容できる。もうひとつの国民宿舎は閉鎖し、ここだけのこっていた。震災時40人が避難し、1部屋3人ずつほどで15室を使った。断水したがここには給水タンクがあり、プロパンガスは使えた。地区の婦人会の人たちが手伝ってくれた。小学校の体育館でノロウイルスが発生し、看護師2～3人と一緒に移住してきた。避難者が帰りだしてからは、工事関係者20人ほどが10日前後宿泊した。全員無料であった。費用は公社に請求した。これも町の経営であった。

ここにも2つの教訓がある。第1は、まちの中に各種生活環境・福祉施設等のネットワークの存在することが防災の基盤をつくっていることである。輪島市門前町での避難施設の内訳は、公民館8、会館・集会所5、宿泊施設2、保育所2、小学校1、保健センター1、児童館1である。公民館、老人ホーム、保育所、ホテルなどは、個室、和室、厨房、介護士、保育士、ホテルマン、周辺住民の協力などを得ることができて居心性のよい避難場所となった。居住性のよくない小学校などからはなるべく早く他の施設に移すようにした。そして、これらの施設には「避難所」という掲示のあるものもあるが、日常的には災害時の避難所とは考えられていないものが多かった。

第2は、公共的性格の施設であったこと。門前町の避難所が被災者の収容や職員の外部支援など被災者救済に多面的な役割を果たした背景には、名目や経営主体が変わっても実質的には公的性格の施設とい

うことがあった。それがストレスの少ない安心できる避難生活、救援対策本部との連絡・調整、施設職員の災害対策への協力要請への対応などを可能にした。私立であればこのようなスムーズな対応は困難であった。

現在、日本社会のあらゆる分野で民営化が進んでいる。指定管理者制度はもとより、民と官で担う「新しい公共」、NPO、コミュニティビジネス等々の論議も盛んである。だが、門前町諸施設の公的性格が果たした潜在的防災力としての役割を見るとき、防災に限らない多面的な可能性のある存在として受け止めておくべきであろう。また、これらの活動も日常的に自治体との連絡を密にしておくことが必要であろう。

3 「福祉避難所」の役割と展望

さて厚生労働省は、阪神・淡路大震災での経験を受けて、高齢者、障がい者、妊産婦、乳幼児、病弱者のために「特別な配慮」のなされた福祉施設や小中学校、公民館、特別支援学校、ホテルなどを市町村が「福祉避難所」とする制度を設けた。2007年の能登半島沖地震の際の石川県輪島市が最初であった。開設期間は災害発生から最大7日間だが、延長もできる。福祉避難所には食料や水などの他、10人に1人程度の職員が相談や介助に派遣される。費用は国庫負担である。

「東日本大震災で福祉避難所は機能したか」という記事(福祉新聞、2011年8月8日)によれば、例えば特養、ショートステイ、デイサービスを合わせた定員120人の仙台市若林区の特養「チアフル遠見隊」は、市と福祉避難所としての協定を結び、"災害時に果たすべき役割を意識していたので"最大50人の福祉避難者を受け入れた。震災直後から、職員らが近隣の小中学校などの指定避難所を巡回し、自宅から体育館に避難していた高齢者を施設に誘導した。同記事によれば、指定率の低いことが最大の課題で、2010年3月末現在、全国の1,750市区町村のうち1カ所でも指定しているのは595(全市区町村の34%)に過ぎない。理由として、「福祉避難所を指定する受け皿の絶対量が

少ない」という担当者の声を紹介している。

　著者が訪れた仙台市内のある公民館では"周辺住民30数人が避難して来たが、指定・福祉避難所でなかったために食料その他の配給は一切無く"、館長が個人的に走り回って集めたという。

　同紙面はまた、「転々とする発達障害者、避難所生活になじまず」という記事を掲載している。東日本大震災で自閉症など発達障害のある人たちは、環境が変化すると不安になる。パニックを起こすこともあるため、避難所に入らず自家用車で過ごしたり知人・親類宅を転々としたりする人が少なくない。彼らいわば「環境弱者」で、家を失うことは住むところに困るというだけなく、「いつもの自分でいられなくなる」ことを意味する。ある母親は10数人と連絡をとったところ、避難所に入った家族は1組のみ。「避難所では普段どおりにできないので、それによる二次障害が心配。仮設住宅も一戸一戸が密接しているので、安心できない」。被災した発達障がい者は、普段の自分をどう取り戻すか、居場所が確保できるかが支援の要。日本発達障害ネットワーク副代表の辻井正次・中京大学教授は「発達障害のある人が普段通り慣れている学校や福祉サービスの事務所をあらかじめ避難所に指定しておくことが大切」という。

　災害時において、一般市民もそうだが、とりわけ「災害弱者」と呼ばれる高齢・障害・認知症等々の人たちの救済において、各種福祉施設や保育所や公民館などの果たす役割の大きいことが、いっそう明らかになっている。それは、著者が全国の被災地を訪ねた折に見聞したことである。東日本の被災地でも、災害時に一般的な避難所で過ごせない障害をもつ被災者は、周りの理解が得られずしばしばたらい回しにされ、心身の健康を害していく。独居老人、虚弱老人は開放的な空間の体育館では過ごせない。精神障がい者は睡眠剤が必要だが、専門職がいなければ対応できない。

　全国各国の各種福祉施設には、医師、保母、健康師などの専門職、井戸水、自家発電の可能な施設などの人的・物的社会資源＝居住福祉資源が存在する。施設一般もそうだが、和歌山県「麦の郷」のような

町の中の福祉施設群ともなると、「福祉力」は極めて大きく、かつ被災者は住み慣れた、知り合いの多い地域に避難し、介護を受けることができる。

　これまでにも述べてきたことであるが、障がい者や高齢者の健康や福祉の延長線上に、生命の安全がある。各種の福祉施設が日常的に街の中に充実しておれば、「被災弱者救済施設」としても大きな役割を果たし得る。そして、これは一般被災者にも通じることである。輪島市門前町8地区での広々として清潔な和室、厨房や洋式トイレの整備された、管理人の常駐する公民館が被災者一般の避難所として貢献したこと、宮城・岩手大地震での高齢者季節居住施設の貢献などを見れば、そのことが分かる。要は日常、住民が過ごしやすい居住施設をどれだけ整備しているかによる。「防災対策」は特別のことでない。

　早くから東南海地震の予想されている静岡県浜松市では、市と福祉施設69法人（206施設）との間で協定を締結している（2011年1月14日）。

　しかし、根本の問題は指定避難所に値するような施設が町のなかに多数存在することが鍵である。阪神・淡路大震災当時の神戸市の特別養護老人ホームは12の政令指定都市の中で最下位でかつその殆どは開発行政の一環として六甲山中に存在した。障害者施設も同じであった。

　要は、日常から市民の生活・福祉・健康・環境に関わる施設が豊富に町の中に存在すること、それが被災者救済・災害復興の拠点となる。

IV　岩手・宮城内陸大地震の復興における被災者救済対策の経験

1　岩手県奥州市役所の全市的防災対策とその利点

　岩手・宮城地震による最大の被災地宮城県栗原市では、死者9名、重軽傷者182名、全壊戸数4戸、半壊2戸、一部損壊263戸。それに対し岩手県最大の被災地奥州市では死者1名、重傷者32名、半壊1

戸、一部損壊273戸であった。この奥州市でのユニークな行政体制が災害時に果たした役割に注目される。

防災課は以前は総務部にあり、災害時の救助・復興対策にかかわる動員、人員配置等の権限（人事権）は総務部人事課に属した。2006年2月、5市の市町村合併の際、生活環境部に消防防災課が移り、生活環境課、市民課、総務課、人事課と一緒に災害対策にとりくむことになった。水沢市の防災対策課が生活環境部にあった事に学んだ、という。防災対策が生活環境部に組織替えされたことでメリットが生まれた。

メリットとは、（住民の生活要求に密着し、市民の目線で災害対策の行えること、）職員の行動や実態把握に有利なこと、という。奥州市は5つの区に分かれている。その事例から。

①水沢区での被災者4世帯は、公民館に住んだ。公民館は避難所に指定するわけにいかなかったので待機所として指定した。公民館のある場所は4軒の家に近く、避難者が朝早く起きて農作業をするのに好都合で、心身の健康や暮らしに寄与した。こうしたことは、防災対策課と市民生活課双方の緊密な提携によって可能になることで、「全市的防災行政体制」がそれを可能にした、と評価されている。

②江刺区では1998年に越冬のための生活支援ハウスが設立された。冬季の間、高齢者は買い物の困難などで暮らしにくい。11月頃から3、4月頃まで、1～2人暮らしの高齢者がこのハウスに移住していた。9世帯が入居できる。中山間地の人が多かった。各戸には2畳2間とキッチンがあり、光熱水道費は2～3千円である。

宮城・岩手地震は6月14日の初夏で、ハウスはすべて空室で、全室を避難所に利用できた。3食が提供され保健師が健康をチェックした。日常の生活支援ハウスが緊急時の被災者救済施設として役立った。日常的な市民福祉行政が防災対策につながった。

これは自然なことであった。生活支援ハウスは冬季の高齢者生活施設として健康や暮らしを守る。行政一体化の成果の一側面でもあった。

③衣川区の福祉センターは隣が診療所で、保健師、社会福祉士及び

ケアマネージャー双方がやって来て、健康チェックができた。どこへ行けばケアができるかが分かっていた結果、と評価されている。

以上の事例は、日ごろルーチンワークとして行っている市民の生活環境・福祉行政等が防災の役割を担ったということである。日常からの行政対応の総合性、市民生活への配慮等が、緊急時に危機管理の役割を果たし得たと評価できる。

2　一関市の廃校利用による避難対策と住宅への転換

岩手県一関市は死者1名、重軽傷者2名、全半壊なし、一部損壊39戸に過ぎなかった。だが、土砂崩れで道路が寸断され、孤立集落が多数発生し、避難所、そして仮設住宅への避難を余儀なくされる状況が生まれた。ところが、集落住民の一部は生まれ育った土地を動きたくない、という。

①一関市山谷小学校は、明治6年3月民家を借りて創立されたながい歴史を持つ公立学校で、地域となじみが深い。昭和11年7月現在地に校舎を新築、平成5年10月創立120周年記念式を挙行した。平成14年1月、へき地学校等級地1級に指定変更され、平成16年3月小学校は児童数の減少に伴って廃校となった。

それを契機に、市は校舎の一部を一関市厳美公民館山谷分館として利用することにした。普通教室3室のうち2室は大広間、1室は調理室として改造、住民の利用に供してきた。

②平成20年6月4日の大地震に際して地元を動きたくない、地域の中で住みたい、他の仮設住宅に行きたくない、という"一の原地区"の住民に対し、行政は公民館利用以外の、廃教室のままになっていた同小学校の旧職員室、校長室、保健室、図書室、教材室、集会室を正味3日間の突貫工事で仮設住宅に改造し、6月25日、10世帯用の住居とした。さらに共同の台所、広々した浴室、脱衣室、洋式トイレ等に改造したり新設した。

③その後、一関市内に復興公営住宅が新設され、殆どの避難者はそちらに移っていったが、2世帯だけはどうしてもこの小学校を出たく

ないという。それを聞き入れた市は、2世帯、各8人、3人の家族ためにそれぞれ独立した玄関を持つ「復興住宅」に改造した。

この対応には恐らく阪神・淡路大震災に際しての避難所や復興住宅の経験が反面教師として生かされているのかと思われる。大都市と違い住民の少ない中山間地での災害対応とはいえ、居住地を移動させない避難所、仮設住宅、復興住宅への敏速な対応は稀有の例といえるであろう。一関市の対応には感心せざるをえない。

V 歴史的・伝統的居住福祉資源と震災復興

1 鎮守の森はコミュニティセンター

新潟県中越地震では鎮守の森や寺院の被害も大きかった。その復元・復興は高齢者の多い被災地の復興・復帰にとっては大きな関心事であった。

新潟県中越大地震による仮設住宅居住者の希望調査では「元の村に戻りたい。家の復興の次には、倒れた墓や鎮守を再建・修理したい」という声が強かった。鎮守は地域共同体の守護神であり集落統合のシンボルであり、人々の暮らしの精神的支柱として大きな役割を果たしてきた。鎮守の修復は、お年寄りにとって心が癒され落ち着く、村に戻るかけがえのない条件だったのである。

一般に宗教施設への公的支援は政教分離で困難とされる。だが、新潟県の復興基金事業は、「地域・集落等のコミュニティの場として長年利用されている鎮守・神社・堂・祠の復旧」をコミュニティ再建支援事業の中に組み入れ、この要望に応えた。「鎮守」は集落のコミュニティセンターであり、集会所と同じという位置付けである。最高2,000万円まで、補助率は4分の3、4分の1は集落が負担する。

鎮守には神主のいない場合が多い。社の前の広場では春の豊作祈願、お盆の祭り、秋の感謝祭、寄り合いがときおり行われる程度である。だが、例えば山古志村の各集落から提出された再建支援事業申請書には、これまでの「鎮守・神社のコミュニティ活動の内容」として、以

居住福祉研究叢書　第5巻　　　　　　　　　　　　　　　　　　　　　［早川和男］

事業名：地域コミュニティ施設等再建支援

事業期間 平成18年度～平成20年度

こんなにキレイになりました

にぎやかになるのう！

1. 被災した集会所等のコミュニティ施設の建替・修繕
（震災により離村等した元住民との交流・宿泊機能も対象にできます）
2. 防災設備を整備する場合の設備費
（自主防災組織を結成または結成しようとしている集落・自治会等に限ります）
3. 地域・集落等のコミュニティの場として長年利用されている被災した鎮守・神社の建替・修繕

補　助　率　　3/4以内　防災機能付加は200万円
補助限度額　　鎮守・神社の施設復旧は2,000万円

財団法人　新潟県中越大震災復興基金

（復興基金のパンフレットを基に作成）

下のような項目があげられている。

"大祭、区民全員が集まる春・秋の祭典、各種の祭り、盆踊り会、集落お楽しみ会、相撲、8月15日・9月5日の盆踊り大会、老人クラブの集い、ゲートボール練習、毎年7月下旬のカラオケ、区民バーベキュー大会、その他各種集会等々"。小さな鎮守の社の前の広場での諸々の行事が彷彿される。

鎮守の復興支援は行政のできにくいこと、年金事業団だからできたということもあろうが、新潟県復興基金（理事長は新潟県知事）の英断といえる。2009年末現在、新潟県下の鎮守・神社の再建支援は1,000件余で、増え続けている。他県の被災地では行われていない。

2 被災者を勇気づけた祭りと寺院の鐘の音

["祭り"で生きる勇気を]

森にかこまれた鎮守の境内は居住環境資源であり、鬱蒼とした樹木の四季折々の鮮やかな色合は参詣者の心を洗う環境をつくりだす。そこで行われる伝統行事のお祭りはその準備段階からお年寄りや子どもの出番が多く、それが高齢者福祉につながっている場合も少なくない。祭りは子どもから年寄りまで、住民に感動をあたえる一種の福祉行事になってきた。

岩手県大槌町は、東日本大震災で農漁業が占める町の中心部すべてが壊滅、多数の町民が行方不明・死亡。大槌町は芸能の宝庫であり、震災後の地元の人たちの最大の関心事は秋祭りである。縁あって地元に入り込んでいた山口幸夫さん（日本社会事業大学）の呼びかけで、今までも大槌神社に奉納していた大槌祭の復興に、臼澤鹿子踊保存会の東梅英夫さんの呼びかけで、町の保存会連合会が動き出した。

踊りの練習をかさねる中で、肉親や家を失った人々に生きる勇気が戻ってきた。サポートした山口幸夫さんはこう語っている。

「ひとつの集落の踊りの相談がいくつかの集落との祭りの話し合いになり、秋祭り、まちの復興の会議にもなっていった。人は災害のあとに、鎮魂のため、また再生を念じて踊る。住まいを、暮らしを、コ

ミュニティを復興するため祭りを行う。祭りは居住福祉事業、社会開発なのだ」と。

その後、祭りの復活は大槌町内の各地区へ、そして山田町、釜石市などにひろがって、被災者を勇気づけている（山口幸夫「東日本大震災 おおづち町の復興」居住福祉研究12、東信堂、参照）。

石川県輪島市門前町の総持寺は、ながく曹洞宗の総本山であった。1989年伽藍の焼失を機に1910年神奈川県鶴見に移転、門前町の跡地は総持寺祖院として再建された。現在は、福井県の永平寺とともに総洞宗の2つの大本山になっている。約2万坪の敷地には、焼失を免がれた経蔵などのほか、新しく建立された七堂伽藍が鬱蒼とした緑に覆われ、古色蒼然とした山水、古木と調和し、静寂な環境に包まれている。その門前町にある総持寺も大きな被害を受けた。地震から半年近くを経た2007年8、11月の2度にわたり門前町に総持寺を訪ね、高島仙龍・副寺から話を伺った。

> 地震で文化財が無くなり、1カ月はブルーシートがかかったままでした。雨漏りは自分たちで修理しました。町のことも気がかりでしたが、寺のことで精一杯でした。
> ところがある日、新聞に一通の投書が載りました。いつも聞いていた総持寺の鐘の音が聞こえない。寂しい、と。はっと気がつきました。鐘の音がない門前は意味がない、と。それで、震災後やめていた朝の4時、11時、夕方の6時、9時の鐘を復活しました。家々を門付けしてまわる托鉢も復活しました。すべてを震災前にもどしました。
> 鐘の音はふたたび町に響きわたりました。家がこわれ自信を失っていた人たちは、「ああ、お寺がもどってきた」と元気を出しました。檀家だけではありません。まちを巡る托鉢僧は、家をかたづけながらお寺に向かって合掌する多くの市民を目にしました。親戚に身を寄せている人は、心がおちつくと言ってくれました。半壊の家には救援物資が来ない。そこに托鉢僧が訪れると大変喜ばれ、励まされる、と言われました。朝の散歩に本山の中に入ってお参りする人がふえました。

朝夕、遠くに近くに聞こえる寺の鐘の音は、地震で打ちひしがれた人々に在りし日を思い起こさせ、生きる勇気を与えたのであった。

人々が日ごろ何げなく聞いている寺院や教会の鐘の音、風のながれ、川のせせらぎ、木々のざわめき、鳥のさえずりなどは意識せぬままに暮らしの中に根を下ろし、生活をかこむ音環境をつくっている。それが、生活の安定感や安心感をもたらしているのであろう。寺院の鐘も生活の中に根付いた目に見えない「居住福祉資源」と呼ぶべき存在になっている。遠くから聞こえてくる祭りばやしの笛や太鼓の音に誘われ、浴衣(ゆかた)がけの子供たちが連れ立って出かけて行く風景も、鎮守の有する同じ風景と言える。

Ⅵ 生活・生産基盤の回復

震災被害から立ちなおり生活が再建できるには、住居と仕事が必要である。紀元前2世紀の中国に「安居楽業」の故事がある。「安心して住み、生業を楽しむ」の意で、人生と政治の根幹という。

1 住居は労働の基地

住居はたんなる"ねぐら"ではなく労働の基地であり仕事の疲れを癒す場であるから、通勤できることが必要である。例えば「阪神」の場合、町から遠く離れた山の中の復興公営住宅から都心のハローワークに通うことは困難である。

年末、「神戸の冬を支える会」は神戸市役所そばの「東遊園地」で、給食サービスや生活相談にのっている。私も横で野宿者の話を聞かせてもらった。

Ｆさん（47歳）は、震災まで店員やガードマンをしていた。地震で兵庫区のアパートが全壊し、兄の家に一年半ほど居候した後、県営住宅に入った。アパートは都心の三宮から地下鉄で30分の西神中央駅からさらにバスで20分程走った山の中にある。一人暮らしのＦさんは「"島流し"にあってるみたい」という。「私は自分の人生をやり直したい。どこでもよいから働きたい。だが、日雇いに行こうにも朝5時にはバスも電車もない。街なかの民間アパートの1室でもよい、便利な場所だったら働けるが、民間借家の家賃は高くて払えません。公

営住宅間の移動も認めてもらえません」。

　Nさんも西区の山の中の復興公営住宅に住んでいた。しかし、Fさん同様、毎朝早く起きて都心まで仕事に通えない。「仕事を得るために簡易宿泊所暮らしを続けているうちに、家族とは疎遠になり、別れました。今は路上生活です」。

　復興公営住宅が大量に建設されたのはよいが、住居の意義についての認識が行政には希薄であった。そのため「住居」として本質的な役割を果たせず、被災者の生活再建を阻んでいる。

2　実現した"帰ろう山古志村へ"

　地域の人々の暮らしを支えている要素は、歴史的・伝統的に形成されてきた住居、居住地、集落、社寺、農地その中で培われてきた隣人関係、地域共同体、そこで行われる諸行事、その他、目に見える、見えない様々の居住福祉資源であろう。それに近代的な居住空間が暮らしを支える。

　新潟県中越地震で山古志を初めとする被災者の帰村を可能にしたのは「居住福祉資源」の回復であった。家屋とともに棚田、養鯉池、幹線道路、農道、河川、潅漑用水、上下水道等々すべての生産・生活基盤が破壊され、村民は全員避難を余儀なくされた山古志村で、村民は震災直後から「帰ろう、山古志へ」を掲げた。2007年9月、4度目の訪問でそれが実現しているのを知って感激した。9月現在、旧山古志村の帰村者は、震災時の690世帯のうち375世帯で帰村率は54％、人数では2,169人が1,012人で46％（2007年7月31日現在）。70数％まで帰村が予定されているという。

　帰村を可能にした背景は2つあった。第1は、上述の基幹施設、生活・生産基盤の復旧である。第2は、木造復興公営住宅・2戸2階建て（セミデタッチメントハウス）及びテラス式2階建て木造公営住宅の供給で、自力で家を建てられない村民が集落に戻れた。長岡市の公営住宅建設戸数は2007年9月現在、14団地216戸（山古志は19戸）である。

公営住宅は議会で議論があった。高齢夫婦が入居して亡くなった場合、どうするか。山古志村の観光、復興を視察に来る人たちの宿舎そのほか様々な用途に使える。単なる住宅供給でなく、集落再生の一環として公営住宅が位置付けられているという。

第2は、労働の場である。人は働かねば生きていけない以上、「居住福祉資源」には労働空間も入る。それらの充実が人々の生命と暮らしを守っている。紀元前2世紀の中国に「安居楽業」という故事があった。「安心して住み、生業を楽しむ」の意で、人生と政治の根幹という。山古志を初めとする被災者の帰村を可能にしたのは「安居楽業」の保障であり、それは居住福祉資源の回復そのものと言える。地震災害と復興に際しての被災者の救済空間と農地を初めとすると労働空間の確保は、居住福祉資源の内容を規定する概念であることを、被災地の経験は物語っている。

Ⅶ 復興の主体性

1 居住民主主義の確立

災害復興は、誰が復興計画をたてるかによって左右される。阪神・淡路大震災被災地と（福岡県西方沖地震を克服した）玄海島はその対極にあった。前者の場合、兵庫県・神戸市の復興計画委員会には被災者代表は一人も参加していなかった。そのことが山の中などの仮設・復興公営住宅で孤独死、自殺等々を招く一因になった。

玄界島は福岡市内中心部から北西約20km沖に位置する島である。殆どは斜面地で、漁港埋立地以外に平坦な土地はない。斜面集落は曲がりくねった狭隘な道や石段に囲まれ、石積みの上に住宅が密集している。2005年3月20日、マグニチュード7の福岡県西方沖地震で、震源から南東8kmの玄界島は大きなの被害を受けた。人的被害は重軽傷者19名と少なかったものの、斜面地にある島の家屋の殆ど全てにあたる214戸が被害を受けた。

私は2度にわたり現地で話を聞いた。玄海島漁業協同組合長らの話は次のようなものであった。

[復興計画への被災住民の参加が鍵]

震災の復興に際して地元住民は"百聞は一見に如かず"と、阪神・淡路大震災の被災地区を視察した。震源地に近い淡路市北淡町富島地区は玄海島と同じ漁業集落で、復興計画は最も大きな土地区画整理事業施行地区の一つであった。だが、震災後10年以上経過しても事業が完了しておらず、行政担当者や自治会長からは「行政主導による計画は失敗だった」という言葉を耳にした。玄海島はそれを反面教師にし、島民が復興計画策定の主体にならなければならないと思い、外部の人間による委員会はつくらなかった。当初の事業計画案を小規模住宅地区改良事業に変更し、島民の島の将来や生活に対する不安をできる限り軽減するように、意向調査やワークショップ、座談会等をつうじて様々な意見を島作り案に反映しながら、復興は進んでいった（福岡市『玄界島震災復興記録誌』平成20年3月、66頁）。

[復興委員を選挙で選ぶ]

全員が被災者代表である玄海島復興対策検討委員会委員は、島民が自主的に選挙で選んだ。町内会、漁協、玄海水上消防隊、玄海島青年部、女性部、学校育成会、PTAなどが中心になった。これらの組織の活動は、日頃から地元に根付いている。例えば火災のとき、青年団、水上消防団、水難救助会のOB全員が動き、初期消火にあたる。福岡から消防士が駆けつけたのでは間に合わない。すべてに、老若男女が協力する意識が根づいている。島づくり推進協議会会長は漁協長であり、漁民は島そのものであり、団結力が強かった。

復興委員26名のうち13名は島民総会で選出した。13名は女性部、青年団、青壮年部、消防団、婦人防火クラブ、PTA, サラリーマンから選び、後者は当初は復興委員会の下部組織だったが、あとで委員会に入った。それがまたよかった、という。行政は現地の主体性、地元案を尊重し、島民の要望をよく聞き入れ柔軟に動いてくれた、と島

民は感謝している。復興事務所は、生活再建支援にも携わる「よろず相談所」でもあった。この間の推移を、各紙は例えば次のように報じた。「市の担当者は、わずか1日で殆どの住民の意見がまとまった団結力の強さに驚いた」（読売新聞平成17年5月22日）。「復興計画案を島民総会了承」（18年1月29日、朝日新聞）。「玄海島民家族一つに、地震から3年・全員帰島」（毎日新聞、20年3月25日）。

2　保健師の活躍

「東日本」で保健師の活躍が報じられた。保健師は家庭を訪問して妊産婦・乳幼児の健康相談、児童虐待の防止、身体障がい児等の療育相談、在宅ケアの必要な精神障がい者、難病患者、高齢者の訪問保健相談など住民の暮らし全体を対象とした保健・福祉に携わる公務員である。公衆衛生活動の中心的機関として、地域住民の生活と健康に重要な役割をにない、多くは保健所や市町村保健センターなどに所属し、全国どの地域でも活躍している。保健所数は全国で494ヶ所（2010年現在）、市町村保健センターは全国2,726ヶ所（2008年10月現在）に設置され地域住民に身近な母子保健や生活習慣病対人保健サービスを総合的に行う拠点で、市町村レベルでの健康作りを推進している。保健師の数は全国で43,446人である（人口10万人当たり34.0人の割合、「平成20年末保健衛生行政業務報告」）。

災害時の健康危機管理も含まれる。前述の小中学校の体育館などに避難した高齢者、病弱者、障がい者などを発見し、老人ホームその他へ移動させる判断をする中心は保健師で、日常の保健活動の延長線上に被災者救済の活動があった。

被災した岩手県大槌町では、同町出身で地元で28年間保健師をしていた鈴木るり子さん（岩手看護短期大学教授）の呼びかけで、全国から141名の看護師が手弁当であつまり、大槌町の全戸訪問を行った。鈴木さんは自宅も流されていた中、全町民の安否と健康状態を把握し復興に生かすためにと、4月末から5月に調査を行っていた。

高齢者などを劣悪な居住環境の避難所から環境条件のよい施設に移

す際、老人介護専門職の中には"65歳以上の人は手を挙げて"などとの対応も一部で行われたというが、個々の家庭を訪問し乳幼児から高齢者まで幅広い対象者の健康維持に携わることが使命の保健師には、年齢は関係がない。避難者の顔色を見て判断していった。

わが国の保健師業務には、西欧諸国が行っているような健康から見た住環境問題の発見と改善が入っていない。だが、彼女らは日常の家庭訪問を通じてそのような視点は養われていた、と見るべきであろう。前述の岩手県沢内村の全住宅の改造に際しては、医師と保健師と大工が健康的な住宅の設計に関与した。

著者は、15年間、保健師養成学校で「住居と健康」について講義してきた。そして、卒業時の家庭訪問で「保健師の目から見た居住問題」についてレポートを出してもらっている。その事例260が、早川他編『ケースブック日本の居住貧困——子育て／障害者／難病患者』（藤原書店、2011）に紹介されている。短時間（年間8時間）の講義で鋭い観察眼が養われているのも、すでに看護師の資格をもつ専門職としての性格から来ているのであろう。

[保健師はソフトの居住福祉資源]

このような公衆衛生活動の中心的機関として地域住民の生活と健康に重要な役割をになってきた保健師の数は減っている。

理由の第1は、地域保健法の制定による保健所の集約化で、平成6年の同法制定前の保健所848カ所は同22年4月には494カ所まで減少。また、平成12年の介護保険法で直接的サービスの提供はケアマネージャーが行うようになった。これらの変化で、従来、保健師活動の中心である要介護者や新生児の家庭訪問などは、保健所では39％、政令市や市町村では53％に減少している（「平成21年度保健師活動調査」）。

その結果、被災地での保健師や全国からの支援には限界があり、数の不足が報じられている。

例えば「被災地保健師足りぬ——1人で1000人担当」（朝日新聞

第1章　防災と居住福祉資源

2011年6月20日、概要）によると、"東日本大震災で被災した三県の沿岸部など計42市町村のうち、現在も保健師1人当たり1千人以上の避難者がいる自治体が8市町村あり、福島が7町村を占める。地域密着の市町村保健師の役割は介護予防など幅広く、医療が手薄な地方では重要な存在だ。朝日新聞が5月下旬から6月上旬にかけて調べたところ、保健師1人当たりの避難者は、3千人台が福島県大熊町や浪江町、富岡町。2千人台が樽葉町、双葉町、1千人台が広野町、川内村。他は岩手県大槌町だけが1千人台だった。県外からの保健師支援チームは5月末現在、岩手39、宮城54（仙台市除く）に対し、福島は14と少ない"。

　若者が保健師の市町村団体から聞いたところでは、「地元での本来の仕事があり、長期間はなれることはできない」、という。保健師数の大幅増員に取り組むべきだ。何度か指摘してきたことだが、日常的に生活を守ることの延長線上に、防災が可能になる。保健師の充実は日常、市民の健康と福祉を守ることを通じて、災害時に防災と被災者救済の役割を果たす、ということである。保健師はいわば"ソフトの居住福祉資源"であり、それが「災害時の健康危機管理」にも対応し得る条件である、と思う。

　保健師活動の重要性に寄せる目は少なくない。映画監督の新藤兼人さんは、戦時中に保健師を主人公にした映画をつくるため脚本を書いていた。最近そのシナリオ「砂丘の陰に」が見つかった。内容は、鳥取県東部の医者も助産婦もいない山間部や漁村などの貧しい家庭を自転車で回り、保健衛生の向上や生活改善の在り方を献身的に指導したり、妊産婦の出産に尽くした実在の訪問保健婦（当時）のドキュメンタリーである。フィルムが配給制度になったことや製作関係者の出征で映画化は実現しなかったが、同監督の保健師への眼差しが伝わってくる（日本海新聞、2001年7月27日）。

[「居住福祉資源」の発想と認識と評価]

　私たちの住むまちや村には、暮らしや福祉とは一見無関係と思われ

がちでも、歴史的にあるいはそこに住む人びとの努力によって培われ、人間と自然が共存し、健康的な居住環境を形成し、暮らしを支え、子どもが育ち、福祉の基盤となり、生きがいを育み、地域社会で"安心して生きるための装置"としての役割を果たしている自然、習慣、文化、施設などがたくさんある。

　暮らしの基盤は、近代社会の行政的対応以前に、これらの地域共同体の長い歴史の中での人々の営みによってつくられてきたものであり、持続可能な「資源」として次の世代にひきつがれていく性格を有している。「資源」と名のつくものは、水資源、水産資源、漁業資源、観光資源、社会資源、人的資源、福祉資源、教育資源、宗教資源その他沢山あり、それぞれ固有の意義を持つ観念であるが、"この地球上で人間と自然が共存しながら、安全に安心して生きる基盤としての資源"という意味の「居住福祉資源」という発想はこれまでなかった。ホームレス、派遣切りなど現代社会の諸々の「貧困」現象も、「居住貧困――居住福祉資源の欠落」が根底にある、と考えるべきであろう。

　まちや村や地域や自然を、諸々の先人観を捨てて「居住福祉資源」としての視点から見直し、保全・再生・創造していくことが必要である。例えば、寺社が歴史的に果たしてきた生活維持や環境形成の役割がある。鎮守は宗教施設というよりも地域の居住福祉資源であり、南方熊楠の「合祀反対論」も、鎮守の伝統的な地域共同体での役割への認識に立つものであった。

[危機管理とは日常の備え]

　「災害は忘れた頃にやって来る」と言ったのは寺田寅彦であるが、私は「災害は居住福祉を怠ったまちにやってくる」と考えている。「居住福祉」行政とは、主権者としての市民の安全の為に、住居の保障、コミュニティの維持、各種老人福祉施設、障がい者施設、公民館などを街の中につくる、公的な幼稚園、保育所を充実する、公園、ちびっ子広場、緑陰、水面の保全などの生活環境施設の整備等々、要は日常の生活・環境・福祉施設の充実に力を注ぐことである。

阪神・淡路大震災後、危機管理の欠如が指摘された。地震時の行政相互の連絡・対応の遅さ、自衛隊出動の指揮権・首相官邸や内閣官房の機能の不明確、通信情報機能体制の不備その他。その論議も必要であろう。

だが、行政が日常から市民のいのちや健康をまもることにとりくまないで、どのような防災対策も成立しない。危機管理とはまず日常、市民が安全に暮らせる町にすることが基本である。それを放置したままで、いのちを救うことはできない。

Ⅶ　結　び

打ち続く被災の事例と復興の過程は、第1に既存の防災対策だけでなく、日常的な生活環境・居住福祉資源・地域・生産施設等々の整備が防災・復興資源となること、第2に被災者が主体となって復興計画を策定し事業を進めること、行政はそれを後押しすること、それが被災地、被災住民の真の復興に貢献すること等を示している。

本稿に関連してなお詳しくは、早川『災害に負けない「居住福祉」』（藤原書店、2011.10）を参照されたい。

第2章　震災を見る視点と住み続ける権利

井上英夫

I　はじめに

　2010年に入って、ハイチ地震、チリ、そしてインドネシア、中国青海省地震と巨大地震が起きている。さらには、アイスランドの火山噴火で、航空はもちろん食料品等に大きな影響が表れている。人類を、地域を危機におとしいれる災害への対策が急がれている。本章は、地震を中心に、とくに震災をはじめとする災害の避難、救援・救助、復旧、復興、再生、発展という対策をとる場合の基本的視点を論じるものである。

　そして現代の人類の課題は、災害に限らず、すべての人々に住み続けるという人権を保障するということであろう。居住福祉の大前提として人々が生まれ育った土地、自ら暮らしたい土地で暮らす権利が保障されなければならない。

　既に、日本国憲法第22条は、人権として居住移転の自由を保障している。さらに災害を防ぎ、仮に災害にあっても、老いても、病気になっても、惚けても、寝たきりになっても尊厳をもって、安心して暮らせる地域を創ることが保障されなければならない。そのためには、つまるところあらゆる人権が十分に保障される必要がある。

　本章では、2007年の能登半島地震、2008年中国四川省地震を中心に、震災を見る視点を整理し、住み続ける権利の保障について考えてみよう。

II　震災を見る視点

　能登半島地震が起きたのは2007年3月25日である。半年が1つの山だと思うが、関心は急速に薄まる。その後、新潟県中越沖地震が起

きて、マスコミなどはそちらの方に目がいった。地震だけではなく、災害の問題は常に考えていかなければならない問題である。戦争用語は嫌いであるが、戦時だけではなく、「平時」から考えていかなければならない。

まず、震災になった時、あるいは緊急時のみクローズアップされるが、災害というのは平時の備えができていれば軽減されるし、不十分な場合には、被害が集中的に現れてくる。そのことを考える必要がある。

次に、災害・震災は国の政策、たんに災害に対する政策だけではなく、特にその国の社会保障政策等生活全般にかかわる政策の欠陥、あるいは弱点が集中的、かつ象徴的に現れるということである。このテーマを調査・研究・検証することは日本の政治、政策の検証に直結することになる。非常にクリアーにかつ劇的に現れるわけである。

人の生命まで奪われるわけであるから、被害については絶対的な価値のあるものが奪われると言うことである。今日、市町村合併、過疎化、貧困、高齢化、子どもをとりまく状況など、いろいろな問題がある。それらの問題が能登半島に凝縮して現れているので、能登半島地震の問題を考えることはすなわち日本を考えることである。また、四川省大地震に象徴されるように、日本のみでなく世界的課題である。にもかかわらず現実には、そこまで議論されていない。日本政府や研究者、いろいろなレベルで運動している人たちを含めて、多様な観点から議論し、再発の防止等に生かしていく必要がある。

よく災害は自然災害といわれるが、多くの場合は人災である。人災を防ぐという意味で再発防止が重要になってくる。地震そのものはどうしても防げない。もう少し科学が進歩したとしても、せいぜい予知することができる程度で、地震そのものを防ぐということは難しいのではないか。

しかし、災害は人間の知恵を働かすことができれば、防ぐことができるであろう。国や県や自治体は何をすべきなのか。それから地域の人々は何をするべきなのか。さらに特に取り上げて議論すべきなのは

企業である。地域の企業は何をすべきなのかと言うことである。

1 地震は平等であるが、震災は不平等である

(1) 貧富の差

　第1点は、先ほどから述べているが、地震は平等に起きるが、震災、その被害は不平等に起きるということである。不平等だと言うことの中身はいろいろある。例えば、1つは貧富である。災害が起きる、とりわけ震災のときは家の構造が大きな問題になってくる。簡単に言えば、古い家はつぶれてしまうが、新しくて立派な家は災害対策がきちんとできていて、なかなかつぶれない。建物の圧死がクリアーに出たのが阪神・淡路大震災である。特に集中したのが神戸の長田地区である。火災が起きたということもあるが、いわゆる文化住宅に住んでいる人の圧死が多かったということである。文化住宅というのは木造で平屋もしくは2階建てのいわゆる長屋である。これが第2次大戦後に長田地区にたくさんできて、当時は文化的だったというわけである。その木造平屋あるいは二階建ての長屋が集中的につぶれて、多くの人が圧死した。そういう意味では貧しいということがそのまま現れた。芦屋は高級住宅地なので、あまり壊れていない。行ってみれば、すぐに分かる。また、生活保護受給者の死亡率は他の人に比べても高かったわけである。

　淡路島は震源地であるが、北部の淡路町は家があまりつぶれていない。ここでは行方不明者が出なかった。能登半島もそうである。そういう地域的なつながりがあるところである。「どうして家がつぶれなかったか」、淡路町の町長によると、比較的家が新しく、立派だったので、大丈夫だったとのことである。淡路町に住む人は漁業に従事している人が多く、淡路大橋の補償金で家を建てたということである。普通、漁師は大量のお金が入ると「宵越しの銭はもたねぇ」と言うことで使ってしまうことが多いのであるが、「なぜかその時、みんな家を建て、それが良かった」と町長が言っていた。

　要するに貧富の差と言うのは家に現れる。家に現れるということは、

そこでつぶれる者とつぶれない者が出てくるということであり、その象徴的な話だと思う。

(2) 年齢と障害

もう1つは年齢である。あるいは障害といってもよいであろう。高齢者とくに女性の死亡率が高かった。圧死では6割ぐらいが高齢者である。つまり年齢による不平等がおきた。それと障害をもっている人である。これらの人たちを災害弱者という呼び方をするが、私は「弱者」という呼び方は用いるべきではないと思う。強者と弱者を簡単に分けて考える傾向がある。災害弱者と呼んでそのために対策を講ずるのは良いことだと言うが、そもそも強者と弱者と分離する見方が間違っており、災害における不平等が生じていると考えたほうが良いであろう。

(3) 地　　域

それからもう1つは地域差ということである。あるいは自治体と言っても良いのであるが、今回それが出たと思う。もちろん、阪神・淡路大震災でもさきほどの長田地区を見ればわかるように、地域間格差はあり、明らかに不平等である。今回の能登半島地震でいえば、過疎化し、高齢化している地域で起きた。過疎化や高齢化というのは、自然現象ではなくひとつの政策の結果であると言うべきである。日本の過疎地域は大都市への労働力移動によって作り出され、歯止めがきかず、今日にいたっている。大都市圏を除けば、日本中過疎地域という状況を作り出し、ここにきて加速化している。地域崩壊にいたる限界集落などと言われているが、限界集落ではなく、もうすでに地域崩壊、集団移転しているところもあり、地域そのものがなくなるということが現実に起きている。これも政策的に、都市と田舎の不平等政策を続けてきた結果である。

今は「ふるさと納税」、地域主権などと言われているが、過疎地域の調査研究を続けていると、基本的には、同調したくなる。子どもが

できて一生懸命子どもを育てる、高校まで育てたら東京に行ってしまう。そして、大学を出て税金を納めるのは東京である。ずっとお金をかけて子育てしたにもかかわらず、東京にいってしまうという図式である。明らかに政策的に作り出されているわけであるから、逆に言えば、過疎は政策を変えればなくなる。それはある意味では簡単なことである。そこで生活できるようにすればよいのである。

2　発想・価値観の転換

(1)　過疎は悪いことか

ただし、過疎を克服するというのは、長い間続いてきた歴史があるから、変えるのは難しいところがある。つまり、発想、あるいは思想、哲学を変えなくてはいけないという問題がある。どこかわれわれのなかに大都会が良い、物がたくさんあったほうが良いという考えがあるが、そうしたなかで細々と農業しながら、漁業しながら堅実に生きていくという、ここに価値を見出すということが普遍的にならないと政策の転換は難しいところがある。

ノルウェーとデンマークを見てみよう。どちらも日本に比べれば人口が少なく、スウェーデンは日本の面積の約1.2倍のところに人口は約920万人である。またデンマークは、九州とほぼ同じところに福岡県と同じ約500万人の人口である。もともと閑散としていて「過疎」なのである。しかし過疎だから困る、あるいは過疎だからだめだという議論はあまりないようである。それぞれバラバラに住んでいて、それなりの生活ができるようになっている。20年ぐらい前にスウェーデンに行った時、スウェーデンに過疎地はないのかと聞いたところ、「過疎」という言葉がないから、全然話は通じない。人がいないところだと言ったら、教えてくれたのが北極圏である。普通、少し郊外に出ると家と家の間隔が500メートルぐらい離れているからバラバラである。それでも何も困らない。だから、発想を変える必要があると思う。

学生たちに「出身はどこか」聞くと、市出身の人は市の名前を言う、

しかし、何県と答える人がいる。何県のどこかと聞くとだんだん声が小さくなって、何々郡と答える。郡のどこであるかと聞くと村の子は答えない。町の子はようやく答える。このように国が一番えらくて、次に県、市、町、村というように、小さくなるほど序列が低く、恥ずかしいと考えているようである。あるいは、能登出身の学生に何が欲しいかと聞くと、コンビニが欲しいというのである。コンビニがないから田舎なのだという。コンビニなどなくてもよいと思うが、このような発想を変えていくことが必要だと思う。

このような思想や哲学は、震災をどうするのか、震災復興をどうするのかということに関わるわけである。この際、震災を契機にして、物の考え方を変える必要があるのではないだろうか。

(2) 高齢化は悪いことか

そうでないと、平等な状況は作り出せないと考えている。これと同じことなのであるが、高齢化というのはそんなに悪いことなのかということである。セットで少子・高齢化といわれるが、これは悪いことであるか。高齢者が多いということであるが、能登へ行けば町で会う人は大概元気で、一生懸命仕事をしている。こういう高齢者が増えていくことは良いのではないかと思う。国連でも高齢化は人類のこれまでの最大の成果であるとまで言っている。人間が長い時間活動できる、あるいは寝たきりになっても生きていけるという長寿はそれ自体喜ばしいことである。高齢化に伴っていろいろな問題が生じるのは確かであるが、国家政策・制度等で種々の人権を適切に保障していけば良い。そういう社会を創造すれば良いというのが結論である。

(3) 大か小か――小さいことは良いことだ

小さいことは良いことだということである。大きなところよりも堅実な中小病院をそれぞれ配置して、しっかりした建物の構造と備蓄と医療体制を普段からちゃんと準備していれば、そこが災害の時に拠点になる。仮に1カ所つぶれても、他のところでやれば良い。

第2章　震災を見る視点と住み続ける権利

① 一点豪華主義の崩壊

　大きな病院は意外にも活躍しないのである。典型は阪神・淡路大震災の時の神戸市民病院である。これは神戸方式の自治体経営の一例というので評判になったところであるが、人工島に従来あった病院を統合して作られた1千床という大病院である。あの大地震時には大活躍したと思いがちであるが、無力であった。まず、橋が壊れ交通が遮断された。ヘリコプターが飛んだかというと、その大病院に1機も下りなかったのである。もちろんヘリポートはあった。しかし、まったく笑い話のようになってしまうが、近所の空き地にヘリコプターが下りたのである。それが20回から30回ぐらいである。大きなヘリポートをもっていてなぜ降りられなかったかというと、狭くてパイロットが怖くてそこに降りることができなかった。そういうものを大金かけて作った。もっと問題があったのは屋上にヘリポートがあるのに、エレベーターがなかったことである。屋上から下の階まで階段なのである。担架を持って下りることができるのか、当然そんなことはできない。さらには、屋上に給水タンクがあってそれがパンクしてその下が水浸しになり、これまた使えなかった。これらのことからわかるように一点豪華主義は猛省されなければならない。

② 小さいことは良いことだ

　阪神・淡路大震災と能登半島地震での行政の対応を考えると、あるいは新潟県中越地震でもそうなのであるが、自治体はやはり小さいほうが良いというのが結論である。神戸市は政令指定都市であるから、区をもっているわけである。だから、本来、区が小さな単位でまとめをすれば良いわけだが、区行政が全く機能しなかったと言っても良い。これはあきれるくらいである。もっと小さな単位で、この医療・福祉、生活をしっかりと組織し、機能させておけば災害時にも機能すると言うことである。

　合併の問題で言うと、デンマークは2007年の1月1日に地方行革（合併）をして全国の自治体を半分くらいにした。県をなくして国と

基礎自治体（市）という単位にした。今まで県が医療、市（コミューン）が福祉という役割分担をしていたのであるが、県をなくして、市を一定の規模に大きくするということである。それでも市の中に、例えば、1万人に1ヶ所のアクティビティセンターを作って、障害をもっている人たちが最重度の人たちも含めてそこに通うというわけである。合併しても1万人に1ヶ所という小さな単位でものを考えているのである。そういう合併なので、日本のように思想、理念のない合併とは大きく違う。いずれにしても、小さいことは良いことだと考えることが重要である。

3　復旧・復興・再生か創造・発展か

復旧・復興・再生か創造・発展かということである。いま能登半島では、例えば輪島市で復興プランを作っている。県も作っているし、輪島市の復興計画素案が2007年7月30日に既に出されている。中越地震についても同じものが出されている。阪神・淡路大震災のときはフェニックスプランを出している。輪島市は復興計画になっていて、復旧ではなく、地域再生となっている。震災前の状況に戻すというだけではこの地域に住み続けることはできないということである。どんどん過疎化して高齢化している地域であるから、元の状態に戻しても、さらに過疎化や高齢化は進んでいくわけである。そこに住み続けることができるようにするには復旧、復興、再生と元に返すだけではなくて、新たな地域を創造し、発展させていくという視点が大事だろうと思う。

4　企業・地域か個人か

(1)　人間の復興

復興は誰の復興かと考える時、復興は個人の復興、個人の生活の復興でなくてはならないということである。今までは地域の復興あるいは自治体の復興ということが強調されてきた。さらに言えば、企業の復興である。産業の復興という名目の下で、企業、とりわけ大企業な

のであるが、その復旧を図るということが優先されてきた。阪神・淡路大震災の時もそうである。港湾施設、あるいは道路が真っ先に工事された。中越沖地震でも象徴的なことが起きた。トヨタの自動車部品を作っている工場が倒壊し、トヨタが生産停止に追い込まれた。これはトヨタ方式の1つの限界、つまり在庫をもたないという主義であるから、部品の生産が止まれば全体の生産が止まってしまうというトヨタのカンバン方式の限界、問題点を露呈させた。それ以上に問題なのはライフラインの復旧について部品工場を最優先させたということである。つまり住民の生活よりも企業の復旧を最優先にしたということである。ライフラインはもちろん大事であるから復旧しなければならないが、そういう復旧だけではない個人生活すなわち人間の復旧・復興を考えていくことが大事である。

(2) ハードか、ソフトか——優先順位を

　これはハードかソフトかという問題である。道路、あるいは産業基盤を最優先するのか、個人の生活を最優先するのかという問題である。両方できれば問題ないのであるが、緊急時は両方というわけにはいかない。そこで優先順位をつけなければいけないのであるが、その優先順位に政策、あるいは国の姿勢、あるいは行政の姿勢が現れてくる。

　もっともシビアな問題は生命の選択である。医療では緊急災害時医療ということで特に阪神・淡路大震災の時にクローズアップされたが、トリアージというものがある。治療行為、救命行為に順位をつけるということである。極端なことを言えば、死にそうな人はほうっておくということである。助かる人を優先的に助けるという選択をしなくてはいけない。そういう選択は災害時にはどうしても迫られるわけであるが、そこに思想が現れるということである。産業基盤、道路の復旧・復興を最優先にするのか、個人生活の復旧を先にするのかということになる。私はあちこちの震災現場を見てきて、やはり個人生活を最優先に復旧すべきだと思う。

5 再建は個人責任か

(1) 個人責任論

今でもそうであるが、住宅再建という話については日本の国は支援に非常に否定的である。個人の住宅の復旧・再建については募金頼みであり、基本的に税金はそこにつぎ込まないということである。鳥取県の片山知事が若干その流れを変えたが、これは自治体レベルの話で、国レベルでは個人の生活再建については消極的である。なぜか。個人の家を作る、そこに税金を補助して再建することは個人の財産を増やすことになるというのである。公益的な税金を個人の財産を増やすことには導入できないというのであるが、根本的には個人責任論である。

自分の家を作るのは個人としての努力でしなさいというのが日本の住宅政策の基本である。それだけではなくて、社会保障や生活保障全体にそういう考え方が貫かれ、今、それがさらに強められようとしている。さらに、災害時における個人責任という話になるわけである。災害時に個人がどこまで責任を負わなくてはいけないのか、あるいはそれに対応して国や自治体がどうするのかという問題になるのだが、個人責任の裏にはいつも資本主義社会だから競争でやるのだという意見がでてくる。

それでも、2007年12月14日、「改正被災者生活再建支援法」が施行された。「阪神大震災被災者の訴えがようやく国を動かした。成立した改正被災者生活再建支援法は、年齢や年収の支給要件も撤廃するなど全壊世帯に支給する支援金（上限300万円）を住宅建て替えに使うことを認め、被災者救済の網を広げる内容になった。ただ、今回も半壊世帯への支給は見送られるなど十分とは言えない点もあり、長年、法改正を訴えてきた人々は『大きな前進だが、これで終わりにしてはならない』と、さらなる制度の充実を求めた。」[1]という声を想起すべきである。

---

(1)「被災者公的支援法関連その後の動き」
　　http://www.ceres.dti.ne.jp/~mat/shinsai-kanren/sien/sien7.htm#071111

(2) **アメリカはどうか**

　実は資本主義のチャンピオンであるアメリカでは災害の時には真っ先に国が駆けつけて、そして、現金を給与する。約13年前で300万円という金額であるが、それをそのまま被災者に渡す。何に使っても良い、生活再建に使ってくれというわけである。FEMAという連邦の組織があり、ここが駆けつけてそういう配分をする。ロサンゼルスで地震があったが、その時は、個人の生活基盤を復旧・復興させるという考えが資本主義のベースとしてあった。個人の生活基盤の復旧・復興に税金を投入するという発想であり、日本との違いがよくわかる。このFEMAは当時大活躍したが、2006年のハリケーン（カトリーナ）のときは活躍せず、批判された。なぜ活躍できなかったかというと、イラク戦争で予算が減らされていたからである。そういう意味で、ハリケーン災害のときに、アメリカの国家政策が如実に現れたわけである。戦費と引き換えに災害時の予算が減額されてきたからである。FEMAが悪いわけではなく、ブッシュ大統領が悪いのである。

　アメリカの考え方は、まず個人生活を優先して、これは社会保障の考え方に通ずるものがあるが、災害時には市民生活が大きく下がってしまうわけであるからせめて最低限まで戻す。このことによって個人の生活再建をして、それが市民活動や労働、生活活動の復旧に寄与する。

　生活が再建されれば、税金を払うようになるので、これを早めたほうが良いというのがアメリカの合理主義である。いつまでも生活再建できない人は働けない。働けない人に対してはまた税金を投入しろと言うことになる。生活保障をしろ、場合によっては日本でいう生活保護を利用するという問題が出てくる。あるいは仮設住宅から出られない。そういう人たちの生活保障をするということによって、生活再建につなげていくという発想を、同じ資本主義であれば学ばなくてはいけないと思う。

6　緊急時か日常・「平時」か

　阪神・淡路大震災の時や奥尻島地震の際には震災が続いたので、災害時の緊急対策をいかにするかということがしきりに議論された。しかし、私の結論は、結局緊急時だけを考えた施策は機能しないということである。むしろ日常的に生活を安定させる、あるいは生活を保障することができる制度や施策こそ災害時に威力を発揮するということである。もちろん、緊急時には固有の問題が存在するから、それに備えることは必要であるが。

　例えば、医療はどうか。緊急時医療というのは通常の救急救命医療の延長である。今のように、普段でも消防署頼りの救急救命医療体制では災害の時には機能しない。ではどうするかということである。災害の時にはヘリコプターを飛ばそう、飛行機を飛ばせば大丈夫というような話があるが、阪神・淡路大震災の時、先に述べたように、神戸市民病院では、ヘリコプターで救われたのは多く見積もっても、20〜30人ぐらいであった。それよりも医療を受けることができなくて死んだ人のほうが、推計であるが、はるかに多い。力を発揮したところはどこかというのは、それは中小の病院である。倒壊せず、かなり備蓄を持っていたところが活躍した。

(1) 中小病院と主治医

　大学病院も同じように機能しなかった。診療を断ったり、門を閉めたりした。では企業の大病院はどうか。神戸製鋼の病院は見事に倒壊した。大きいところはこのようにあまり機能しなかったのであるが、中小のところが機能した。また、災害が一段落した避難所・仮設住宅での医療について言えば、病院のあり方が根本的に問われたということである。つまり、阪神・淡路大震災の時は、もともと住んでいたところから1時間や1時間30分もかかるところの仮設住宅に入らされた。その人たちの多くは従来通院していた医者や病院に通っていた。例えば、ポートアイランドの仮設住宅に住んでいた人が旧長田地区の

病院に行っていた例を聞き取りしている。なんといっても行きつけのお医者さんが良いというのである。これが医療の本質だと私は思うのであるが、こういう意味でも普段からの医療のあり方が重要である。

(2) 保健活動

もう1つ奥尻地震である。奥尻も大きな被害があったが、病院が1つあった。診療所ではなく病院なのであるが、そこに保健婦が3人、住民1,000人に対して1人の保健婦がいたのである。その保健婦たちは住民の健康状態と必要な薬品等などについておおよそ知っていたので、震災が起きた時、すぐにあちこち駆けつけて、医療の相談や薬を用意することができた。これは非常に大きな意味をもったが、とりわけ精神的なケアにつながっていたと思う。

(3) 福祉施設等

次に福祉である。これは余り言われなかったのであるが、福祉施設が避難所として非常に有効だったと言うことである。小学校や中学校の体育館ではなくて、福祉会館、公民館、特別養護老人ホーム、広い意味での福祉施設へ行った人はまだ良かったわけである。

建物がしっかりしていた。これがまず1つである。もう1つは阪神・淡路大震災でいうと暖房があり、能登半島地震の時も同じで暖房があった。そして、調理の設備を持っていることと備蓄をそれなりにしているということである。そういう意味では病院もそうであるが、日常的にしっかりした活動をしていると災害時の拠点になりうるわけである。

福祉施設のことであるが、能登半島の地震の時もまったく同じであった。能登の場合は、被災後避難所に行った人でも、あるいは金沢の子供のところへ行っていた人でも、戻ってきた人がかなりいた。やはり能登のほうが良いというわけである。老人ホームのショートステイを利用して避難所代わりに暮らした人がいる。避難所でちょっと具合が悪いと老人ホームに行ったのである。最も被害の大きかった輪島

市の門前町では、診療所が特に頑張っていたので、医療の拠点も一定
あった。これが非常に大きな力を発揮したと思う。

7　行政か個人・地域の「つながり」か——行政責任と自己責任

　行政か個人かということである。行政は個人や地域のつながりが大
切だと言う。能登半島地震の時には行方不明者も出なかったし、地域
が丸ごと避難した。そういうつながりが大切だ、日頃のつながりが大
切だと言う。「行政は災害の時には役に立たないと思ってください」
ということであるが、それは無責任な話である。行政がやるべきこと
はある。つながり自体は大切であるが、行政はそれとは別に違う場所、
局面で仕事をしなくてはいけない、そこで行政としての責任を果たさ
なくてはいけないということである。

　つまり、行政と個人、住民との関係をあらためて問い直す必要があ
ると思う。今、マスコミなどもそうなのであるが、地域のつながり、
住民のつながり、連携は大事だといっている。しかし、行政とのつな
がりでいえば、行政にしかできない、行政のやるべき固有の仕事があ
る。行政は災害を「免罪符」にしてはならない。その点について、調
査を重ねより明確にして、むしろ行政と住民の役割分担ということを
提起する必要がある。

8　震災の教訓を生かす

　門前地区は50％を超える高齢化率である。そういうところと都市
部の災害とどう違うのか。あるいは震災に対してどう対応していくの
かについて、これから考えていきたいが、私は基本は同じだと思って
いる。相対的に違う問題もあるのはもちろんであるが。

　能登半島地震でもそうであるが、中越沖地震でもそれ以前、特に阪
神・淡路大震災の教訓がそれなりに生かされている。この点は評価す
る必要がある。1番は仮設住宅に強制的に入居させないで、地区ごと
にできるだけ同じところに配置して住めるようにしたと言うことであ
る。例えば能登の仮設はそういうことでは特に有名になっている深見

第2章　震災を見る視点と住み続ける権利

地区の人たちが一緒にまとまって住んだ。一緒に居れば心強いし、結びつきが一層強くなる。阪神・淡路大震災の時にはまったくばらばらにしたので、そのツケが、「孤独死」等今でも残っている。

　山古志村の人たちも同じ場所の仮設で暮らした。山古志村の場合は診療所も付いてきたということである。村営の診療所があったが、村がつぶれたので仮設に診療所が一緒に来た。神戸の時には診療所を作るのも大変で、結局個人開業医が開いたのみである。

　仮に合併後だったら合併した長岡市に吸収され、仮設に診療所はできなかったであろう。合併しないで、小さな山古志村という単位で診療所を持っていたので、丸ごと移住し、診療所も同居することができた。この点も非常に興味のあるところである。

　2007年2月の大雪の時に山古志村の仮設に行き住んでいる人たちに話を伺った。仮設もわりと便利で近所にショッピング・センターもあるし、仮設そのものも寒くないし大丈夫だと元気な声があった。

　しかし、少し離れたところである年配の女性に一番困っていることを聞いてみたが、予測できない返事が返ってきた。「やることが無くて困っている」と言うのである。普通なら大雪の1月から3月には家の中でわらじを作ったり、作業はたくさんあったが、それができないのでやることがないと言う。

　奥能登の仮設でも、やることが無いという声を聞いた。こんな箱のなかに一日中居られないと言うので、みなさんせっせと畑などに行くのである。行ける人は行くわけである。行けない人はやることがないということがわかった。そういうことも含めて考えると、生活とは何か、どういうことが人間らしい生活なのか、それを全体で制度として保障するということはどういうことなのか、ということを改めて考える必要があると思う。仕事さえあれば良いという話でもない。食べていければ良いという話でもない。一日中朝から酒を飲んでと言う話でもない。だから、仮設住宅におけるアクティビティセンターが必要なのではないかとも考えている。

居住福祉研究叢書　第 5 巻　　　　　　　　　　　　　　　［井上英夫］

Ⅲ　四川大地震と中国の復旧・復興政策

　2009 年の 1 月 5 日、金沢大学能登地震学術調査部会の四川大地震調査団として正月三が日の日本から、中国四川省大地震（汶川大地震）の現場に立った。

　能登地震が 2007 年 3 月 25 日、四川地震が 2008 年である。以下、両者を対比しながら、地震からの復旧、復興そして地域の発展策を考えよう。地域の復興・発展はなにより人間の復興であり発展でなければならない。そのため、何が必要か、それを知るための調査であった。

　能登地震は、発生時間のためもあり奇跡的に死者は 1 人だったが、甚大な被害を能登半島と人々の生活に与えた。

　しかし、報道では知っていたが、四川地震の被害規模は、下記のように想像をはるかに上回るものだった。

2008 年 5 月 12 日　14 時 28 分（現地時間）

マグニチュード　M 8.0

被　災　地：成都から北東へ約 300km 周囲

　　　　　　龍門山断層沿いに被害が拡大

被　災　者：約 4,624 万人

死　　　者：6 万 92,726 人

負　傷　者：37 万 4,463 人

行方不明：1 万 7,923 人

倒壊家屋：約 21 万 6 千棟

損壊家屋：約 415 万棟

学校校舎：7,000 棟弱　倒壊

経済損失：約 13 兆円弱

　（2009 年 8 月 25 日　中国国務院　発表）

　もっとも、被害の大きかったのは、北川県であるが、地震とその後の土石流によって中心の町（写真 1 曲山鎮）がすっぽりと埋まってしまい閉鎖され、多くの行方不明の人々を泥流の下に残したまま、全員 23km 離れた地に移転せざるを得ない状況となっている。一帯は、地

第2章　震災を見る視点と住み続ける権利

写真1　曲山鎮

震博物館として保存される。

　人口16万のうち死者・行方不明者が2万人近くに上った北川チャン族自治県は住民の大半が少数民族チャン族で、故郷を離れる思いは複雑なものがある。

　現場に立ちながら、常に能登半島と四川を比較しつつ、人々が住み続けられる地域をどのようにして作り上げるか考え続けた。少し時間が経ったが、地震を契機に大きく変動する中国からの報告である。

1　変わりつつある中国——市民社会は形成されるか

　中国訪問は、3年ぶりであるが、相当に変わってきていると思った。人権保障の基礎とも言うべき市民社会形成の可能性が広がってきたということである。ここで市民社会とは一人ひとり主権者たる市民（住民、国民）が、主体性を持って、発言し、行動する、そのことによっ

47

てすべての人の人権保障を実現する、まさに社会の主人公であるような社会である。

(1) 議論できる国へ

まず、研究者の姿勢が変わってきたようである。いくつかの大学の先生達と会って、ディスカッションができた。時には、政府と反対の意見についても否定せず、議論するという学者としての真摯な姿勢を感じた。極端にいえば、今までは政府の顔色をうかがいながら、恐る恐る議論をしているという感じだったから、大いに違うわけである。

5月にも上海に行った。高齢化問題を考える国際シンポジウムで、日本の介護保険について話したわけであるが、巨大な規模で急速に進む中国の高齢化への挑戦がテーマだった。ここでも、中国の高名な人口統計学者から政府の一人っ子政策について正面から間違っているという発言があり、目を見張ったものである。

さらに、中国科学院水利部成都山地研究所で、過疎、生活困難等について一定の基準を設けて山間地域の住民の平地への移動を考えているという研究者達も、私たちの、住み続けたいという思いを実現するべきではないかという疑問に正面から答え議論してくれた。

(2) NGO、ボランティアの形成と発展

地震は、政府のみで対応しきれない。中国政府も威信をかけ、温家宝首相もいち早く現地に駆けつけ、陣頭指揮をとった。もちろんオリンピックという国家行事を控えていたため人心の掌握が必要だったであろう。しかし、中国政府の積極的な姿勢は評価できると思う。それでも、一人ひとりの人々の生活、固有のニーズを十分に満たすことは困難である。そこで、ボランティアが活躍した。

1995年の阪神・淡路大震災の場合、国、兵庫県、神戸市の震災に対する政策、施策の不十分さは明らかで、市民の厳しい批判を浴びた。他方、鮮烈に記憶に残るのはボランティアの活躍である。ボランティア元年と呼ばれたわけである。

そして四川でも、個人、そして組織が活躍し、やはり「ボランティア元年」と呼ばれている。私達も被災地の現場で、復旧、復興に活躍するボランティアと交流した。

個人で、自然発生的に多くの人々が、参加した。しかし、同時に団体や組織によって組織されたボランティアもいる。そうした組織にNGOがある。ある成都のNGO組織の代表と話をした。従来、中国のNGOは、政府関係NGOとも言うべきものであった。政府から金も人も物も提供され、管理されている。それに対して、現在、真の「非」政府組織が育ち、活躍し始めている。財政的な援助を受けても、政府とは一定の距離を保ちながら運動している。地震でも大きな力を発揮し、その存在意義を社会、そして国、地方政府に認めさせつつある。

国、地方自治体と個人だけでなく、いろいろな「中間組織」があってこそ、多様な生き方を可能にする市民社会が形成されるであろう。

NGO、NPO、住民の自治組織が必要である。中国でも「自治」組織が形成され、特に都市部では社区が発展してきている。しかし、これも、自治組織というより上からのコミュニティ・オーガニゼーションになっているといわざるを得ない状況もある。

ここに、改革・開放政策以降、あらたに強力な存在として企業が登場しているわけで、政府―企業―中間組織―市民という関係が問われる時代に入ったといえる。

(3) 格差拡大　不平等と貧困

行きは北京から、帰りは上海経由であったから、沿海部、地方都市部と山間部との格差が拡大していて、大きな富の不平等、貧困が存在していることが痛感された。

こうしたところに大地震が襲った。先に述べたように地震は平等に起こるが、震災は不平等である。貧困・不平等の拡大を加速化しかねない。

2 たくましい中国

 ただ、悲惨かつ困難な状況でも中国の人々は元気なように見えた。第一印象は、復旧に立ち上がった人々のたくましさだ。しかし、最近の報道でも、自殺する人があとを絶たない。震災後3カ月、半年ころまではむしろ緊張感もありハイな状態が続く。その後が問題なわけである。肉体的、精神的な疲れ、とくに家族を失ったダメージが襲ってくる。

(1) 地震も観光に

 一番たくましさを感じたのは、被災も観光の対象にしてしまっていることだ。地震の写真、本、CD等が売られ、チャン族の衣装や食べ物、土産物屋が軒を並べている。子供達も土産を売ろうと必死に迫ってくる。また、仮設住宅でも、すぐに商売が始められた。日本では決して見られなかった光景である。

 それでも、よく聞けば、政府が被災者に場所や店、地震の本などを無償で提供し、売上を生活にあてるという、復旧政策だということだ。そうするしか、産業も壊滅した今、ないのであろうが。

 子供も、仮設住宅の中では、子供たちが学校で授業している時間に、隣町から物売りに来ているというのである。学校に行ける子と行けない子、それが現実だ。

(2) 復旧、復興に立ち上がる青年たち

 若い青年たちが復旧、復興に頑張っている姿にも感動した。綿竹県の農村では、ある青年が農業とりわけ無農薬、有機農法での復旧をめざして、村の人々を合作社に組織し取り組んでいた。青年は、日本の農協について学び、農業協同組合をつくりたいと熱心に私たちに語りかけた。

 この熱心さで、村の人々も引っ張られているようだ。私が、「無農薬、有機農法はもともとこのあたりの人々は当たり前にやっていたこ

第 2 章　震災を見る視点と住み続ける権利

とで、できる」と言うと、周りに集まっていた女性たちから「そうそう」と大変な支持を受けた。

また、グリーンツーリズムを売り物に復興を図ろうという村にも訪れた（写真 2）。師匠始め多くの人々の悲劇を乗り越え、有名な四川の刺繍を広めようという娘さんにも会った。

(3) 震災復興と営利企業

たくましさといえば、震災復興において営利企業の進出が目立った。綿竹市では、多くの幼稚園、小学校、中学校が倒壊し、命が奪われた。それでも、訪れた仮設の幼稚園の子どもたちは、元気に学んでいた（写真 3）。別の幼稚園では、2 ～ 5 歳の子供たちが 57 人亡くなったということだった。

しばらく行くと廃墟の中に、突然、超近代的な遵道学校が現れた。小学校、中学校が一体となっている（写真 4）。

門番がいて、出入り禁止ということだったが、ニーハオと挨拶すると入れてくれた。先生とも話したが、政府ではやりきれず企業が学校を再建してくれて感謝しているという。

この学校は、万科という有名企業の出資で造られ、企業のホームページにも掲載され、町のあちこちには横断幕が貼られ、明らかに宣伝媒体とされているようだった。また、町の復興計画も大々的に打ち出し、大きな青写真が貼られていた（写真 5）。

一点豪華主義、ショーウインドウとなっているような現状は、阪神・淡路大震災からの復興政策を思わされた。1 校にこれほど金をかけずとも、多くの学校を作ればよいのではないか。これでは、企業城下町になりかねない。社会主義国と営利企業の存在。平等と格差・不平等、どう調整を図るのか。中国の体制に、地震を機に大きな課題が提起されていると思う。

(4) 豊かさとは――休暇村とグリーンツーリズム

先に紹介した遵道鎮棚花では、農家楽といい、都市部の人々に農村

写真2　グリーンツーリズム村

写真3　幼稚園

第2章　震災を見る視点と住み続ける権利

写真4　学　　校

写真5　復興街づくり計画

体験をしてもらうため復興の補助金等を生かし家を再建し、写真2のように外壁に絵を描いていかにも楽しい村づくりを着々と展開していた。村の道の真ん中の道路の両側にこうした家が並ぶわけである。周辺の農村風景とは全く変わった光景、そこだけ、さながら桃源郷のようであった。

　しかし、すぐ近くの同じ被災者でも、この施策の対象から外れた人は、家も再建できないと嘆いていた。また、四川省には都江堰や九寨溝など有名な観光地が多いのだが、そこも深刻な被害にあっている。その観光地で進んでいるという話を聞いた。

　被災したひとびとが、対口支援の都会の人に寄付をしてもらい、家を再建する。所有権は、都市住民がもつわけであるが、普段は地元の人が住む。持主は、1部屋確保し、観光に来てその部屋で過ごす、というわけである。家のシェアであろうか。

　桃源郷に滞在できる人、別荘としてシェアできる人は、都市部の豊かな人であろう。そして、これら事業が成功すれば、農民も豊かになれるであろう。しかし、他方で取り残された人々との格差・不平等はますます拡大しかねない。また、人間関係は上手くいくのであろうか。中国にとって、すべての人々が豊かになること、平等の実現という大命題が、地震そして復興を機にさらに明確な形をとって浮かび上がってきたように思われた。

　グリーンツーリズムは、日本でももてはやされている。かっての能登半島の民宿もその1つだったといってよいであろう。今は、能登の民宿は、大変苦戦している。もちろん頑張って続けている人もいる。私たちは、被災地を訪問すれば、かならず地元の民宿に泊まるようにしているが、民宿経営はますます難しく、設備、サービスともにむしろ本格的な旅館の方向をとらなければ生き残れないようである。日本では、中国とは別の形、水準ではあるが、真の豊かさが問われる時代になっていると思う。

第2章　震災を見る視点と住み続ける権利

(5)　はだしの医者と復興

　私たちは、平野部の典型的な農村光明村を訪ねた。ここは、日本のボランティア団体海外災害援助市民センター（CODE）、の吉椿雅道氏の活動してきたところである。現在は、家の再建を、この地方の伝統的な木造住宅によって果たそうとしている。レンガ造りよりも耐震性に優れていて倒れなかったという。

　日本からのボランティアも最初は受け入れてもらえなかったそうである。黙々と廃材、瓦礫の整理、レンガの再生等地道な作業に取り組み、信頼をかちえたそうである。私たちが訪問した時は、すっかり村になじんで、人々に頼りにされていた。私たちがスムーズにお話しがうかがえたのも、こうした吉椿氏たちの地道な活動があったからであった。

　光明村では、医師のお宅でお世話になった。自身被災され新築したばかりの4階建ての立派な家が崩壊した。一時はひどく落ち込んでいたが、ようやく再建を決意されたところであった[2]。2007年1月に4階建ての診療所兼自宅を15万元で建てたばかりであったが、震災によりすべてくずれ、現在、新しい診療所兼自宅を建設中である。しかし、崩壊した前診療所兼自宅の借金と「2重の借金」を負うことになった。

　医師は「半医半農」＝「はだしの医者」であるが、被災後、田んぼには地割れが起き水が抜けてしまった、ポンプが壊れて水が来なくなってしまった、他の農民は田んぼの修理をすることができたが、医師は農民の治療に追われ修理をすることができなかったため、秋の刈入れはできず、現在は、震災後の6、7、8月に政府から1人につき1日500gの米を支給された残りを食べているとのことであった。ということで、診療所は、テントの中であった。もちろん、医薬品もほとんどない。それでも、私たち一行を、一家総出でもてなしていただいた。

（2）曽我千春「被災地における医療保障について」金沢大学能登地震学術調査部会四川大地震調査団四川大地震報告書（2009）6章参照。

3 対口支援——都市から農村へ

私たちにとって興味があったのは中国独特の被災地支援制度である対口支援であった。通訳から、タイコウシエンと聞いたとき、対抗支援と思ったほど、無知であった[3]。

対口支援とは、経済的に発展した地域（主に沿海部）と内陸の経済発展の遅れた地域（少数民族地域）を組み合わせて支援関係を結ぶ、内陸部開発プロジェクトの一つである。中央政府が地方政府を支援する形ではなく、地方政府が地方政府を支援する形を基本とする。

社会主義中国だからできる地域間格差是正のための富の再分配政策と言えるかも知れない。

今回の地震では、中国東部・中部地域の海南省を除く18の省のほか、四川省と歴史的関係が深い重慶市に対し対口支援の任務が中国政府から与えられた。支援期間は3年間で、主な支援内容としては、再建復興に向けた計画の編成や助言、住宅（一般・仮設）、学校、病院などの建設・修繕、上下水道などのインフラの建設・修繕、農業インフラの建設・修繕、教員や医師など人材の派遣・養成、被災地住民就業支援など幅広いものである。四川地震震災復興対口支援案では、年間の支援物資などの量について、前年の地方財政収入の1％を下回らない範囲で支援することが決められた。私たちの訪問した北川県は山東省、綿竹市は江蘇省、そして上海市が都江堰市を支援するという具合である。

今回の地震では被災地支援における物的経済的支援において重要な機能を果たした点が、我が国の自治体間の支援のあり方などの参考になるであろう。しかしその一方で、対口支援による被災地支援に対するメディアの関心が高いことから、支援側が目立った支援策を講じることで社会的評価を得ようとするなど、一種の支援合戦状況を生み出すことにもなった。

（3）以下、田中純一「四川大地震の概要」前述報告書5頁以下、娜拉＝陸美霖「綿阳高新区永興仮設住宅を例として」同、3-14頁等による。

第2章　震災を見る視点と住み続ける権利

　その結果、一部被災地では、支援内容と被災地住民ニーズがかみ合わないケースや、メディアで注目を浴びた一部の地域に支援物資が集中し、被災地間で支援の格差、復興スピードの格差が生じる結果にもなったのである。また、対口支援による住宅再建が進められている地域では、急ぐあまり耐震性が十分とはいえない住宅の再建が進んでしまうといった指摘もあり、課題も残されている。今回の震災への支援は役人にとっては出世のためのチャンスと捉えられ、支援の競争が行われたということも聞いた。

Ⅳ　住み続けるために――四川と能登半島

1　四川――山間地対策としての移住

　先に述べたように、最も被害の大きかった曲山鎮は地域まるごと移転することになった。しかし、今回、災害時のみでなく山間地域の対策として地域移転政策の検討が進められていることを知った[4]。

　私たちは、中国科学院成都山地災害与環境研究所（以下、研究所）という政府関係の研究機関の皆氏と議論する機会を得た。この研究所の役割は環境を再生するのに必要な科学的データを収集し、当局に報告することである。

　政府および研究所の震災後の再建ビジョンは、産業、特に観光業の再興策に重点を置き、山間部などの生活資源の不十分な地域に住む住民を、平原の資源のある都市部に移住させるというものであった。四川省西部の龍門山脈（震源地域）は、生活するには資源的・環境的に厳しいところであり、交通のアクセスも悪い。そのような地域は、生態・環境再建に重点を置く。それに対し、東部の成都平原の人口の集中した比較的豊かな地域、都市部では産業再生・復興、経済再建を目指すという。資源・環境条件が悪く、人口の包摂能力の低い山間部の地域を再建し維持していくためには財政的に負担がかかるので、地域

（4）以下、井口克郎「震災からの「再建」と観光産業育成―被災者の居住・生活保障と経済政策―」前掲報告書、79頁以下参照。

57

社会の再建よりも自然環境の再建に重点を置き、成都平原の都市部に山間部人口の移住を行い、人口を集中させて社会的再建を行うというわけである。

ここでは、まず「環境」の概念が問題になるが、研究所では環境を測るパラメーターとして10個の指標を挙げている。地震災害や斜面災害、土地資源（農地、急傾斜面等）、水資源、環境容量（空気、汚染等）、経済発展のレベル、人口集積能力、交通アクセスなどである。これらの10個の指標を総合的に判断して環境を測定している。

この指標からすると、自然保護地域や世界自然遺産の面積が大きい一方、25度以上の急勾配の農地が多い龍門山地の被災地は、人間が住み続けるという形で再建するよりも、自然環境を再建することに重点を置くという評価がなされ、移住の推進という政策がとられてしまうということである。

2 研究所との議論
—— 「環境」と人が住みなれた地域に住み続けることについて ——

研究所から以上のような話を伺い、私たちは、震災からの復興そして地域発展に、被災者の移住よりも、自分が生まれ育ったところに暮らし続けることを保障する体制をどうつくるかという視点から取り組んでいるということを強調した。

特に、残るか、移転・移住するかの判断基準とされる「環境」の10指標は、社会制度など社会的環境、とりわけ医療・福祉、住宅、農林漁業等の評価がされない点が問題ではないかと指摘した。研究所からは、それに対しては、確かに医療は環境の視点から抜けており、福祉と社会保障は長期的観点から評価システムの中に入れるべきだと思ったとの回答があった。

また、観光業の振興という視点から見ても、観光で人が来る大きな理由のひとつに風光明媚で美しい自然環境があるが、それだけでなく、そこに住んでいる人々の生活様式や、その地域特有の美しい町なみに憧れて人々が来るというのが能登半島の経験である。具体的には、

第 2 章　震災を見る視点と住み続ける権利

人々の手が入り、生活の場である千枚田などの段々畑、急傾斜地の水田が美しいということで観光客が集まる。さらに、地域にあった伝統産業、輪島塗などがあって、観光客が集まってくる。文化的遺産を創ってきた人が住んではじめて観光に立脚し発展することが可能になるであろう。

こうした意見に対して研究所の人々は真剣に耳を傾けた。先に述べたように議論のできる国に変わりつつある中国を実感した瞬間であった。

2　震災と大恐慌──住み続けるという人権

能登半島地震では、発生時間等もあり奇跡的に死者は 1 人であったが、甚大な被害を能登半島と人々の生活に与えた。写真 6 は、能登半島輪島市の深見地区では地震の時に 70 名を超える住民全員が船で脱出した。地区を孤立させたがけ崩れも修復され、今は全員地区に戻っている。

四川の被災地も多くは過疎地、高齢化地域であり、能登半島あるいは日本の多くの被災地と共通している。限界集落化、地域崩壊が地震によって加速しかねないという状況も同じである。

そして人々は、生まれ育った地に暮らし続けたいと強く願っている。先の深見地区は、日本海の荒波が押し寄せ、強風が吹き付け──かっては竹による間垣で防ぐのが一般的であったが、今は、一部を除きコンクリートの防風壁である──両側には急な崖が迫る。こうした厳しい状況下ほんの小さな猫の額のような場所に肩寄せ合って暮らしているという感じである。

私が区長氏になぜ「こんなところ」に住むのかと聞いても「さあ」といって笑っている。それでも、全員深見地区に戻ったのである。深見地区が本当に好きらしい。

日本国憲法 22 条は、「居住移転の自由」を基本的人権の一つとして保障している。また、中華人民共和国憲法第 87 条も「旅行」の自由を保障している。現代の人権としての住み続ける権利は、移動の自由

写真6　門前深見地区

のみでなく生まれ育った地、さらには自分で選んだ地に住み続ける権利を保障するものでなければならない。

　一人でも、寝たきりでも、惚けても、歳をとっても、尊厳をもって暮らせる地域にする。そのためには、国は、自治体は、企業は、そして人々は何をなすべきであろうか。

　住み続けるためには、衣、食、住が保障されなければならない。そして現代では、あらたな医、職、住（耐震住宅、居住環境すなわち居住福祉）、そして教育等が保障される必要がある。

　超高齢化地域の深見地区の人々が、職がなくても生活できるのも、多くの人が年金、特に船員年金を受けているからである。さらに、「元気じゃなくちゃ生きていけないよ」という。健康が大事である。いったん病気になると出て行かなくてはならない。私たちは、能登半島での調査を踏まえ、労働力移動により若い人達が出ていく過疎化とさらに残された高齢者も医療の保障、介護等福祉サービス等の欠落によって出て行かざるを得ない状況を「もう一つの過疎化」と呼んできた。そしてその先が限界集落であり、地域崩壊あるいは集団移転、

移住ということになる。こうした地域は、農林漁業の発展による地域の再生、発展以外に展望はないと思う。

こう考えると、住み続けるためには、自然条件、そして社会的環境が整えられ、さらに、生存権、生活権、健康権、教育権、労働権等人権が保障されることが絶対条件となろう。

Ⅴ　おわりに

住み続けるという人権を侵害する要因は、地震だけではない。戦争、飢餓等による難民は絶えず、地球温暖化は新たに環境難民を生み出している。また、貧困を原因とする移民、労働力移入も移動の自由の保障というより住み続ける権利の侵害と言うべきである。

都市では、再開発や地上げによって土地、住まいを奪われ、過疎化・高齢化は限界集落さらに地域崩壊をもたらしている。

こうして、住み続ける権利の保障は、被災地のみならず、まさに21世紀人類の課題となっているのである。

＜参考文献＞
* 井上「過疎と健康権」住民と自治 1995 年 5 月号
* 同「一年後の被災地をどう見るか」賃金と社会保障 1996 年 5 月上旬号
* 同「大規模災害と医療保障」社会保障法、第 13 号、1998 年
* 金沢大学能登半島地震調査部会平成 19 年度報告書『過疎・超高齢化地域での震災に関する総合的調査研究』、2008 年
* 井上「震災を見る視点」医療・福祉問題研究会『医療・福祉研究』17 号、2008 年
* 金沢大学能登半島地震学術調査部会（生活・住居・福祉班）四川大地震調査団『四川（汶川）大地震現地調査報告書』2009 年
* 井上「住み続ける権利と高齢者権利条約」ゆたかなくらし、2010 年 1 月号
* 金沢大学能登半島地震学術調査部会『安心して住み続けられる地域を創る――金沢大学能登半島地震学術調査部会報告書』2010

本章は、前掲「震災を見る視点」および「補論 - 住み続ける権利――能登半島地震と四川大地震」金沢大学能登半島地震学術調査部会『安心し

居住福祉研究叢書　第 5 巻　　　　　　　　　　　　　　　　　　　　　　　［井上英夫］

て住み続けられる地域を創る──金沢大学能登半島地震学術調査部会報告書』2010 年 3 月に加筆修正したものである。なお、2011 年 3 月 11 日発生した東日本大震災と住み続ける権利については、「大地震と人権保障──住み続ける権利と健康権の確立に向けて」人権と部落問題、2011 年 9 月増刊号、「住み続ける権利と人権としての社会保障」月刊保団連、2011 年 11 月号をご覧いただきたい。

第3章　過疎地域における災害復興の課題と展望
──能登半島地震災害を素材として──

宮　入　興　一

I　はじめに

　2007年3月25日に発生した能登半島地震は、石川県の能登半島の北部を中心に、同県の歴史上未曾有の大災害をもたらした。同日、即刻に、災害救助法が、輪島市、七尾市、珠洲市、志賀町、中能登町、穴水町、能都町の3市4町に適用された。4月20日には、中能登町を除く3市3町に局地激甚災害の指定適用が閣議決定され、4月25日から施行された[1]。

　能登半島地震災害は、輪島市、七尾市のような地方中心都市とその周辺の中山間地を襲った大規模災害である点に特徴がある。重要なことは、この「奥能登」と称される能登半島北部地域が、石川県の中でも最も人口流出が激しく、過疎化が急速に進み、少子高齢化が極めて深刻化している地域だという点である。たとえば、最大の被災地の1つであり、2006年2月に輪島市に編入合併された旧門前町の場合、高齢化率は2005年の国勢調査時点で47.1％にも達する。これは、石川県平均の20.9％と比べても著しく高く、全国的にも屈指の高率といってよい[2]。

　問題は、こうした平時から人口流出による激しい過疎化と過疎問題、少子高齢化問題を抱えた地域が、今回の能登半島地震の最大の被災地であり、狙いすましたように、この過疎地域に激甚な被害が集中したことである。もちろん、2004年10月に起きた新潟県中越大震災も、中山間地を襲った大規模激甚災害であり、過疎地の地域社会と高齢者

（1）石川県災害対策本部「平成19年（2007年）能登半島地震に関する被害の状況について」（2007年6月15日現在）3頁。
（2）総務省『国勢調査結果』2005。

が最大の犠牲者となった⁽³⁾。

しかし、地震被害の及ぶ範囲こそ中越大震災と比べて狭かったものの、能登半島地震の被災地内の被害は中越に匹敵する。かつ、地域の高齢化率は、中越の小千谷市の26％、旧山古志村の40％と比べても、むしろ奥能登地方の方が高く、過疎問題は、能登の被災地の方が一層深刻であったとさえ言ってよいであろう⁽⁴⁾。

しかも、問題は、このような過疎化と少子高齢化に伴う過疎問題を抱えた地域が、能登や中越だけではなく、全国的に拡大してきていることである。いまや、過疎地域は、全国の人口に占める割合こそ8.4％と低いものの、国土面積に占める割合は54.1％にも達している。しかも、これらの過疎地域の大部分が、世界的な「災害列島・日本」の中で、いつ大きな災害にあってもおかしくない状況に置かれているのである。その一方、中山間地を中心とするこれらの過疎地域は、これまで、農林業・農山村の公益的機能によって、水源涵養、洪水防止、土壌侵食・土砂崩壊防止などの国土保全機能をもち、河川下流部の都市圏の環境・資源保護や災害防止にも大きな貢献を果たしてきた。過疎地域の災害復興の課題は、こうした地域の住民生活の再建と人間再生及び農業や地域産業等の生業再建と結びつけられてこそ、社会的に有意義なものとなり、また、都市部を含む地域の経済社会全体の持続可能性をも復興できるのである。

本章の目的は、以上の問題意識から、能登半島地震災害を、人口流出と少子高齢化にともなって地域問題を深めている過疎地域で発生した典型的な大規模災害として捉え、これを素材として、過疎地域の災害復興の課題とその政策的展望を究明しようとするものである。

そのために、まず、前提となる、「災害復興」とはそもそも何かという「災害復興」の基本的考え方と、復興制度の歴史的展開の道筋について考えてみたい。その上で、能登半島地震災害の被害の概要と災

（3）例えば、51人の死者を出した中越大震災では、新潟県内で約60の集落が孤立し、65歳以上の死者は約6割に達した。

（4）宮入興一「中越大震災と財政問題」住民と自治504号（2005）33-37頁。

害の特徴を明らかにし、これらを踏まえて、災害復興の課題を究明し、かつ、復興政策展開の展望について提起することにしたい。

Ⅱ 「災害復興」とは何か

1 災害復興の真の目的は「人間の復興」と「地域社会の復興」

「災害復興」とは、そもそも何か。誰のため、何のための復興であり、その本質は何か。

この点について、今から84年前、1923(大正12)年の関東大震災の際に、元慶應大学教授・福田徳三が行った指摘が異彩を放っている。福田は、大震災後直ちに現地を調査し、多数の論文を書いたが、それらを『復興経済の原理及若干問題』という著書にまとめた。その中で、福田は、「災害復興」の本質を次のように喝破している。「私は復興事業の第一は、人間の復興でなければならぬと主張する。人間の復興とは、大災によって破壊せられた生存の機会の復興を意味する。今日の人間は、生存する為に、生活し営業し労働せねばならぬ。即ち生存機会の復興は、生活、生業及労働機会の復興を意味する。道路や建物は、この営生の機会を維持し擁護する道具立てに過ぎない。それらを復興しても、本体たり実質たる営生の機会が復興せられなければ何もならないのである。」[5]と。

すなわち、福田は、「災害復興」の本質的な目的は「人間の復興」であり、それは「人間の生存機会の復興」、つまり「人間の生活、生業及び労働機会の復興」であって、道路などのインフラの復興は必要ではあるが、しかし、災害復興の本来の目的ではなく、手段にすぎないというのである。この福田の、「人間の復興」こそが災害復興の本来の目的であり、そのためには「生存機会の復興」が不可欠であるとする理念は、しかしながら、その後、昭和初期からの戦争の時代と戦後の経済成長優先の時代の流れの中で、長いこと忘れられてしまって

---

(5) 福田徳三『復興経済の原理及若干問題』(東京同文舘、1924) 254-255頁。

いたのである。

　一方、人間は一人では生きられない。したがって、災害復興の本来の目的が「人間の復興」であり、そのためには「生存機会の復興」が欠かせないとしても、それは、個人としての「人間の復興」にはとどまらないであろう。人間は社会的存在であり、とりわけ人間の生存のための営為である生活や生業は、その人間が存在する地域社会や地域コミュニティと切り離しては成り立ち得ないからである。

　災害復興が、本来、「人間の復興」であり「生存機会の復興」であるということは、換言すれば、災害によって一挙に奪われた人間の「基本的人権の復興」ということに他ならない。かつて、島恭彦教授は、「地方自治の本旨」とは何かに関連して、「基本的人権」について、次のように指摘した。「基本的人権は、なにか宙にうかんだ抽象の権利ではなく、人間が生まれ、成長し、生活し、労働し、そして老いて死ぬそれぞれの地域の具体的な自然的・社会的条件に規定されているものである。したがって、民主主義の運動もまた具体的にはそれぞれの地域の諸条件を改善する自主的・自発的な住民運動として展開されざるをえない。地方自治の概念は、基本的人権を擁護する地域の民主的な制度や自治的な組織までをふくむはば広い概念として成立するのである。」[6]、と。

　そうであるとすれば、災害によって人間の生命と生活・生業・労働等をふくむ基本的人権が破壊され、危機に瀕している被災地域の状況の下で、被災者の生命と基本的人権を守り、復興させていく主体として、地方自治体の果たすべき使命は決定的に重要とならざるを得ない。そうした被災地の困難な条件を改善する住民の自主的・自発的な運動の展開に支えられながら、被災地域のコミュニティなどの自然的・社会的条件は、被災したそれぞれの地域の状況に応じて、被災した住民の視点に立ちながら、地方自治体を基軸として復興されていかなければならないのである。

（6）島恭彦「現代自治体論の潮流と課題」現代と思想19号（1975）5頁〔島恭彦著作集4巻（有斐閣、1983）所収〕

以上を、一言で要約すれば、災害復興の真の目的は、「人間の復興」とそれを支える「地域社会の復興」である、ということである。

2 従来型の「災害復興」とその失敗の教訓

では、これまで日本では、「災害復興」はどのように考えられ、かつ実施されてきたのだろうか。従来、わが国の災害復興は、ハードな公共施設の復旧に主眼が置かれてきた。道路や橋などの公共インフラが復旧すれば、被災者や被災地は、それにつれていわば自動的に復興すると考えられていたからである。とりわけ、日本における災害復興対策の最大の欠陥は、被災者個人への生活再建と生業再建という、福田徳三が最も重視した「人間の復興」のための公共支援が極めて手薄だったことにある。かつ、そうした被災者個人への災害復興の押しつけの下では、個人から構成される「地域社会の復興」の視点も弱かった。その結果、被災者個人だけでなく、被災地の復興は遅れ、被災地に重大な困難を長引かせてしまう。その近年における最も典型的な失敗例は、阪神・淡路大震災における兵庫県の「創造的復興」であろう[7]。

阪神・淡路大震災の災害復興で国や自治体が何より率先的に実施したことは、倒壊した高速道路や港湾などの産業基盤最優先型の復興であった。阪神大震災の被害総額10兆円の内訳は、産業基盤30％に対して、生活基盤50％（うち住宅45％）、商工関係20％であった。一方、国の復興予算5兆円の内訳は、産業基盤50％に対して、生活基盤19％（うち住宅14％）、商工関係は4％に過ぎなかった。兵庫県や神戸市の復興対策の方向も、こうした産業基盤優先型の国の復興方針に、基本的に追随するものであった[8]。しかし、その結果はどうであったろうか。

阪神大震災の死者は6,434人、うち914人（14％）は自殺者を含む

（7）宮入興一「阪神淡路大震災と地方財政改革」日本地方財政学会編『現代地方財政の構造転換』（勁草書房、1996）68-80頁。
（8）宮入興一「震災復興における国の行財政対応と神戸市財政」経営と経済80巻2号（2000）145-189頁。

災害関連死である。これらの人々は直接地震で亡くなられたのではない。かれらは「人間の復興」を軽視した復興政策の失敗の犠牲者であり、いわば、「人災」といってよい。では、産業優先型の復興で、被災地の経済は回復しただろうか。実は、そうではない。1993－2005年の地域内総生産の伸びは、全国の19％増に対して、兵庫県はわずか1.8％増、神戸市にいたってはマイナス0.8％であった。特に被害の激しかった被災6区、例えば長田区は、人口でマイナス13％、小売店数、販売額ともマイナス37％であった。これが、大震災から12年後の阪神の被災地の実態である[9]。

では、その意味は何であろうか。もし、「人間の復興」と「地域社会の復興」に主眼が置かれて災害復興がなされていれば、被災者は元の地域に速やかに戻れ、コミュニティは早急に回復し、商店街や地域産業の復興も早期に実現できたはずである。しかしながら、現実は逆であった。ここにも見られるように、災害復興の方向を、従来の産業基盤優先型から、今後は人間復興優先型へと、抜本的に転換させる必要があることは明らかであろう。

III 被災者の生活・生業再建支援制度の欠陥と制度拡充への模索

1 「人間の復興」の基本である住宅再建支援制度の欠陥と住宅再建の「公共性」

災害復興の本質的目的が被災者の「人間復興」と「地域社会の復興」にあるとすれば、そのためには、まず、生活の拠点である住宅の再建が不可欠となる。しかし、政府はこれまで、「住宅は個人の私有財産であるから、その再建に税金を投入することはできない。それは、資本主義のルールに反する。」として、住宅再建は「自己責任」であると主張してきた。しかし、本当にそうだろうか。では、なぜ、政府

---

(9)「被災12市総生産いまだ回復せず」『神戸新聞』2007.1.16、「商業再興道険し」『神戸新聞』2007.1.17。

第3章　過疎地域における災害復興の課題と展望

は、バブル期に大儲けしたあげくに破綻した大銀行に何十兆円もの税金を投入したのか。それこそ自己責任であり、資本主義のルール違反ではないのか。この事実の前に、政府のご都合主義の二枚舌的口実は完全に破綻してしまった。事実、私有財産制の下でも、そこに一定の「公共性」が存在すれば、税金の投入はこれまでも是認されてきたからである。しかも、銀行の破綻は経営者の責任だが、災害は被災者の責任ではない。

　では、災害で被災した個人の住宅再建は、どのような「公共性」を持っているのであろうか。被災住宅の早期再建には、次のような、いくつもの「公共性」がある[10]。

　第1は、災害のため一挙に破壊された住宅という被災者の自助努力の土台を速やかに回復させ、被災者の生活再建を早めて、生存権・生活権を保障することである。これは、日本国憲法第25条に規定された国民の生存権・生活権の保障や、第13条の人間の尊厳と幸福追求権の保障を、災害による被災住宅の速やかな再建・補修によって、被災者の居住権保障として実現するという、憲法理念上の大きな「公共性」を有している。

　第2は、災害により崩壊した地域コミュニティと地域経済社会の早期回復を促進することである。災害により住宅が倒壊して居住不可能となれば、被災者たちは住居を他の場所に移さざるを得ない。しかし、そのことによって、阪神大震災の事例にも見られたように、被災地域のコミュニティは必然的に解体される。また、これに依拠していた地域産業や商店街などの地域内再生産循環は断ち切られ、地域経済社会は重大な存続の危機に直面せざるをえない。被災者の住宅が速やかに再建され、住民がもとの地域に早く復帰できることは、災害で一時的に崩壊した地域コミュニティと地域経済社会の再建を早期に促進するという大きな「公共性」を有しているのである。

---

(10) 被災者の住宅再建を含む被災者生活再建支援対策の「公共性」に関する理論的検討については、宮入興一「震災復興と公的支援——『災害保障』の提起にむけて」経営と経済77巻2号（1997）245-307頁。

第3に、復興が遅れるほど増大する税金の無駄な追加投入を回避できることである。住宅再建が進まず、被災者がもとの地域に早期に回帰できないために、コミュニティも地域産業の復興も進展しないのであれば、被災地の人口は減少し、地域経済の沈滞は続く。そのため、被災自治体の税収は減少し、地方債の借り入れが増大する一方、災害復興のための経費は支出しつづけなければならない。被災住宅の早期再建は、被災者を早期に呼び戻し、地域の再建を速め、必然的に自治体のムダな追加支出を回避し、被災自治体の財政再建を速め、財政の効果と効率を高めるという「公共性」を有するのである。

　第4は、「災害列島・日本」の国民相互の連帯と絆を強めることである。もともと日本は、自然災害を受けやすい条件がそろっている。世界全体に占める日本の割合でみると、M6.0以上の地震の21％、活火山の7％が、世界面積のわずか0.2％の日本列島に集中している。また、台風や梅雨の集中豪雨などによる風水害や土砂災害、冬の大雪による雪害など、災害を受けやすい国土の条件にある。しかも、人口や産業の都市集中が進み、主要都市が立地する全国面積1割の沖積平野に、全人口の約1/2、資産の約3/4が集中し、大災害が起きやすい国土構造となっている[11]。まさに、わが国は「世界一の災害列島」であり、災害の危険はどこにいてもある。しかし、そうであればこそ、災害対策による安全・安心の確保は、国家にとっても、国民にとっても、最優先の政策課題であるといってよい。災害による被災住宅の再建を公的に支援することは、世界一の災害列島に住む国民相互の連帯を強めるとともに、国民の国への信頼を高めるという「公共性」をも有している。

　以上のように、被災住宅の速やかな再建は、とりわけ災害大国・日本では大きな「公共性」をもっており、そこに税金を投入することには、十分な根拠があるといってよいのである。

---

(11) 内閣府編・防災白書（平成19年版）（セルコ、2007）17-18頁、宮入興一「災害問題の変貌と災害対策地方行財政の改革課題」愛知大学経済論集169号（2005）193-198頁。

2 災害復興のもう一つの基本である生業と地域経済の再建支援の不十分性

　災害復興の本質的目的が被災者の「人間の復興」とこれを支える「地域社会の復興」であるとすれば、そのための生活再建と並ぶもう1つの基本は、福田徳三のいう「生存機会の復興」、つまり「生活、生業及び労働機会の復興」のうち、後半の「生業及び労働機会の復興」である。災害復興の場合、生活するために必要な資材は購入しなければならず、そのためには購入資金が必要となる。購入資金は、なんらかの所得収入か借入金によらなければならない。しかし、借入金も、将来の所得から返済しなければならない以上、最終的には、地域の内部で所得を持続的に再生産する地域経済システムを再建する必要がある。

　ここで、特に問題となるのは、被災した中小零細企業の生業再建支援についてである。従来、被災者生活再建支援制度については、主として個人レベルの被災者生活再建、とりわけ、これまで制度がほぼ完全に欠落していた個人被災住宅の再建・補修に対する公的支援制度の確立が最大の問題と考えられてきた。もちろん、そのことは、災害復興にとっての最大の障害物が、こうした被災者生活再建、とりわけ被災住宅再建支援制度の欠落にあったのであるから、必然的であったといってよい。しかしながら、公的支援制度の欠落ないし不備の問題は、被災住宅再建支援の問題だけに限られるものではない。この点で、もう1つ、災害復興にとって重大な障害の1つと考えられるのが、被災した中小企業、とりわけ商店街などに代表される小零細事業所の再建問題である。

　被災した中小零細企業の災害復興対策は、従来、一般的には貸付制度の利用をとおして行われてきた。貸付制度という点では、平時の中小企業対策と同様である。しかし、災害復興融資ということで、長期・低利の融資や信用保証協会の保証料の優遇などの特別優遇措置を講じるという方法であった。こうした貸付制度に偏重した災害復興対

策がとられてきたのは、被災者個人に対するのと同様、事業者に対しても、「自力復興」こそが国の災害復興の大原則であって、事業者の生業再建に、税金は投入しないというのが国の基本的な政策スタンスに他ならなかったからである。

　もっとも、被災した事業者に対して、貸付以外の制度が全くなかったわけではない。というのは、災害救助法は、「救助」の種類を法定し（法23条1項）、その中で「生業資金の給与・貸与」を規定しているからである。しかしながら、「生業資金の貸与」については、他の制度融資があるからとしてそれらに委ねられている。だが、はるかに重要な問題は、「生業資金の給与」の方にある。「生業資金の給与」とは、中小零細企業のような小資本によって生業を営んでいる人に対して、災害によってその生業の土台が破壊された場合、再建に要する資金を現金で直接支給し、生業再建を支援するというものである。ところが、この「生業資金の給与」については、実定法によって明文化されているにもかかわらず、実際の国の運用レベルでは、完全に無視されてきたのである。現に実効性ある法律を、行政当局が、その運用において完全に死文化させてきたことは、重大な法律違反であって、国会でも徹底的に糾弾されて然るべきであろう[12]。

　ところで、中小零細業者の生業再建に公的資金を投入しない理由が、上述のように、個人の住宅再建への公的資金投入を拒否してきた理由と基本的に同じ「自己責任論」であり、「資本主義のルール違反」であったとすれば、ここでも、住専や破綻大銀行への大量の公的資金投入という事実の前に、この論理はいまや完全に破綻してしまったというべきであろう。しかも、大多数の被災地において、商店街を含む中小零細企業こそが地域産業や地場産業の真の担い手であって、かつ労働機会の中心的な提供者でもある。また、中小商工業者の場合には、自宅と工場・店舗などが一体となっているケースも多い。さらに、中小企業者は、地域の祭りや行事、まちづくりの最も積極的な担い手で

---

(12) 宮入興一「自然災害における被災者災害保障と財源問題——雲仙火山災害と阪神淡路大震災との比較視点から」経営と経済79巻2号（1999）131-146頁。

あり、コミュニティ活動の立役者でもある。したがって、被災住民の生活再建とともに、被災中小業者の生業再建は、被災地の災害復興にとって車の両輪に他ならない。被災者の生活再建と中小零細業者の生業再建とが、がっちりとかみ合うことによって、はじめて被災地の災害復興は可能となる。この意味で、被災地の中小零細業者の生業再建に相応の公的資金を投入することは、十分に「公共性」を有しているというべきである。

3 被災者の生活・生業再建支援制度の前進と課題
――制度の創設と拡充への模索

しかしながら、現実には、住宅を含む被災者への生活再建支援制度の創設と拡充、さらには中小零細企業への生業再建支援制度の歩みは、決して平坦な道ではなかった。その歩みは今も続いているが、次のような転機と曲折を経て今日に至っている。

(1) 第1の転機――雲仙火山災害（1991年）

1991年に始まった雲仙・普賢岳の火山災害は、火砕流をともないながら周辺市街地に5年にわたり法的強制力の強い警戒区域を設定させた。この災害を転機に、2つの画期的な被災者支援の制度がつくられた。1つは、「食事供与事業」である。これはその後の現金給付による被災者生活再建支援制度への端緒となった。もう1つは、「災害対策基金」である。これは以降の災害復興基金の端緒であった。しかし、重視されるべきは、これらの先駆的試みも、決して国が最初から上からの善政として実施したものではないことである。島原市など被災地からは、被災者支援のための「全国1000万人署名」が強力に展開された。これに呼応した全国の世論と運動の高まりを背景として衆参両院で特別決議がなされ、その下で実現されたのである。

一方、中小零細業者への生業再建支援は、従来型の貸与制度に限られた。ただ、雲仙火山災害で創設された災害対策基金の復興助成事業の中で、「商工業施設再開時助成事業」が、営業再建のための設備資

金の一部を現金支給する制度として新設された（現地再開100万円、移転再開200万円を限度）。また、「事業再開準備助成金支給事業」により運転資金等への現金支給もなされた（1世帯当たり50万円）。基金事業という限界はもちながらも、業者の生業再建に対する現金支給の直接助成は初めてであり、かつてない画期的な制度となった[13]。

(2) **第2の転機**——阪神・淡路大震災（1995年）

1995年の阪神・淡路大震災は、戦後最大の、かつ20世紀を総括する大都市型の巨大災害となった。にもかかわらず、いくつかの法律はつくられたものの、関東大震災時のような復興院や特別会計の新設は見送られ、「災害復興基金」（9,000億円）が設置されたに過ぎなかった。しかし、この基金は規模も著しく小さく、事業内容も極めて限定的で、住宅本体の再建や補修にはまったく使えなかった。これに対して、被災者はもちろん全国的にも批判と制度創設への世論と運動が高まり、大震災から3年以上も経った1998年5月、議員立法によって、ようやく「被災者生活再建支援法」（以下「支援法」とも略）が制定された。しかし、支援法は、低い支給額（最高100万円）、厳しい収入・年齢制限、細かい使途制限（特に被災住宅の再建への充当禁止）、肝心の阪神の被災者への不遡及など、重大な問題点をたくさん抱えた欠陥法であった。とはいえ、被災者の生活再建に現金給付が法制化された意義は大きい。以後は、この法律を手がかりとしながら、制度の限界を突破していくことが可能となったからである。

その一方、被災中小商工業者への生業再建支援は極めて手薄であっ

---

[13] もっとも、これらの中小業者への生業再建支援事業は、いずれも被災地への長期にわたる警戒区域の設定による立入規制と、これに対する損失補償の支弁について、暗黙の含意をもって創設されたといってよい。その意味では、例外的、実験的な性格をもっていたとも考えられよう。なお、雲仙火山災害とその復興対策の特徴については、宮入興一「災害問題と地域・自治体」経営と経済73巻1号（1993）、同「災害対策と地方財政運営——雲仙火山災害と県レベルの財政運営の対応」経営と経済74巻3号（1994）、同「長期化大規模災害下の災害対策と地方財政システムの改革」雲仙火山災害長崎大学調査研究グループ編・雲仙火山災害の調査研究第4報（1996）、同・前掲（注12）。

第3章　過疎地域における災害復興の課題と展望

た。大震災時に被災地にあった約15万の事業所のうち約13万が従業員20人未満の小零細事業所であり、その従業者数は59万人と、全従業者の約43％を占めていた。大震災は、この地域経済の主役である中小事業者の生産と生活の手段を瞬時に奪い去った。しかも、中小商工業者の生業再建のための支援策は、相変わらず貸付とその一部利子補給などしか用意されなかった。災害復興基金による事業も、メニューこそ小出しに拡大されたけれども、雲仙基金のような、中小業者への生業再建現金助成事業は、固く拒絶されていたのである[14]。

(3) 第3の転機

——鳥取県西部地震災害(2000年)から「支援法」の改正(2004年)へ

2000年10月の鳥取県西部地震災害は、今回の能登半島震災と、規模も、また被災地が米子市などの地方中心都市及び過疎と高齢化が進んだ中山間地を多く含んでいた点でも類似していた。高齢者は住宅再建の資力に乏しく、再建できなければ人口が流出し、過疎化と高齢化は一気に進み、コミュニティは崩壊して、過疎と高齢化はさらに進む。この悪循環を断つには、住宅再建制度を県独自で創設する以外にはない。当時の片山鳥取県知事は、被災地の所得、年齢など一切の適用制限なしに、全壊住宅の再建に300万円を限度に現金支給する制度を新設した。これは極めて画期的なものであった[15]。以後、今日まで、24の都道府県で類似の制度がつくられている。

---

(14) 阪神淡路大震災については、非常に多数の著書、論文、調査資料等が出されているが、要点をまとめたものとして、甲斐道太郎編『大震災と法』(同文舘出版、2000)、川田惠昭『都市大災害——阪神・淡路大震災に学ぶ』(近未来社、1995)、塩崎賢明ほか編『大震災100の教訓』(クリエイツかもがわ、2002)、同ほか編『大災害10年と災害列島』(クリエイツかもがわ、2005)、大震災と地方自治研究会編『大震災と地方自治——復興への提言』(自治体研究社、1996)、宮入・前掲(注7)(1996)、同・前掲(注12)(1999)、同・前掲(注8)(2000)等を参照。

(15) 阪神大震災後の鳥取県西部地震災害を含む被災者生活再建支援対策の新しい動向については、宮入興一「被災者生活支援対策の現状と展開」経営と経済80巻4号(2001)、荏原明則「被災者生活再建支援の制度化と課題」先端社会研究編(2006)参照。

鳥取ショックのより重要な意義は、それが国の被災者生活再建支援法の改正にも大きなインパクトを与えたことである。2004年4月の支援法改正では、支給額の300万円への引き上げ（生活関係経費100万円、居住関係経費200万円の新設）などがなされた。もっとも、支援法の最大の問題である住宅本体の再建・補修への充当禁止や収入・年齢制限は未解決のままであり、その改革は以後の課題として残された。

　なお、鳥取県西部地震災害においては、災害復興基金は設立されなかった。ここには、現在の災害復興基金制度の大きな弱点の1つが露呈されている。というのは、現在の災害復興基金は、県債の発行による公債金収入を原資としている。しかし、県債の支払利子の一部が地方交付税で補填される仕組みとなっているため、国の認可が必要とされるからである。その結果、基金設立の可否、その規模、それにしばしば事業の内容にまで国のチェックが入る。鳥取の地震災害の場合には、災害規模が相対的に小さいとの理由から、国は基金の設立を許さなかったのである。また、中小商工業者への直接助成もおこなわれなかった。

(4)　**第4の転機となりうるか**
　　　——中越大震災（2004年）、能登半島震災（2007年）

　2004年10月の中越大震災は、中山間地を襲った大規模災害を特徴としていた。日本の中山間地は、人口こそ総人口の1割以下であるものの、国土面積では約6割を占め、自然環境保全や災害防止などに重要な役割を果たしてきた。中山間地は、高度成長期以来、日本の経済と都市の成長の裏側として、人口流出による過疎化、高齢化の進行、地域経済の衰退に苦しめられてきた。中越大震災の災害復興は、こうした重大な地域問題を抱える日本の中山間地で、どのような復興モデルを描くことができるかの試金石となった。中越の震災復興の成否こそが、全国どこでも起こりうる中山間地の災害復興と、地域再生の可能性の鍵を握っている。私は、中越大震災の直後に、こうした中山間地の現状を踏まえて、「被災中山間地復興特別措置法」の制定の提起

をした。しかし、残念ながらこの提案は実現されなかった。その代わり、災害復興基金（3,000億円）の新設とその「柔軟な利用」で対応するとの方針の下、現在102のメニューが具体化されている。しかし、この基金が真に中山間地の災害復興の切り札となりうるか否かは、もう少し事態の推移を見極めなければならない[16]。

一方、立ち遅れていた生業保障にも、能登半島地震の災害復興で前進の兆しが見えてきた。中小企業庁関係の基金により、輪島塗、酒造業、商店街の3業種に対して、生業再建支援として、作業場、店舗、土蔵などの復興設備資金の一部に直接現金助成する制度が創設されたからである。しかし、この点については、詳しくは次節においてみることにしよう。

(5) 第5の転機
――「被災者生活再建支援法」の画期的改正と課題（2007年）

2007年11月9日、衆・参与党逆転のネジレ国会といわれる臨時国会で、1つの画期的な法案が成立した。年来の「被災者生活再建支援法」の改正法案が、衆・参両院を通過し可決されたからである。この改正法の画期的理由は、1998年の同法成立以来、被災者から「使えない、使いにくい」と厳しく指摘され、最大の問題点とされてきた被災した個人住宅の再建・補修にも、支援金の支出が可能となったことにある。同時に被災者の収入制限と年齢制限も撤廃され、かなり普遍的な制度となった。この改正法の極めて画期的な意義は、従来、災害で被災した個人住宅の再建や修理への公的資金の投入を、被災者の「自己責任論」や「資本主義のルール違反論」を口実に「理論武装」してきた、政府与党や官僚達のご都合主義を、理論とともに、実践をもって打破したことにある。ここに、政策優先順位の中での災害対策の地位を引き上げ、国民の生命と財産を災害から守り、「安全と安心」にむけて国の政策転換を図っていく上での最大の障害物の1つを打ち

---

[16] ㈶新潟県中越大地震復興基金「事業メニュー」、2007。

破ったことの意義は、高く評価されなければならない。これが、とりわけ、阪神大震災以来の被災者とそれを支援する全国のさまざまな世論と運動の盛り上がりの上に成り立った成果であることはいうまでもない。改正法は、2007年1月以降の能登半島地震や新潟県中越沖地震等の災害にも遡及適用されることが決まった[17]。

その一方、この大きな成果も、災害対策の引き続く今後の制度展開へ向けての第1歩であった。同法自体についても、支給金額（最大300万円）の増額、半壊世帯への支給対象の拡大、資金資源の国庫負担割合（現在1/2）の引上げ、対称災害要件の緩和などの論点が見送られるなどの課題は残された。さらに、「災害復興の両輪」であるべき、被災者の「生活再建」と並ぶ中小業者の「生業再建」への支援等の多くの課題は、依然として残されている。

とはいえ、以上のように、被災者の生活再建支援と中小業者の生業再建支援は、紆余曲折と試行錯誤を重ねながらも、世論の被災住民から全国民への高まりと広がりを背景に、一歩一歩前進してきたことの事実と意義を、われわれは深く受けとめ、理解しておかなければならないのである。

Ⅳ 能登半島地震災害とその特徴

1 能登半島地震災害の概要

能登半島地震災害は、2007年3月25日、能登半島沖の深さ11km付近で発生したマグニチュード（M）6.9の地震のために、石川県の輪島市、七尾市、穴水町で震度6強、志賀町、中能登町、能登町で震度6弱、珠洲市で震度5強などの強い地震動が生じ、これらの地域を中心に大きな被害をもたらしたものである。能登半島地震災害の概要は、表1に示されている。

この地震によって、死者1名、負傷者356名（うち重傷者91名）、住

---

(17) 宮入興一「被災者生活再建支援法をめぐる教訓と改革の課題」月刊女性運動304号（2007）31-39頁。

第3章　過疎地域における災害復興の課題と展望

表1　能登半島地震災害と中越大地震の被害等の概要比較

区　分			能登半島震災	中越大震災
発生年月日			2007年3月25日	2004年10月23日
最大震度（マグニチュード：M）			5弱以上　（M6.9）	7　（M6.8）
人的被害	死者	人	1	68
	負傷者	人	356（うち重傷91）	4,795（うち重症632）
住家被害	全壊	棟	684　　（2.3）	3,175　　（2.6）
	半壊	棟	1,733　　（5.9）	13,808　　（11.4）
	一部損壊	棟	26,935　　（91.8）	103,854　　（85.9）
	（小計）	棟	29,352　（100.0）	120,837　（100.0）
その他	電気（停電）	戸	約160,000	約300,000
	水道（断水）	戸	約13,000	約130,000
直接被害額（県推計）		億円	―	16,542
災害救助法適用市町村数			3市4町	10市27町17村（合併後17市町村）
激甚災害指定適応団体			3市3町	全国（局激3市3町1村）

（資料）内閣府「平成19年（2007年）能登半島地震について（第33報）」（2007年12月28日現在）、新潟県中越大震災災害対策本部「平成16年新潟県中越大震災による被害状況について（第172報）」（2007年8月23日現在）より作成。

宅の全壊684棟、半壊1,733棟、一部損壊26,935棟、住宅被害合計で約3万棟の被害が発生した。避難者は、最大時には48避難所、2,627人に達した。ライフラインでは、約16万戸が停電、1.3万戸以上の上水道が断水した。土砂災害については、天然ダム3件、地滑り10件、がけ崩れ51件が発生した。交通は、道路については、能登道路、能越自動車道、県管理道路等の主要道路において、落石や陥没等によって通行規制が行われ、道路被害により、旧門前町の2地区など4地区が孤立した。鉄道は、JR西日本七尾線、のと鉄道七尾線で被害が発生し、運休した。空港も、能登空港の滑走路に被害が発生し、10日間余り閉鎖された。

　公共土木被害の発生個所は、河川151、海岸10、砂防施設等18、

道路 666、港湾 35、下水道 17、公園 3 にのぼる。農林水産関係の被害発生箇所も、農地 199、農業用施設 479、林道施設等 293、漁港施設等 186 に達した。一方、文教施設の被害は、国公立 184 校、私立 32 校、社会教育・体育・文化等 155 施設、文化財 16 件に及んだ。社会福祉施設も、高齢者関係 32 施設、児童関係 68 施設、障害者関係 20 施設、及び医療関係 4 施設で被害が発生、拡大した[18]。こうして、能登半島地震は、能登半島北部の奥能登を中心に甚大な被害をもたらし、輪島市、七尾市、珠洲市及び穴水町、志賀町、中能登町、能登町の 3 市 4 町に相次いで災害救助法が適用された。また、これらの自治体のうち中能登町を除く 3 市 3 町には、局地激甚災害指定が適用された。

以上のように、能登半島地震は、この地方にかつてない甚大な被害をもたらした。とはいえ、2004 年 10 月に発生した新潟県中越大震災と比べると、地震の規模（M）は同程度であったものの、最大震度や被害の程度は、中越大震災の方がかなり大きかったと推察される。上掲表 1 にも見られたように、能登半島震災の死者 1 人、負傷者 356 人に対して、中越大震災の死者は 68 人（関連死を含む）、負傷者は 4,795 人に達した[19]。また、住宅被害は、能登半島震災の全壊 684 棟、半壊 1,733 棟、一部損壊 26,935 棟に対して、中越大震災では、全壊 3,175 棟、半壊 13,808 棟、一部損壊 120,837 棟にも上る。インフラ被害も、電気（停電）では能登の約 16 万戸に対して中越は約 30 万戸、水道（断水）では同じく約 1.3 万戸に対して約 13 万戸に達した。これらの指標に照らしてみれば、中越大震災は能登半島震災の、少なくとも大よそ 6〜7 倍ほどの被害規模であったと推定されよう。

---

(18) 内閣府編・前掲（注11）39-40 頁。
(19) 能登半島地震で死者が 1 名と少なかったのは、地震発生が 2007 年 3 月 25 日、日曜日の朝 9 時 41 分であり、学校や朝市が休みで交通量も少なく、多くの人々が起床後、家の内外で活動し始めていたことも 1 つの要因で、「不幸中の幸い」という面もあったであろう。

2 能登半島地震災害の特徴

　能登半島地震災害は、能登半島北部の輪島市、七尾市、珠洲市、穴水町、志賀町、能登町を中心に、上述のように、甚大な人的・物的被害をもたらした。この能登半島震災の特徴は、どのように捉えたらよいであろうか。災害の特徴を正確に把握することは、災害復興の課題と復興政策の適切な提起を行うためには、不可欠な前提である。

(1) 地方中心都市と中山間地を襲った地震災害

　能登半島震災の特徴は、第1に、地方中心市と中山間地を襲った地震災害という点である。この点では、中越大震災や鳥取県西部地震ともよく似た兄弟型といってよい。ただし、中越大震災は、地理的に広範囲だったこともあり、すぐ上で述べたように、全体の被害規模は、能登半島震災の数倍はあったと推定される。地震規模が同程度、被災地域が地方中小都市を含む中山間地という共通性をもちながらも、両者の被害にかなり大きな格差が生じた理由は、地震の震源域の差が大きいであろう。すなわち、能登震災の場合は、志賀町の沖合いの地下11km付近で地震が発生したのに対して、中越大震災の場合は、中越地方の内陸、川口町付近の地下約12〜13kmで地震が発生し、断層に沿って震源域が伸びていったからである[20]。このため、能登半島地震の最大震度5弱に対して、中越大震災では、阪神大震災以来の震度7を記録し、かつ被災地域が面的に拡大した。その結果、災害救助法の適用市町村は、能登3市4町に対して、中越では10市27町17村（合併後17市町村）に達した。また、激甚災害指定は、能登が3市3町に「局地激甚災害」（「局激」）の指定であるのに対して、中越の場合には、新潟県全域をカバーし、かつこの災害に関する全国をもカバーした広域の「本来の激甚災害」（「本激」）指定が適用されたのである。

---

(20) 高濱信幸「中越大震災の特徴」にいがた自治体研究所編・中越大震災研究会講演記録集（同研究会、2005）4-8頁。

このように、災害の全体の規模としては、確かに能登半島震災の方が、中越大震災と比べれば、地理的範囲は相対的に狭く、全体の被害規模もより小さかったといってよい。しかしながら、個々の被災者や被災地の被害の実態については、能登の方が小さいというわけでは必ずしもない。むしろ、地方都市を含む中山間地災害という点では両者は類似点が多いのである。ただし、能登の場合、輪島市や穴水町、志賀町など地方都市の被災が相対的に大きく、また、中越と異なって、農山村とともに海岸部集落の被害がかなりあること、さらに、今回は運休中で大事には至らなかったものの、志賀原子力発電所の原発震災問題など、新しい災害問題が顕在的・潜在的に現れ出たこともこの災害の特徴であるといえよう[21]。

(2) 典型的な過疎地域を襲った少子高齢社会の災害

　第2の、とりわけ際立った特徴は、人口流出による著しい過疎化と少子高齢化時代の災害だという点である。経済成長優先型の都市化、過密化の裏側は、地方の経済的疲弊と人口流出による過疎化、高齢化の加速に他ならない。能登半島災害は、この意味で、日本の20世紀型経済政策のツケを具現化した災害であるとともに、将来の人口減少と超高齢社会の災害を先取りした災害であるといってもよいであろう。

　図1は、石川県の過疎関係市町村を図示したものである。能登半島地震の奥能登の被災地が、過疎指定地域とピタリと重なり合っていることが見てとれよう。国勢調査によれば、表2のように、2000～2005年の間、石川県の人口は0.6％の減少であった。ところが、今回被害が集中した奥能登地域では人口はマイナス6.8％と県内最大の減少幅である。都市別では、輪島市−4.1％、珠洲市−9.1％、七尾市

---

(21) なお、「原発震災」については、能登半島地震から約4ヵ月後の2007年7月16日に発生した中越沖地震（M6.8）において、東京電力柏崎刈羽原子力発電所が電子力発電史上初めて地震災害を受けるケースにおいて、具体的問題として顕在化した（立石雅昭「中越沖地震と柏崎刈羽原子力発電所——全原発の耐震設計の早急な再検討を」日本の科学者42巻12号（2007））。

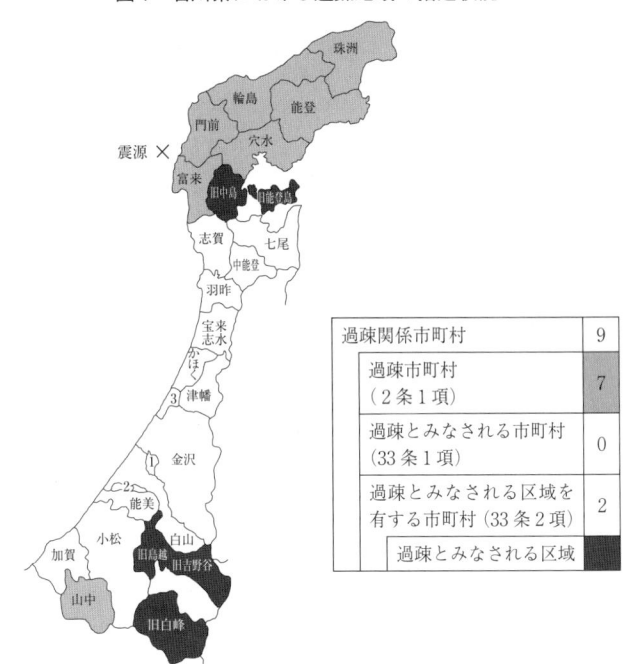

第3章　過疎地域における災害復興の課題と展望

図1　石川県における過疎地域の指定状況

過疎関係市町村	9
過疎市町村 （2条1項）	7
過疎とみなされる市町村 （33条1項）	0
過疎とみなされる区域を 有する市町村（33条2項）	2
過疎とみなされる区域	

（出所）過疎対策研究会「過疎対策データブック」2006年12月、p.2。

−3.3％、穴水町−6.4％、志賀町−6.3％、旧門前町では−7.7％と最大級の減少である[22]。その結果、2005年の高齢化率は、石川県平均の20.9％に対して、奥能登では35.7％と15ポイントも高い。都市別では、高齢化率は、輪島市31.4％、珠洲市37.3％、七尾市26.5％、穴水町35.9％、志賀町31.1％、とくに旧門前町は47.1％と突出している。この高齢化率は、中越大震災で甚大な被害を受けた長岡市の23％、小千谷市26％、旧山古志村40％と比べてもかなり高い。また、老年化指数（老年人口／年少人口×100）をとっても、図2に見ら

---

[22] 総務省『国勢調査結果』2005。

表2　能登半島震災における被災自治体等の人口構造（2005年）

（単位：人、％、指数）

被災自治体		人口（人）	（％）	対前回増減率（％）	年齢区分別構成比（％）			老年化指数
					15歳未満	15〜64歳	65歳以上	
輪島市		25,301	2.2	-4.1	11.7	56.9	31.4	269.0
珠洲市		18,050	1.5	-9.1	10.4	52.3	37.3	358.9
七尾市		61,871	5.3	-3.3	13.0	60.5	26.5	204.7
志賀町		23,790	2.0	-6.3	11.8	57.1	31.1	264.9
中能登町		18,959	1.6	-1.0	13.3	59.4	27.2	204.3
穴水町		10,549	0.9	-6.4	10.0	54.1	35.9	359.5
門前町		7,522	0.6	-7.7	6.9	46.1	47.1	686.0
能登町		21,792	1.9	-8.0	10.7	53.9	35.5	332.1
県内その他の市町		986,192	84.0	0.3	14.3	66.3	19.0	129.8
石川県合計		1,174,026	100.0	-0.6	14.2	64.8	20.9	147.9
地域別	能登合計	325,042	27.7	-2.9	13.4	60.0	26.6	198.7
	うち中能登	144,373	12.3	-3.7	12.9	59.7	27.4	212.7
	奥能登	83,214	7.1	-6.8	10.5	53.8	35.7	340.8
	加賀	394,377	33.6	1.2	15.1	65.6	19.2	127.5
	金沢市	454,607	38.7	-0.4	13.9	67.6	18.4	132.1

（注）(1) 被災自治体は、能登半島震災で災害救助法適用となった3市4町をとった。ただし、門前町は、2006年2月に輪島市に編入合併された。
(2) 能登は、かほく市、河北郡以北。中能登は、七尾市、羽咋市、志賀町、宝達志水町、中能登町。奥能登は、輪島市、珠洲市、穴水町、門前町、能登町。加賀は、白山町と石川郡以南の市町（除、金沢市）。
(3) 対前回増減率とは、2005年国勢調査人口の2000年国勢調査人口に対する増減率（％）。
(4) 老年化指数は、老年人口（65歳以上）／年少人口（15歳未満）×100。
（資料）総務省『国勢調査結果』（2005年、2000年）より作成。

れるように、災害救助法適用の被災3市4町の指数は、他の地域と比べて突出して高い。要するに、能登半島地震の被災地は、石川県内だけでなく、全国でも有数の人口流出地域であり過疎化と高齢化が急進し、災害弱者の増大など、様ざまな問題を抱えた地域であることが確認されなければならないのである。

(3) 住宅を含む生活基礎と地場伝統産業などの生業基礎が丸ごと襲われた災害

第3の特徴は、地域住民の生活基盤である住宅、さらに生業基礎で

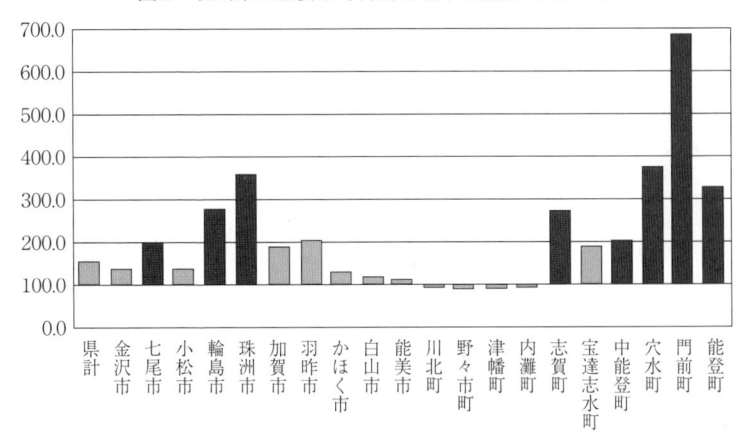

第3章 過疎地域における災害復興の課題と展望

図2 石川県の主要市町村別の老年化指数（2005年）

（注）黒塗りした市町は、能登半島震災における災害救助法適用の3市4町。
　　（ただし門前町は2006年2月に輪島市に編入合併）。
（資料）表2に同じ。

ある作業場や土蔵、店舗が崩壊し、そのため地域コミュニティの維持や、コミュニティと一体となった地域の歴史、文化、信仰など、能登の独自の地域的風土が丸ごと危機にさらされた災害だという点である。

表3は、石川県内の災害救助法適用の3市4町について、人的被害と住宅被害をまとめたものである。人的被害も住宅被害も、市では輪島市と七尾市、町では穴水町と志賀町に特に集中している。住宅被害は、被害集中地域では全壊・半壊の比率が比較的高いが、合計では全壊が2.3％、半壊が5.9％であるのに対して、一部損壊が91.8％と圧倒的に多い。能登は豪雪地帯で家の造りは概してしっかりしているので、震度の大きい割には全壊は少なかったものの、住宅被害全体としては多かったのである。そのため、高齢化率の高いこととも相俟って、住宅の再建や改修は被災者にとって極めて困難な課題となっている。

一方、今回の災害は、能登を代表する輪島塗や造り酒屋の土蔵と作業場にも甚大な被害を与えた。とりわけ輪島塗は、国の重要無形文化財であり、地域最大の地場産業でもあって、朝市と並ぶ観光の目玉で

居住福祉研究叢書　第5巻　　　　　　　　　　　　　　　［宮入興一］

表3　能登半島震災における人的被害と住家被害の状況（石川県）

(単位：人、棟、%)

区　分	人的被害（人）				住家被害（棟）				
	死者	重軽傷	重傷	軽傷	全壊	半壊	一部損壊	合計	%
輪島市	1	115	46	69	513	1,086	9,988	11,587	39.5
七尾市	0	127	24	103	67	297	7,285	7,649	26.1
珠洲市	0	3	0	3	0	0	673	673	2.3
志賀町	0	37	10	27	15	215	3,384	3,614	12.3
中能登町	0	3	3	0	3	7	1,959	1,969	6.7
穴水町	0	39	3	36	79	100	2,318	2,497	8.5
能登町	0	12	2	10	1	10	1,130	1,141	3.9
(小計)	1	336	88	248	678	1715	26,767	2.9130	99.3
その他の市町	0	2	0	2	6	18	195	219	0.7
石川県合計	1	338	88	250	684	1,733	26,932	29,349	100.0
(%)		-	-	-	(2.3)	(5.9)	(91.8)	(100.0)	

(注)　石川県内の、能登半島震災で災害救助法適用となった3市4町とその他の市町の被災状況（2007年12月28日現在）。
(資料)　消防庁「平成19年（2007年）能登半島地震（第48報）」2007年12月28日より作成。

ある。輪島塗の土蔵は、漆塗りのための保湿性のある作業場でもあり、輪島塗の土蔵の再建なしには、地場の生業と生活、伝統と文化の復活はありえない[23]。また、能登杜氏で有名な造り酒屋も同様である。さらに、商店街や社寺の被害も大きかったが、それは地域コミュニティの維持を困難にし、人々の生活と祭りや行事など、能登の固有の歴史や文化と結びついた地域的風土の存続を危機に陥れるものとなったのある[24]。

(4)　平成大合併と地方財政危機の中での災害

　第4の特徴は、平成の大合併と地方財政の危機とが進む中での災害

---

[23]「輪島塗支える土蔵修復へ／支援の輪広がる／能登半島地震から5ヵ月」日本経済新聞社 2007年8月25日。
[24] 橋本哲哉「日本近代史と金澤・石川・北陸地域」碇山洋ほか編・北陸地域経済学（日本経済評論社、2007）16-18頁。

第3章　過疎地域における災害復興の課題と展望

という点である。

　平成大合併によって、旧門前町は輪島市に、旧富来町は志賀町に編入合併された。しかし、今回の災害は、皮肉にも合併して周辺地域化した旧門前町や旧富来町をより激しく襲ったのである。にもかかわらず、旧門前町の新たな支所には権限や財源もなく、災害対策本部も置かれていない。また、旧富来町（現志賀町）の鵜野屋地区のように、集落背後の急傾斜地の崩壊によって住宅地盤が崩壊し、住宅本体や近隣道路へも2次被害の拡大の危険性があるにもかかわらず、合併後の町当局は極めて無関心、県も消極姿勢である。いまや、被災者も被災地も、早期の災害復興から取り残される懸念を強めている[25]。

　一方、合併と並ぶもう1つの課題は、地方財政危機が深刻化する中での災害ということである。中心的被災地の輪島市が旧門前町を編入合併したのは、2006年2月1日のことである。震災はその約1年2ヵ月後に発生した。合併直前、2004年度の財政力指数は、旧輪島市が0.36と旧門前町が0.19、経常収支比率は各々95.5％と91.8％であった。これに対して、同年度の石川県内市町村の平均は、財政力指数0.41、経常収支比率87.6％である。旧門前町（人口約8,200人）だけではなく、旧輪島市（人口約27,000人）も、財政力は県内市町村の中で最低水準にあり、かつ財政は硬直化していたのである。合併直後、2005年度の輪島市の財政力指数は0.26へと一段と低下した。他方、経常収支比率は99.4％へと高まった。実質公債費比率も18.9％と、起債許可を要する18％を上回っている[26]。国の「三位一体改革」は、国庫補助金と地方交付税の削減によって、弱体な地方自治体の財政を一段と悪化させた。こうして弱化した自治体財政を、いまや能登半島震災による復興財政がさらに追い討ちをかけており、災害復興の最も重要な拠点であるべき市町村が、その役割を十分に果たしえない事態に直面しているのである。

---

[25] 武田公子「能登半島地震被災地の復興と現状」いしかわ住民と自治34号（2007）8-10頁。

[26] 輪島市「平成17年度決算状況」。

V 能登半島震災の復興の課題と政策展開

能登半島地震災害の特徴と従来の災害復興の教訓にてらして、今後の能登半島災害復興の課題と政策展開の方向を考えてみよう。

1 生活基盤である住宅の復興課題と政策展開

今回、石川県は、国の被災者再建支援制度の欠陥を補完するために、全壊住宅に対して最高100万円の上乗せ・横出し制度を新設した（表4）。この県制度は、年収・年齢制限は国と同一という欠点を残しな

表4 被災者生活再建支援金の基準等（国・石川県分）

(単位：万円)

区 分		上段：二人以上の世帯、下段：一人の世帯			
		生活関連経費	居住安定経費	上乗せ経費	合計
世帯収入が500万円以下の場合（世帯主の年齢不問）	全壊	100 75	200 150	100 75	400 300
	大規模 半壊	50 37.5	100 75	50 37.5	200 150
	半壊	50 37.5	100 75	50 37.5	200 150
・世帯主が45歳以上の世帯又は要援護世帯で、世帯全体の収入が500万円超700万円以下の場合 ・世帯主が60歳以上の世帯又は要援護世帯で、世帯全体の収入が700万円超800万円以下の場合	全壊	50 37.5	100 75	100 75	250 187.5
	大規模 半壊	25 18.75	50 37.5	50 37.5	125 93.75
	半壊	25 18.75	50 37.5	50 37.5	125 93.75
上記以外の場合	全壊	− −	− −	100 75	100 75
	大規模 半壊	− −	− −	50 37.5	50 37.5
	半壊	− −	− −	50 37.5	50 37.5

（注）表中、太枠内は、国の被災者生活再建支援制度による基準。その他は、石川県の独自制度分。
（出所）石川県危機管理監室「能登半島地震による被災世帯のための被災者生活再建について」2007年4月、2頁。

第3章　過疎地域における災害復興の課題と展望

がらも、使途には限定がなく、住宅の再建補修にも充当できる。これは、中越大震災で採用された新潟県方式のコピーといってよい。しかし、制度は同じでも、他の条件を斟酌すると、新潟県方式と比べ3つの点で見劣りし、改善が必要となっている。

第1は、新潟では設置された県独自の「住宅応急修理制度」が、石川県では採用されなかったことである。災害救助法の住宅応急修理は、金額が50万円と少額な上に、収入・年齢・被害規模・修理内容などで様ざまな制約がある。新潟県はこれらの制約のうち収入・年齢要件を事実上撤廃し、修理内容を拡充、全壊住宅をも対象にいれ、大規模半壊以上で100万円、半壊で50万円を支給する、国制度に上乗せ可能の、新たな県単独の応急修理制度を新設した。その結果、国制度の約1.5倍を超える利用実績を達成した[27]。応急修理で修理可能となれば、解体後再建するより、被災者は早く元の家に戻れ、経済的負担も軽い。またゴミも出ず、仮設住宅や復興住宅の必要もないので、自治体の負担も少なくて済む。しかしながら、新潟県のこの方式は、なぜか石川県では採用されなかった。その結果、能登では、修理すればまだ使用できる住宅が、無造作に解体されるケースが多発した。この政策の失敗を埋めるためにも、石川県は住宅再建の上乗せ、横出しの改善を実施すべきである。

第2は、中越大震災と比べ、義援金の集まり具合と配分額がかなり少ないことである。中越では、義援金の配分額は全壊世帯で最大約450万円になった。能登ではまだ募金が継続中なので最終結果は不明であるが、今の募金のペースから見て、配分額は中越の1/3程度にとどまる可能性が高い。

第3は、能登の場合には、前掲表1で見られたように、中越と比べ、「一部損壊」の割合が大きいことである。先述のように、2007年

---

[27] 中越大震災の場合、住宅応急修理の実績は、国制度が5,814件、31.5億円であるのに対して、新潟県の独自制度は、8,593件、44.8億円に達した。この県制度によって、大規模半壊以上の世帯は、住宅応急修理に最高160万円（国60万円＋県100万円）までの支援を受けられることになった（新潟県中越大震災記録誌編集委員会編『中越大震災（後編）――復旧・復興への道』（ぎょうせい、2007）78-79頁）。

11月の改正「被災者生活再建支援法」の能登半島災害への遡及適用によって、全壊の場合、最大300万円が住宅の再建や補修に充当することが可能となった。これは、画期的な改革であった。しかし、国の支給対象は「全壊」と「大規模半壊」に限定され、対象の拡大がなされなかった「半壊」については石川県が独自に支給しているが、「一部損壊」についてはどこからも支援がない。しかし、「一部損壊」とはいっても「半壊」に限りなく近いものもあり、その場合には、補修費だけでも200〜300万円以上はかかる。高齢化が著しく進んでいる現状からすれば、「半壊」に近い「一部損壊」については、住宅の再建・補修支援が必要となっているといえよう[28]。

2　生業基盤である地場産業、商店街等の再生に向けた課題と対策

今回、能登震災においてとられた災害復興対策の中で最も特筆すべき施策は、「能登半島地震被災中小企業復興支援基金」の創設であろう。この基金は、災害後の中小企業復興支援という点では、まったく新たな、歴史的にも画期的な意義をもつものとなった。中小企業への復興支援は、従来は低利融資か利子補給に限られており、現金支給による本格的支援は存在しなかったからである。ここに、被害被災者への住宅再建支援と並んで、被災中小事業者への生業再建支援の対策が、被災地復興のいわば「車の両輪」として形成されたこの意義はきわめて画期的といってよい。というのも、基金事業という限界はあれ、住民の「生活」と「生業」の両面で被災後の地域において持続可能な社

---

(28) 従来、住宅被害は、行政レベルでは、「全壊」、「大規模半壊」、「半壊」、「一部損壊」の4つに分類されて罹災証明が発行されている。しかし、これは被災者への行政支援のメドとしての被害基準である。その結果、被災者生活再建支援金だけでなく、国や県の災害救助、義援金の配分額など、行政支援の大部分がこの被害基準によって区分けされ、その後の支援内容に著しい格差が生じる。そのため、罹災証明の被害認定をめぐっては、被災者と行政当局との間で、これまでもしばしばトラブルが生じ、被災者と被災地にとって災害復興の障害となってきた。こうした無用な摩擦と障害を避けるためにも、被害認定のあり方については、早急に抜本的な改革が必要とされている。

会を再構築すること、すなわち被災地において「人間の復興」とこれを支える「地域社会の復興」にむけて公的な支援を実施する手がかりを得ることができたからである。

この基金の目的は、「能登半島地震で被害を受けた輪島塗、酒造業、商店街を主とする地場産業の再生・復興を図るために、ハード・ソフト両面から被災中小企業への各種支援事業及び金融面での支援を実施する」[29]ことにある。この基金の基本的なスキームは、図3に示されている。国（中小企業基盤整備機構）が無利子で240億円を石川県に貸付け、石川県はこれに60億円を加えた300億円を石川県産業創出支援機構に無利子で貸付ける。同機構は、この財源をもとに「能登半島地震被災中小企業復興支援基金」を創設、これを、年利率1.8％で運用し、5年間で27億円の財源を得る。この運用益を財源として、被災中小企業の再建、復興を支援しようというのである。

とりわけ注目されるのは、表5のように、輪島塗、商店街、酒造業の3業種に対して、作業場（土蔵）、店舗、付帯設備等のハードな施設への補助金支給が盛り込まれた点である。全壊200万円、半壊100万円、投資額5,000万円以上にはさらに300万円上乗せして合計500万円を限度に、実質的な現金支給が実施されることになったのである。

図3　能登半島地震被災中小企業復興支援基金の基本スキーム

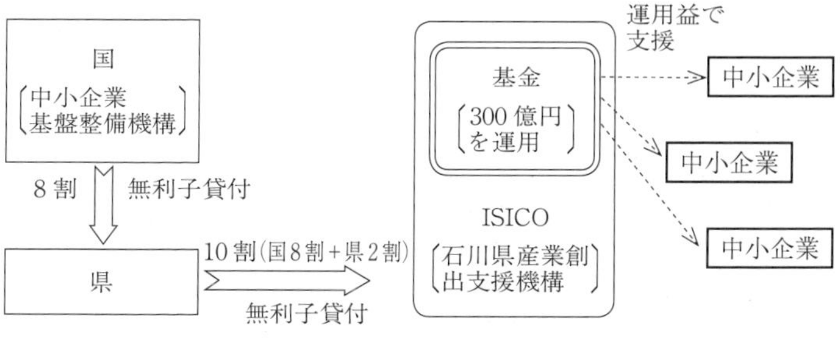

（出所）石川県商工労働部産業政策課資料。

---

[29] 石川県商工労働部資料「能登半島地震中小企業復興支援対策について」2007。

表5　能登半島地震被災中小企業復興支援対策(地場産業復興支援事業)の概要

項　目	輪島漆器	商店街	酒造業
補助対象	市・商工会議所・輪島漆商工(協)等で構成する委員会で、輪島塗復興に向けた今後5年間以上の復興計画を策定し、計画に基づいて取り組む事業所の復旧等のハード事業、及びハード事業と併せて行う復興のためのソフト事業に対して助成	全半壊の店舗が概ね10%程度以上の商店街と、市町・商工会議所・商工会で構成する委員会で、商店街の復興に向けた今後5年間以上の復興計画を策定し、計画に基づいて取り組む店舗の復旧を含めた事業、及びハード事業と併せて行う復興のためのソフト事業に共同で取り組もうとする商店街に対して助成	市・商工会議所・業界で構成する委員会で、酒造業の復興に向けた今後5年間以上の復興計画に基づいて行う、事業所の復旧事業及び復旧事業と併せて行う復興のためのソフト事業に対して助成
復興計画策定（支援事業）	補助限度額：2,000千円 補助率　　：10/10	補助限度額：1,000千円／商店街 補助率　　：10/10	補助限度額：1,000千円 補助率　　：10/10
個別企業の事業用施設設備復旧費助成	補助限度額：全壊2,000千円　半壊1,000千円 補助率　　：2/3 ※5千万円以上の投資：3,000千円上乗せ 補助率：1/10	補助限度額：全壊2,000千円　半壊1,000千円 補助率　　：2/3 ※5千万円以上の投資：3,000千円上乗せ 補助率：1/10	補助限度額：全壊2,000千円　半壊1,000千円 補助率　　：2/3 ※5千万円以上の投資：3,000千円上乗せ 補助率：1/10
共同施設の整備・復旧費助成		コミュニティ施設、共同施設の整備修繕 補助限度額：3,000千円 補助率　　：2/3	
商店街仮設店舗設置費助成		商店街が設置する仮設店舗設置 補助限度額：3,000千円／1店舗分 補助率　　：2/3	
保管庫借上費助成			損壊代替施設の借上料への助成 補助限度額：200千円／企業 補助率　　：10/10
ソフト事業への助成	復興に向けた共同ソフト事業 補助限度額：12,500千円 補助率　　：10/10 助成期間　：5年以内	復興に向けた共同ソフト事業 補助限度額：3,000千円／商店街 補助率　　：10/10 助成期間　：5年以内	共同販売促進事業（首都圏等での復興事業） 補助限度額：1,000千円／回（年3回以内） 補助率　　：10/10 助成期間　：5年以内
能登半島地震対策融資（特別分）	復旧資金（設備資金）　期間の延長 対象企業：全半壊した建物の復旧のために1千万円以上の投資を行う企業 融資期間：15年以内（うち据置2年） 金利　　：変動金利、5年間の利息補助、保証料全額補助 復旧資金（運転資金）　既存借入金の借換、期間の延長 対象企業：全半壊した建物の復旧のために1千万円以上の投資を行う企業 対象債務：既存借入金（設備資金の借換を含む。）、新規借入金（運転資金） 融資期間：10年以内（うち据置2年） 金利　　：変動金利、5年間の利息補助、保証料全額補助		

(注)「地場産業復興支援事業」とは、激甚災害の地区指定を受けた市町において、大きな被害を受けた産業（放置すれば消滅するおそれのある業種（漆器、商店街、酒造））の復興を図るため、行政、商工会議所・商工会等で構成する委員会に対して、復興計画に基づくハード事業、ソフト事業への助成や金融支援を行うもの。
(出所)石川県危機管理監室「能登半島地震による被災世帯のための被災者生活再建について」2007年4月、2頁。

　この石川県方式ともいうべき中小企業復興支援基金は、その端緒は雲仙災害で拓かれたものの、本格的には、全国で初めての試みである。
　そのため、具体的な政策展開や、制度と運用の改善は今後の課題と

なっている。しかし、今後の方向としては、①重点3業種以外の業種や業者への復興支援作を構築すること、②商店街や業種ごとに立てられる復興計画を、業者や商工会、商工会議所、行政等だけでなく、地域住民も参加した復興会議として下から練り上げていくこと、③これらの業種や被災地域からの下からの復興計画を自治体の復興計画としてさらに統合していくこと、こうした住民自治に基づき、下からの地元住民の創意と工夫を最大限尊重し、活かしていくことが試されている。県の基金だからといって、決して石川県や国が主導し、細かく規制するのではなく、被災地の住民と自治体の主体的な復興をあくまで支援する政策スタンスこそが肝要となっている。それなしには、真の「災害復興」は望み得ないからである。

3　住宅・生業・地域コミュニティの「三位一体」の復興課題

　災害からの復興にとって決定的に重要なことは、住宅を含む「生活の復興」、また、なりわいである「生業の復興」、さらに地域社会における人々の絆である「地域コミュニティの復興」、これらを三者一体で復興させることが「人間復興」の鍵を握っていることである。なぜなら、「生活の復興」と「生業の復興」を災害復興における車の両輪であるとすれば、この両輪を結びつける車軸こそが「地域コミュニティの復興」であり、この三者が一体となって、初めて、被災地の持続可能な社会の復興が果されていくからである。とりわけ、能登に独特の輪島塗などの地場産業や様ざまな祭り、伝統行事、民俗芸能などと、それらを継承、創造する魅力ある人々とその暮らしは、このような住民と地域社会の「三位一体」の結びつきの中でこそ存続しえてきたのであり、災害復興もこの視点から行われる必要がある。この点では、中越大震災で設立された新潟県の「復興基金」が1つのヒントを与えてくれる。というのも、規模は小さいながら、石川県でも同じ仕組みの「能登半島地震復興基金」ができたからである（2007年8月20日設立。県債による500億円を原資に5年間、指名債権譲渡方式により年利率1.5％程度で運用、運用益約37億円を助成事業に充当の予定）。

新潟の基金活用からの教訓の1つは、従来のタテ割りでバラバラの行政事務による災害復興を、被災した地域の実情に合わせて統合化しようとしたことである。例えば、地域の住民や地域社会の統合のシンボルでもある鎮守の森や神社、寺のお堂や祠などの復旧は、その地域の住民が参加する祭りや行事などのコミュニティ活動の場（施設）の復旧として位置づけられ、2千万円まで、補助率3/4で現金助成のメニューに加えられた。県産瓦使用・越後杉使用、雪国特有の家づくりへの復興支援は、住宅・生活の復興と生業の復興を結合した事業となった。また、高齢者ハウスの整備や高齢者・障害者との同居支援は居住と福祉とを結びつけ、手づくり田直し支援は、農地の小規模自力復興を支援して生活、生業とコミュニティの早期回復を促進するのに寄与した[30]。能登でも、基金事業などと組み合わせたこうした様ざまな工夫が試みられる必要がある。能登の復興基金の場合にも、県や国が主導し、上から一方的に規制するのではなく、被災者と被災地の声と多様なニーズを丁寧にくみ上げ、「使いやすい、使い勝手のよい基金」にするために、被災者や被災自治体が基金のメニューの作成と運用にも参加できるシステムに改革することが、真の災害復興のためには不可欠であることを、再度強調しておきたい。

4 能登半島震災における国・県・市町の行財政課題

　被災直後の災害救助の実施主体は主として都道府県であり、これに対しては、国の補助金や特別地方交付税などによる財政支援がある。また、被災後の災害復旧については、主としてハードな公共施設の復旧を柱に、国・県の補助金や地方債の発行とその消化及び起債の元利償還について、地方交付税算入などの特別の財政措置が講じられることになっている。とはいえ、これらの災害対策の地方行財政の仕組みについては、利点もあるが、今日の分権自治時代という歴史的段階にてらしてみると、問題点と改革課題も少なくない。しかし、それらの

---

(30) 岡田知弘「中越・中山間豪雪地域での震災復興の意義と方向性」にいがた自治体研究所編『中越大地震からの復興全国シンポジウム』（同研究所、2005）23-29頁。

第3章　過疎地域における災害復興の課題と展望

問題と課題はすでに別稿で展開したので[31]、詳細はそれを参照していただくとして、ここでは、能登半島震災復興にひきつけて、若干の論点を指摘しておきたい。

　能登半島震災で明らかとなったように、地方の中小都市や中山間地の過疎自治体では、人口流出と高齢社会が進行し、災害に対する住民と地域の防災力が弱まっている。その一方、本来、災害の救助や復旧、復興などの地域における災害対策の拠点となるべき市町村など自治体の行政力や財政力も、過疎地域では低下している場合が少なくない。先述のように、能登の市町はいずれも人口流出と高齢化が著しく進み、かつ伝統産業や農林水産業、観光業などの地域経済の沈滞のために、財政状況は持続的に悪化してきていた。

　たとえば、奥能登の中心市である輪島市の場合、旧門前町と合併直後の2006年3月31日現在の人口は34,555人であり、新市の2005年度普通会計歳入総額は約240.0億円であった。しかし、高齢化による扶助費の増加や、輪島塗や観光業などの期間産業の落込みによる税収減が続いたため、財政力指数は0.26にまで低下した。全国類似団体（「類団」とも略）の財政力指数の平均は0.44、輪島市は、類団113市のうち102位と最下位グループに低迷している。一方、同市の経常収支比率99.4％は、類団の90.4％と比べてかなり高く、順位も106位と、財政の弾力性は著しく硬直化している。これは、高齢化による扶助費の増大に加え、国の経済対策、及び、のと鉄道廃止、能登空港開設などの国策がらみの公共事業の拡大にともなう公債費の増加、さらに合併にともなう退職金などの支出増が原因となっている。同様に、輪島市の1人当り地方債現在高は1,184千円（類団513千円、110位）、実質公債費比率は18.9％（類団16.1％、89位）であり、とくに将来の公債費負担は、同市の財政にとって極めて大きな懸念材料となっているのである[32]。

　問題は、このように弱体化した財政状況の下で、多数の自治体が、

---
(31) 宮入・前掲（注11）198-217頁。
(32) 輪島市「市町村財政比較分析表（平成17年普通会計決算）」2007。

表6 能登半島地震災害関係の予算措置状況（輪島市）

(単位：百万円、%)

会計・事業区分		事業内容	予算額 (12月 補正後)	財源内訳			
				国県 支出金	地方債	その他	一般 財源
Ⅰ　一般会計（合計）			15,141 (100.0)	6,745 (44.6)	2,070 (13.7)	2632 (17.4)	3,685 (24.3)
(1) 被災者支援	被災者救助	被災住宅応急修理、避難所	407	400	0	1	0
	被災者生活再建支援	国制度と県独自制度上乗せ分	1,665	1,086	0	36	543
	災害援護資金事業	被災者への資金貸与	199	0	199	0	0
	高齢者避難支援	高齢者の老人施設短期入所	75	0	0	0	2
	災害弔慰金	遺族へ支給	32	0	0	0	1
	給食費援助	生徒児童給食費援助	30	0	0	0	3
	災害公営住宅	公営住宅設計業務	18	12	0	0	6
	（小計）		2,302	1,505	199	37	561
(2)　災害復旧事業		補助事業	5,043	3,551	1,361	42	89
		単独事業	537	0	473	1	63
	（小計）		5,580	3,551	1,834	43	152
(3) 復旧復興対策	復興計画策定	住まいまちづくり復興支援等	31	15	0	0	16
	災害関連事業	急傾斜地崩壊対策	62	8	37	4	13
	災害復旧支援	文化財緊急修理等	23	1	0	0	22
	風評被害対策	風評被害払拭支援	58	0	0	0	58
	その他	携帯電話不感地帯対策等	55	0	0	25	30
	（小計）		229	24	37	29	139
(4)　災害廃棄物処理		倒壊家屋処理処分費等	5,869	1,674	0	2,522	1,673
		輪島市穴水町 環境衛生組合負担金	1,133	0	0	0	1,133
	（小計）		7,002	1,674	0	2,522	2,806
(5)　その他		予備費等	28	0	0	1	27
Ⅱ　特別会計		公共下水道事業等	2,908	1,749	1,149	10	0
Ⅲ　企業会計		病院事業	11	0	0	10	0
		水道事業	434	97	37	11	0
全会計合計（Ⅰ+Ⅱ+Ⅲ） （％）			18,494 (100.0)	8,600 (46.5)	3,257 (17.6)	2,952 (16.0)	3,685 (19.9)

(注) 2007年度12月補正後予算額である。
(資料) 輪島市財政課資料より作成。

能登半島地震に襲われたことである。そのため、災害復興のための様ざまな事業費負担が、自治体の行財政に重くのしかかっている。例えば、輪島市の災害廃棄物は25トンにのぼり、表6のように、倒壊家屋の廃棄物処理費は約58.7億円にも達する。もっとも、国庫補助金

や特別交付税などによってその約7割強は国等の財政負担となる。しかし、残りの16.7億円は市の自己負担である。その他の負担金も入れると、災害廃棄物処理関係の輪島市の一般財源負担は28億円にも達する。また、今回、先述のように、石川県は、国の被災者生活再建支援金の上に、半壊世帯に200万円等の県の独自支援事業を上乗せした。この県事業は、被災者の住宅を含む生活再建には大いに寄与している。しかし、問題は、その財源である。この県事業は、財源としては、県が2/3、市が1/3負担となっている。その結果、輪島市の一般財源負担分は、予算段階ですでに約5.4億円に上り、今後さらに増加が見込まれる。この輪島市の一般財源負担分は、国はもちろん、県からも追加支援の見込みは非常に難しいため、同市は財政調整基金の大部分を取崩すなどの対策に追われている。

いずれによせ、こうした財政力の乏しい過疎地域の被災自治体が今後さらに復興対策を持続的に講じ、地域社会の持続的可能性を回復していくためには、自治体単独では限界があり、国の財政支援のほか、全国レベルの恒久的な「災害復興基金」の創設が欠かせないのである[33]。

Ⅵ おわりに

本章の課題は、平時においても人口流出がつづき、過疎化にともなう様ざまな地域住民の生活困難である過疎問題を深めてきた過疎地域が、突如襲われた大規模災害からの災害復興をどのように果たしていけばよいか、その復興の課題と展望を究明することであった。

過疎地域は、人口減少によって、現在でこそ日本の全人口に占める割合が1割足らずであるとはいえ、全国土に占める割合は約6割に達し、水や森林等の資源保持、国土保全による災害防止、自然環境の保護、食料の安定確保などの多様な公益的機能をもつ地域であり、日本文化の源泉でもある。こうした農山漁村の持続性を確保することなし

---

(33) 宮入興一「災害と地方行財政」宮本憲一ほか編『セミナー現代地方財政Ⅰ』(勁草書房、2006) 278-279頁。

には、今日繁栄を続けているかにみえる都市圏の持続性も維持することはできないであろう。少し長期の視点からみれば、都市は都市のみで存続することは不可能だからに他ならない。とすれば、条件不利地域である過疎地域を襲った災害からの復興は、決して過疎地域だけの問題にとどまらず、都市を含む全日本的な意味をもつ緊要な課題として捉えられなければならないのである。

われわれは、このような問題意識から、2007年3月に発生した能登半島地震災害を、過疎地域の地方中小都市と周辺農山魚村を襲った典型的な過疎地域型災害と捉え、この災害を1つの素材として、過疎地域における災害復興の課題と展望について解明しようとした。

そのために、「災害復興」とはそもそも何かという原点から出発し、「災害復興」の本質を、被災地域における「人間復興」とこれを支える「地域経済社会の復興」にこそあることを明らかにした。「人間復興」のためには、「人間の生存機会の復興」が必要であり、「人間の生業、就業及び労働機会の復興」が不可欠である。とすれば、「災害復興」にとっては、被災者の「生活再建」と被災した地域経済社会の「生業再建」こそが、災害復興の両輪に他ならない。しかも、「生活」と「生業」は、地域においてバラバラに存在しているのではなく、「地域コミュニティ」の中で結びつけられている。このことは都市においても見られるが、とりわけ地方都市や過疎の農山漁村においては、決定的に重要な基本的地域構造となっている。とすれば、過疎地域の災害復興については、被災住民の「生活再建」と被災地の「生業再建」、さらに、これらを結びつける「地域コミュニティの再建」とが三者一体となって達成され、持続可能な地域社会として再生される必要がある。したがって、災害復興政策や復興行財政システムは、こうした復興目標の達成のために、もっとも効果的、効率的なものとして編成されなければならないのである。

われわれは、このような考察視角から、わが国の災害復興の制度・運営の歴史的経緯を1993年の雲仙火山災害以来の5つの画期として捉え、その上で、今回の能登半島地震災害の特徴と災害復興の新たな

第3章　過疎地域における災害復興の課題と展望

政策展開について、その実態の解明と意義、さらにそれらの問題点と課題について究明した。能登半島地震災害における災害復興政策は、阪神大震災から 10 年以上の紆余曲折をへてようやく相当の進展をみた被災者生活再建支援制度の住宅再建支援を含む画期的改革と、生業再建に向けた抜本的な基金事業の創設など、以前と比べれば制度的には一定の大きな前進の中で実施されている。とはいえ、平時においてさえ疲弊してきた奥能登のような典型的な過疎地域が、こうした制度改革によって、果たした「渦を転じて福となす」災害復興を達成しうるか否かについては、現在進行形でもあって、もう少し事態の推移をみなければならない。また、現状では、国、県、市町村とも、いずれも災害復興政策については、制度・運営面でいまだに大きな課題を抱えている。さらに、被災者や被災業者らの主体的取り組みも始まったばかりであって、試行錯誤のさなかにある。過疎地域の災害復興の政策展望については、今後の能登半島地震災害の復興とともに、中越大地震、中越沖地震災害など他の過疎地域の災害復興の検証をふまえて、さらに考察が深められなければならないのである。

第4章 居住福祉法学から見た「弱者包有的災害復興」のあり方——日米比較から

吉田邦彦

第1節 序　言
—— 「災害弱者」包有的[1]災害復興法学の意義

1 実践的必要性と理論的・政策的スタンスのあり方

(1) 災害問題の現実的卑近性・重大性

近時は、グローバルな緊張の高まりや地球温暖化の影響を受けてであろうか、災害への対策が大きな社会問題となることが頻繁である。国際的に視野を拡げると、アメリカでは、2010年9月のニューヨークの世界貿易センタービルのテロ攻撃や2005年8月のニューオーリンズを中心とする広範囲のカトリーナ・ハリケーンの洪水問題、さらには、2010年4月に生じたメキシコ湾の原油流出事故により、事態の深刻さを受けて、「災害対応」問題に、俄かに相当量の議論が積み重ねられている。また東アジアでは、2008年5月には、中国四川省を大地震が襲ったことは耳目に新しい（さらに同時期にミャンマー大洪水も起きている）。

また、国内的には、地震列島と言われるだけあって、1995年1月の阪神・淡路大震災の後も、震災情報は枚挙に遑(いとま)なく、特に近時は、

---

(1) 用語説明を加えると、「包有的」とは、inclusive の訳であり、「弱者を排斥せず、包み込む」という意味である。しばしば用いられる「包摂的」ないし「社会的包摂」という言葉を用いないのは、法解釈学上は、「包摂」は、三段論法との関連で用いられる subsumption の定訳になっているからである。

また、「弱者」ないし「社会的弱者」（災害との関連では、「災害弱者」といってもよい）は、(socially) vulnerable parties に対応している。「弱者」を基準とすることに抵抗を示す論者もいるかも知れないが、「相対的に」災害による損害が大きく、法的支援の必要性も高い被害者がいることは確かで、そのようなものを指す用語と了解されたい（因みに、こうした議論は、比較法的にもなされていることである）。

居住福祉研究叢書　第5巻　　　　　　　　　　　　　　　　［吉田邦彦］

中山間地での震災が相次いでいる（鳥取西部（2000年10月）・新潟中越（2004年10月）の後にも、能登・新潟中越沖（2007年3月、7月）、宮城＝岩手内陸（2008年6月）の各地震と続いている）。また局地的豪雨の被害の報告も跡を絶たない。さらには、最近の新型インフルエンザ問題で、現実化してきたパンデミックの問題も、広範な損害をもたらす「災害問題」の一環で捉えられるだろう（現に20世紀初めのスペイン風邪（1918年）では、世界的に2,000万人ないし1億人もの犠牲者がでているし[2]、これと近時のH5N1型の鳥インフルエンザとの類似性が危惧されているし、それを待たずとも、第三世界で猛威をふるうエイズもそのいい例であろう）。

(2)　「自然災害と補償のあり方」への関心の稀薄さの反省の必要性

ところが、「災害復興と法」に関する法分野は、今なお未開拓で、「かくも重要な分野でありながら、これまで法律家・法学研究者の関心を引いてこなかったことは不思議ですらある。」このことは、洋の東西を問わず指摘されている[3]。従来「日陰の存在」として閑却されてきた理由を考えると、おそらく災害は例外的事態であり、「不可抗力」（act of god）として、責任法（民法（不法行為法）、国家賠償法）の射程外とされて、もはやそれ以上を論じなかったのであろう。しかし前述のごとく、自然災害の頻発（そして今後とも、地球温暖化による気象異変、環境汚染・破壊による国土の脆弱化などにより、増加していくと思われる）、およびそれによる被害の大きさに鑑みると、被害塡補の法的対応のあり方の総合的検討の実践的必要性は高い。

(3)　「災害弱者」の保護・その社会包有という軸の必要性

その際に重要なことは、近時の格差社会化に鑑みて（経済的・地域的・階級的格差が増幅していることは、贅言を要しまい）、いわゆる「災害弱

---

(2) これについては、JOHN BARRY THE GREAT INFLUENZA: THE EPIC STORY OF THE DEADLIEST PLAGUE IN HISTORY (Viking, 2004) 参照。

(3) E. g., see, DANIEL FARBER & JIM CHEN, DISASTERS AND THE LAW: KATRINA AND BEYOND (Aspen, 2006) p. xix.

第 4 章　居住福祉法学から見た「弱者包有的災害復興」のあり方

者」と呼ばれる貧困者、女性、人種的マイノリティの保護が手薄にならないようなスタンスが求められるであろう。その意味で、黒人など人種的マイノリティがアンバランスに洪水に襲われて、その多くがいまだに放置されて、退避（evacuation）状態の継続が続くディアスポラ状態にあるというカトリーナ災害の事後処理の深刻な事態[4]などは、「他山の石」とすべきものであり、四川省大地震（汶川地震）にしても山岳地帯の回族、羌族の被害が甚大であったこととの関連で、マイノリティ民族の救済格差の事態にならないような努力が求められよう[5]。

　カトリーナ水害を機縁として、いち早くその法的に包括的なケースブックを書きあげた、ファーバ教授（キャリフォーニア大学・バークレイ校）らは、「社会的弱者性」（social vulnerability）を軸にして、人種・階級などに関する社会的不正義は、自然災害の強度に強く影響するとされ、それ故に、災害法学における平等主義の追求は、有益な道具となるとされる[6]ところは、けだし、居住福祉法学の根底思想をなす至言であろう。

(4) 居住福祉法学の進歩的災害復興のビジョン
　　──功利主義基準と摺り合わせつつ

　上記のことは、居住・住宅のことを考える際に、それを新自由主義的ないし市場主義的に考えず、市民の基本的生活の基盤をなすものと

---

(4) この点については、DAVID TROUTT ED., AFTER THE STORM: BLACK INTELLECTUALS EXPLORE THE MEANING OF HURRICANE KATRINA (The New Press, 2006) が必読であろう。

(5) これについては、吉田邦彦「四川大地震の現状と居住福祉法学上の課題──日本の新聞報道からの拾遺を機縁として」安居楽業（東亜細亜居住学会論文集）第 5 輯（東亜細亜居住学会、208）2-3 頁でも指摘した。

(6) FARBER & CHEN, *supra* note 3, at 110. See also, CENTER FOR PROGRESSIVE REFORM, AN UNNATURAL DISASTER: THE AFTERMATH OF HURRICANE KATRINA (2005) 34-40（災害の深刻な帰結（犠牲者、家屋の破壊、人格侵害）は、人種的・社会的階級（所得差）に応じて、不均衡にもたらされ、災害への対応においても、そうした弱者は「放置される」として、詳しく実証する）．なお、本ペーパーは、ケースブックにも先行する注目すべきものであるが、同センターのサイトから見ることができる。

して、事情に応じて公共的支援を考えるという「居住福祉法学の見地」[7]からの災害復興へのアプローチと通底する。

すなわち、例えば、中山間地が震災に襲われた時、また、カトリーナ災害で避難継続を余儀なくされている時に、従前の住民を原状に戻すべきか否かという、災害復興の政策論を考える際には、一つの指標として、効率性論（ないし費用便益分析）と向き合う必要があろう。例えば、ニューオーリンズの洪水被害域の復興を図る際に、原状回復に向けた元のインフラ再生のための巨額投資よりも、同じコストを払うならば、元居住者にチェック（現金小切手）ないしバウチャーを与えて、転居を促し、同市にもかつての低所得者はいなくなるから都市経済上も好都合だとする見方が功利主義的選択肢として、出てくることになろう[8]。これは、山古志のような限界集落的地域が被災した場合の「山に帰る」式の災害復興が、効率性の見地からは支持されないという議論にも繋がることであろう。

しかしこれに対して、従前のコミュニティ維持に配慮し、また、多文化主義的で社会階級的にもミックス居住する都市交流の意義、中山間地を支える集落の将来世代にわたる環境維持管理の意義に留意する「居住福祉法学」の立場からは、弱者支援に積極的なビジョンが——近視眼的には、コストはかかるが、——支持されるということにあろう（また、居住生活者の効用を多面的に捉え、また「排斥主義的社会」構築により、「行き場を失う」災害弱者を集積させるビジョンよりも、最終的には、功利主義的にも、包有的社会の方が劣るとは言えないだろう）。ともかく功利主義的基準との鬩ぎ合いによる災害復興政策チェックは抜かすことはできない。

とくにわが国においては、居住問題において、その公共的保護の視角が欠落していたという問題意識があるので、災害復興を考える本章

（7）これについては、吉田邦彦『居住福祉法学の構想』（東信堂、2006）、さらにやや詳しくは、同・多文化時代と所有・居住福祉・補償問題（有斐閣、2006）1～5章参照。

（8）E. g., Edward Glaeser, *Should the Government Rebuild New Orleans, or Just Give Residents Checks?*, THE ECONOMISTS' VOICE Vol. 2, No. 4 (2005), Article 4.

第 4 章　居住福祉法学から見た「弱者包有的災害復興」のあり方

においても、居住補償の側面に力点を置いて考えてみた。

2　本章の射程と構成

(1)　考察の対象としての「被災者生活再建支援法」

以上を踏まえて、わが国の災害復興（特に居住復興）の問題を、民事法的に補償問題を主に考察することを本章の目的とするが、その射程の限定との関係で、素材としたいのは、「被災者生活再建支援法」（平成10(1998)年法律66号）である。

本法律は、自然災害により被害を受けた居住の補償に関わる基本法律で、実は住居の私的所有権の保護に関わる民法（所有法）の根幹問題を扱うと言える。しかし、——災害復興への民法的アプローチの従来の欠落の反映か——、これまで民法学からの発言が少ないのは、不思議なくらいである。しかし、震災の頻発、地球温暖化に伴う予断を許さない風水害に鑑みて、その多面的検討は、今日的に喫緊の課題であろうと考える。

またこの法律は、研究者の検討結果として生じたものではなく、阪神・淡路大震災を契機とする市民運動を契機に、議員立法として成立したユニークなものである。同時にそれは、責任法の枠外という意味で伝統的な民法領域外であり、かつ、「補償」というルートを通じて、住宅被害に対して公共的支援を図るという意味で、「居住福祉法学」が関心を寄せる領域群に属するものといえる（損害に対して、市民社会の枠内で、市場的解決を図るものではなく、公的支援アプローチの法群だからである）。その点で、二重の意味で、従来のこの問題への法学界の関心の薄さが示されると言えて、本章はこの欠を埋めるものである。

(2)　本章の構成

そこで、以下では、本法律制定の経緯を示し、さらにその後、改正（特に平成19(2007)年のそれ）がなされても、なお被災現場では、諸問題が残されているので、実態調査も踏まえた検討を行う（2節）。

さらに続けて、より広く震災復興に関する居住福祉法学の角度から、

諸課題を掲げて災害基本法の基盤を構想し（第3節参照。なお第4節1は、保険法構想との関連での補足である）、さらに関連課題として新潟中越沖地震で切実な問題として前面に出た原発施設の被災を巡る問題にも論及し（第4節2）、その後に、結びを述べることとする（第5節）。

第2節 「被災者生活再建支援法」の立法・改正過程
――原案の骨抜き化とその後の動向・問題点[9]

1 立法の趣旨――問題の背景

(1) 伝統的スタンス〔公共支援否定論〕と例外的支援の偏頗性

被災者生活再建支援法が扱う問題は、震災などの自然災害により、住宅などに被害が生じ、生活基盤が破壊された場合の公的支援であり、実は、私的所有権の保護に関わる民法（所有法）の根幹問題と言えるのであるが、従来は、「国家賠償」と「損失補償」の制度の狭間でもあり、またそうした支援を行うことは、「私財の蓄積」に繋がるなどとして、消極的立場がとられてきた。

なお、関連法制としては、災害救助法（昭和22年法律118号）があり、これを根拠に仮設住宅の建設については、相当額の公費が注入されている。すなわち、仮設住宅は、建築基準法との関連で（85条1項1号、3号）、2年の経過で取り壊されるものなのに、一戸当たり、400～500万円ほど公費投下がなされているのである（例えば、建築費300万円、解体費200万円）。

これとの対比で、本来の居宅の再建支援はゼロというのでは、いかにもギャップは大きく、特に神戸震災のときには、義援金の配分金の低額さ、行政対応の悪さとも相俟って、この矛盾は強く意識され、本

---

(9) 紙幅の制約との関係で、本節の部分は、梗概を述べるにとどめる。吉田邦彦「（立法と現場）被災者生活再建支援法及びその改正と被災現場の課題」法学セミナー647号（2008）1頁以下でも論じたので、そちらも参照されたい。なお、同法（及びその平成16年改正）については、生田長人「被災住宅の再建等に対する公的支援と災害復興計画について」法学70巻2号（2006）139頁以下でも考察されるが、そのスタンスは私とは異なり、住宅補償の公共性の捉え方も狭い。

第4章　居住福祉法学から見た「弱者包有的災害復興」のあり方

法律制定の出発点となる市民運動が起きることとなった（内容の事後的変貌はあるが、ともかくも市民イニシアティブの議員立法として注目される[10]）。

(2)　災害問題に対する公共的支援の必要性とその根拠

神戸震災においては、多大な被災者の住宅被害が生じ、他方でこの震災に関しては、（10兆円ともいわれる）莫大な公的資金が投じられたにもかかわらず、「被災住宅の公的支援否定のドグマ」は、揺るぎない災害復興行政の先例であり続けたことは、考えてみれば、奇妙なことと言えようし、私的所有権を巡る深刻な政策課題にもかかわらず、民法学者の発言が殆ど見られないのも不思議なことである。消極論の背景としては、①奇妙な公私の区分（そこにおける公概念の狭隘さ。道路整備、港湾整備、空港建設などだけが公的問題とされる）、②住宅被害に関する市場原理の横行とその裏面としての公的支援の排除（保険などによればよく、そうでないと焼け太りになるとされたりする[11]。なお、私保険によればいいという議論は、震災のようなカタストロフィー損害につき単純に展開できるか、問題であることは後述する）、③住宅・居住問題が人権問題であることへの配慮の欠如などが、考えられよう。

しかし、虚心に考えて、居住などの私的財産問題は、住宅倒壊など緊急事態（とくに低所得者の場合）には、大いに「公共問題」（公的問題）たり得て、これに公的援助を図ることはむしろ自然であろう。居住福祉政策決定の理論枠組みとして、私は、ロールズの格差原理などを援用して既に論じているが、その「無知のベール」の原初状態の思考実験として導かれた正義論の第二原理（格差原理。最低の境遇に置かれたものの利益が最大化されるように処遇するというもの）の住宅問題、災害

---

(10) 伊賀興一「自然災害被災者に対する公的支援制度の検討」甲斐道太郎編『大震災と法』（同文舘、2000）183頁も同旨。

(11) 例えば、阿部泰隆『大震災の法と政策——阪神・淡路大震災に学ぶ政策法学』（日本評論社、1995）87頁、94頁、100-106頁。焼け太り、モラルハザードから、天災の場合の個人財産補償制度は作れないとし、さらに、震災保険も任意にするしかなく、現状（被災者生活再建支援法の議論以前の状況）を支持する他ないとする。

居住福祉研究叢書　第5巻　　　　　　　　　　　　　　　　　　　［吉田邦彦］

問題への応用として、ナショナルミニマム的な状態への公共的支援の方向性は導かれるというものであろう（ロールズは、「財産所有の民主制」とか、市民（社会的・経済的平等を足場にする市民）間の公正な社会的協働システムとしての「社会的ミニマム」とも言う(12)。なお、この点で、松下圭一教授の「シビル・ミニマム」論も、類似するが、そこで念頭に置かれるのは、都市自治体における市民的自発性、都市市民の「生活圏」「実践理性」であり、他方で、農村におけるムラ社会は、集権的成長政策の基盤であり、日本的ファシズムを支えたとされて、二分論的に後者には、厳しい評価を与えていて、この部分は、支持し得ない(13)）。

　本問題は、災害により、住宅が破壊され市民生活の基盤を失われ、焼け出され、路頭に迷う被災者への公的支援ということで、このような意味での住宅補償は、資本主義・市場主義本流のアメリカの方が、わが国よりも積極的である（後述第3節1(2)参照）ことには留意すべきで、既述の日本特殊の消極的論拠への批判的分析は急務であろう（従来所有スキームの体制の違いの反映と考えられたふしもあるが、やはり、別次元の原理と考えるべきで、所有権の公共的配慮は、社会主義的所有体制になじみやすいとは言えても論理的には結びつかないだろう。その意味で、阪神・淡路大震災後の村山富市首相（当時）の対応(14)は、理解できない）。

　なお、こうした公的支援をどう「性質決定」するかという議論があり、市民原案を構想した伊賀弁護士は、「個人補償」ではなくて、社

---

(12) 吉田邦彦「居住福祉法学の俯瞰図」同・前掲書（注(7)）（有斐閣、2006）（初出、2003）22-23頁、同・前掲書（注(7)）（東信堂、2006）10-11頁参照。

(13) 例えば、松下圭一『シビル・ミニマムの思想』（東大出版会、1971）、同『都市政策を考える』（岩波新書）（岩波書店、1971）、同『シビル・ミニマム』（岩波書店、1973）参照。なお、本文と同趣旨で、優れた考察を示すものとして、神野武美「『居住福祉資源』の本質とその歴史的考察」居住福祉研究7号（2009）45-48頁も参照。

(14) 村山首相（当時）が、公的支援は、日本のような資本主義社会ではなし得ない、また、してはならないとの反応を示したことについては、さしあたり、小田実「『公的援助』について――この10年、『阪神・淡路大震災』の被災の現場で考え、してきたこと」山村雅治編著『これは人間の国か』（リブロ社、2005）12頁参照。もっとも、同編著『自録「市民立法」』（藤原書店、1999）211頁の1996年11月30日読売新聞一面の記事によると、同氏は、法案支持にまわられたようである。

第4章 居住福祉法学から見た「弱者包有的災害復興」のあり方

会保障だとする（この限りで、阿部教授も同旨である(15)）。しかし、私には、この点は、やや鵺(ぬえ)的であり、「補償的側面」もあるのではないかと思われる（現行法では、ミーンズテストは外されているから、その限りで補償的である。いわば公的補償である）。

2 経緯——原案と制定法との相違

(1) 市民原案及びその後の変質

市民原案（平成8（1996）年5月）（生活再建援助法案。正式には、「大災害による被災者の生活基盤の回復と住宅の再建等を促進するための公的援助法案」）は、幾度もの修正をされて、同10(1998)年5月に「被災者生活再建支援法」（法律66号）として成立するが、その内容は、市民原案とかけ離れるものであった。

すなわち第1に、支援額は削減され、最高100万円となり（原案では、全壊500万円、半壊250万円）、しかも、ミーンズテストで絞り込み、年収500万円以下の世帯（ないしは、世帯主が45歳以上の場合には、500万～700万円もよいとし、60歳以上の場合には700万～800万円までよいとする）を対象とされた（原案には、当初制限はなく、途中で年2,000万円の制約がついたに止まる）。第2に、使途が限定され、住宅再建を対象外とされた（当時の施行令3条、施行規則1条・2条・4条によると、「生活関係経費」として、(a)生活に必要な物品の購入・修繕費、(b)自然災害による負傷・疾病にかかった医療費、(c)住居の移転費・交通費、(d)住宅賃借の場合の礼金、「居住関係経費」として、(e)民間賃貸住宅の家賃、(f)住宅の解体・除却・撤去・整地費、(g)住宅の建設・購入のための借入金の利息、(h)ローン保証料等が対象とされていた)。そして、こうした変貌の背後には、前述の「被災者生活の支援は、私的財産の蓄財に繋がるというドグマ」があることは言うまでもなかろう。

なお第3に、阪神・淡路大震災の被災者に対しては、本法律は、遡及適用されず、「同等の行政措置」をすべしとの付帯決議がなされ、

---

(15) 伊賀・前掲（注(10)）174頁。また、阿部泰隆「災害被災者の生活再建支援法(上)」ジュリスト1119号（1997）106頁参照。

109

それを受けて、「被災者自立支援金制度」が発足した（同10(1998)年7月）。しかし本制度には、「世帯主被災要件」があり、これを巡る諸問題が生じた（例えば、支援金訴訟として、大阪高判平成14・7・3判時1801号39頁など参照）。

(2) その後の改正

しかし本法律は、その後2回にわたり、改正がなされた（特に後者が重要であろう）。その第1は、平成16(2004)年改正であり、支援金を300万円まで嵩上げするものであるが（全国知事会による居住安定確保支援制度の創設（最高200万円）による）、使途の制限は維持されており、その限りで従来の体質は変わっていない。

さらに第2は、同19(2007)年改正であり、超党派で（この段階では、昨今の捩れ国会にも拘わらず殆ど反対もなく）実現されたもので、その目玉は、使途の制約をはずすというもので（定額渡し切り方式）、(i) 基礎支給金（全壊100万円、解体100万円、長期避難100万円、大規模半壊50万円）と、(ii) 加算支給金（建設・購入の場合200万円、補修100万円、賃貸50万円）とが支払われることになった。さらに、収入要件、年齢要件も撤廃された。

3　被災現場での法適用の問題点

マスコミなどでは、こうした改正で長年の課題が解決されたかの如く受け止められるふしもあるが、被災現場を歩くとそんなことはないことがわかる。それを以下にまとめておく。

(1) 補償の限定性（損害認定の限定性）

第1に、能登地震・中越沖地震では、「罹災証明書」を出す際に、「小千谷方式」といわれる外面からの限定的な、家屋の「全壊・大規模半壊」の損害認定がなされており[16]、それに該当しないと、同法

---

(16) 2007年8月17日朝日新聞3面社説（「被災住宅調査」）参照。新潟中越地震（平成16(2004)年10月）との関連で、――2001年に出された政府の運用指針である「外

第4章　居住福祉法学から見た「弱者包有的災害復興」のあり方

による補償はないのであり、かなりのものが対象外とされる。そして建前通り、(不満の場合の)再調査申請がなされるとは限らない(また、再調査には、時間がかかる由である)ことに留意しておく必要があろう。

しかも、このような大雑把な家屋の損害区分が、義援金の配分額に連動していることがあり(例えば、能登地震での輪島市での扱いは、全壊ならば170万円、大規模半壊及び半壊ならば85万円、一部損壊ならば3万円とされている)、上記の不満は増幅される。一部損壊でもピンキリで、かなりの修繕費がかかる場合には、多くの自己負担を強いられており、(しなくとも済む)「解体」を導くような構造的問題(解体にすれば、本法律による支援を受けられるからである)も孕んでいるようにも思われる[17]。

(2) その他——支援金の負担の仕方、適用範囲など

第2に、本法律の財源は、国が2分の1、都道府県が2分の1とされており(法18条)、さらに県独自の上乗せ補償の場合には、県と市町村の折半とされる。しかし、被災自治体は疲弊しており(近時の地方交付税の削減で、中山間地の自治体の財政状況は悪化している)、安易に基礎自治体の負担とすることにも反省が必要で、やはり、「財の再配分」の見地からしても、国の全面負担とすべきであろう(市民原案は

観による簡便な判定方法(そして再調査を申し立てた被災者に限り住宅の内部調査がなされる)」が——はじめて、小千谷市で導入されたためにこう呼ばれ、その後、能登地震・中越沖地震でも踏襲されている。しかし、罹災証明書の28%に対して、再調査申請があり、しかも、再調査までには時間がかかり、その内の7割で被害区分が上がっているとのことで、判定方法の問題を窺わせる。

[17] 損害認定及び(義援金の支給も含めての)損害補償の不十分さに対する不満は、輪島市における私の聞き取り調査(2007年11月)でも看取できた。宮入興一教授は、北陸の我慢強さは、美徳ではなく、草の根の発信を求めているが(「能登半島震災の特徴と復興の課題——従来の被災地の経験と教訓を踏まえて」いしかわ自治体問題研究所ほか『(シンポ)能登半島震災復興へのこれからを考える』(同研究所、2007年)9頁)、損害認定につき十分な再調査申請がなされているかどうか、心許ない。また、輪島のような観光都市においては、顧客集めから復興できたと見栄を張るが、その裏で損害の重圧から自殺も考える被災者もいるとのことである(「(シンポ)震災後の検証——阪神淡路から中越・支え合いを考える」(2008年11月23日。於、新潟青陵大学)における藤本幸雄氏(能登3・25災害ネットワーク代表)による)。

111

その立場であった[18]ことに再度思いを致すべきである)。

第3に、同法の適用対象として、「①10世帯以上の住宅全壊がある市町村、②100世帯以上の住宅全壊がある都道府県、③隣接の5世帯以上の住宅全壊がある市町村」とされている（本法施行令1条。③が、平成16(2004)年改正で加わったが、それほど大きな変化ではないだろう)。例えば、岩手・宮城内陸地震では、大きな地震にもかかわらず、過疎地でのそれであったために、当初は右要件との関係で、本法律は不適用になり、県独自の支援制度が検討されていた[19]。しかし、過疎地ほど自治体は疲弊していて、このような適用限定には、再考が必要だろう。

第3節　抜本的な災害復興課題
——「災害基本法」への展望（とくにアメリカ災害法学との比較を通じて）

1　はじめに——住宅補償の充実の必要性

(1)　わが国の住宅補償の不充分さ

本節では、被災者生活再建支援法にとらわれずに、——とくに、近時議論の蓄積が著しいアメリカ災害法学との比較で——災害対応における留意点を指摘する。まずは、前節からもわかるごとく、わが国では、同法の制定・改正にもかかわらず、住宅問題への公共的支援は未だ乏しく、市場主義的に放置されるところが大きいのであり、それは資本主義・市場主義のメッカとも言えるアメリカ法と比べてさえもそうだ、ということを再度強調しておきたい。

それゆえに、義援金の集まり具合・配分の多寡の偶然性に一喜一憂しなければいけないという事態になっている。例えば、新潟中越地震における山古志住民や北海道の奥尻津波（1993年7月）・佐呂間竜巻

---

(18) 伊賀・前掲（注(10)）178頁。また第二次修正案6条参照。
(19) 毎日新聞2008年7月13日（地方版)。その後、栗原市だけ適用対象となったが、なお運用は制限的で、「復興基金」方式が採られたことについては、河北新報2008年12月13日5面「社説」参照。

第4章 居住福祉法学から見た「弱者包有的災害復興」のあり方

(2006年11月)被害者への配分の比較的の潤沢さ(前者では、孤立集落の全村ヘリ脱出報道による注目度の大きさにもよるし、後二者は、わが国最悪の津波・竜巻被害と喧伝され、全壊世帯への義援金は、1,000万円にも及んでいる[20])に対して、神戸震災や能登震災などは、低額にとどまるというような次第である(前者は、犠牲者の多さ、そして、オウム・東京地下鉄テロで世間の関心の移行、また後者は、観光地ゆえに被害は控えめなアピールになり、「頑張っています」などの標語によったことなども関係する)。しかし、そのような支援のあり方の異常さに気付くべきである(ボランティアに頼らざるを得ないということは、まさしく行政の対応の欠如に他ならないからである[21])。

(2) アメリカの住宅支援の状況

例えば、アメリカでは、過般のカトリーナ災害においても(初動が遅く、人種により対応が異なり、「失敗だった」と批判されながらも[22])、連邦緊急事態管理庁(Federal Emergency Management Agency [FEMA])は、既に、家屋その他の必要性などの「個人への支援」(individual assistance)として、60億ドル使ったとされるし(因みに、わが国の仮設

---

(20) 奥尻津波被害への災害義援金の多さは、奥尻町・北海道南西沖地震奥尻町記録書(同町役場、1996年)231頁参照。また、佐呂間竜巻被害では、被災者生活再建支援法を補うものとして、同町独自の「佐呂間被災者生活再建支援事業実施要綱」が策定され、損害の認定も前記「小千谷方式」よりも慎重であることなども含めて、北海道佐呂間町「佐呂間竜巻災害の記録――若佐地区」(2007)13頁以下、26頁以下参照(同町のホームページから見ることができる)。

(21) この点で、早川和男ほか『居住福祉の世界――早川和男対談集』(東信堂、2009)66頁〔小田実発言。ボランティアが必要ということは、行政がダメだからと鋭く指摘する〕参照。

(22) See, A FAILURE OF INITIATIVE: FINAL REPORT OF THE SELECT BIPARTISAN COMMITTEE TO INVESTIGATE THE PREPAREDNESS FOR AND RESPONSE TO HURRICANE KATRINA (U. S. Government Printing Office, 2006) 151-. 因みに、FEMAは、カーター政権期(1979年)に独立部局として、設立されたが、ブッシュ政権期(2002年)にテロ対策で設けられた「国土保全省」(Department of Homeland Security)(Homeland Security Act of 2002, 116 Stat. 2135)に統合され、その下部組織とされたことが、機動力をそいだ一因ともされる。

居住福祉研究叢書　第5巻　　　　　　　　　　　　　　　　　　　　　［吉田邦彦］

住宅に当たるものとして、トレイラー（FEMA trailer）が使われる）、これは、「公共的支援」（public assistance）（防災措置、煉瓦・廃棄物処理、道路、橋梁再建、公共的建物など）で、42億ドル余り使われたのは、別建てであることに留意しておきたい[23]。

そしてさらに、2005年10月に発足したルイジアナ州災害復興局（Louisiana Recovery Authority）は、翌2006年4月には、「道路家屋住宅支援プログラム」（The Road Home Housing Programs）なるのもを公表し、そこでは、80億ドルもの連邦からの拠出がなされ、(i)まず家屋所有者は、最高15万ドルまでの住宅再建補助が得られ[24]、12万戸以上もの家屋所有者が支援を得られる資格があるとされるのであり（60億5,000ドル）、さらに(ii)低所得者向けの賃貸住宅支援プログラム（3万6,000戸～5万1,000戸の賃貸住宅の建設（その内、2万5,000戸～3万戸は、低廉住宅である）、退避者への支援、低廉住宅修繕支援、借家住宅登録支援）（15億4,000万ドル）、(iii)ホームレス支援（2,590万ドル）、(iv)大損害地域の住宅建設に向けての開発業者支援（融資など）（3,210万ドル）も組み込まれている。その予算額の規模の大きさ、またプログラムの肌理細やかさの彼我の相違を直視すべきものであろう。これは、私保険とは別の公的支援なのであり（広範囲の災害との関係での保険制度のあり方については、別途検討する）、こうしたことが私的財産の蓄財になるというわが国独自の議論は聞かれず、これが、市場主義的社会のアメリカにおける議論であることを謙虚に受け止め、わが国の状況の異様さを思い知るべきである。

---

(23) See, e. g., KATRINA REVISITED (Express Publishing, 2006) 12.
(24) 所有者支援プログラムの受給資格は、①住宅を所有し、②FEMAの個別支援に登録して修繕支援を受け、③住宅損害態様が、破壊（destruction）ないし大きな損害（major damage）であることで、支給額の算定式は、「（被害前の住宅価値）×（住宅の損害割合）＋（受給資格ある被害回避措置費用）－（私保険額）－（FEMAによる修繕支払）－（その他の修繕支援額）」であり、上限が15万ドルである。See, LOUISIANA RECOVERY AUTHORITY, THE ROAD HOME HOUSING PROGRAMS: ACTION PLAN AMENDMENT FOR DISASTER RECOVERY FUNDS (Louisiana Office of Community Development, 2005) 5～, esp. 9. （なお本報告書は、http://www.doa.louisisana.gov/cdbg/cdbg.htm 参照。）

第 4 章　居住福祉法学から見た「弱者包有的災害復興」のあり方

2　生業補償の必要性

　住宅補償は決定的に重要であるが、被災者生活再建支援は、より包括的に「居住」を考える必要があり[25]、また、金銭的補償だけで足りるわけでもない。このような見地から、検討すべき第一は、生業ないし事業補償という問題である。この点は、とくに中山間地を襲った新潟中越地震で、被害者は、長期間生業（棚田での農業など）と断絶させられて、クローズアップされた[26]。その他、豊岡水害（2004 年 10 月。台風 23 号による円山川の決壊）における鞄産業の被害、佐用町水害（2009 年 8 月。台風 9 号による佐用川の決壊）による高齢化が進む小売商店街での廃業の続出（同水害による住宅被害も、全壊 139 件、大規模半壊 269 件、半壊 483 件、床上浸水 157 件と深刻であり、県・町の（上乗せ）住宅補償も、半壊で 25 万円、床上浸水で 5 〜 15 万円と高くない。もっとも、フェニックス共済〔2005 年から兵庫県で実施された、住宅再建共済制度（年 5,000 円の負担で、再生費用（半壊以上）600 万円、補修費用 50 万円（半壊）〜 200 万円（全壊）を受ける）〕からの支給を得たのが、180 件近くある）、四川省地震（汶川地震）における養豚業への打撃、中越沖地震における空洞化する商店街の再生（柏崎市のえんま商店街）等、深刻な問題は枚挙に暇がない。

　なお関連して、激甚法（「激甚災害に対応するための特別の財政援助等に関する法律」（昭和 37 年法律 150 号））の適用が重要であるが、中越沖地震、岩手・宮城内陸地震は、局激（局地指定）（その場合には、補助かさ上げの対象は、指定市町村に限られ、県の事業が対象とならない）か、本激（被災地全域をカバーする指定。この場合には、道路・河川・学校などの公共工事施設・農林業関連施設への国庫補助率が、1 〜 2 割かさ上げされ、地元負

---

(25) 小田実「『災害大国』としての国づくりを」山村編著・前掲書（注(14)）477 頁によれば、「居住、事業、雇用の確保・維持、まとめて、災害時の市民生活の安定が、国づくりの基礎である」とする。
(26) これについては、吉田邦彦「新潟中越地震の居住福祉法学的諸問題——山古志で災害復旧を考える」同・前掲書（注(7)）（有斐閣、2006）（初出、2005）212 頁以下参照。

115

担分は、事業費の1～2割程度に軽減される）かの議論があり、被害負担のあり方の見地から再検討すべきではないか。

因みに、アメリカのカトリーナ水害では、今なお避難生活者が数多く、コミュニティ全体の崩壊という事態もあるので、その居住トータルの復興も深刻である。特に、人口構成（人種構成）が変わりかねない。ニューオーリンズ市の都市再生が喫緊の課題である。同市の災害前の2万2,000事業の95％は、中小規模の事業（そのほとんどが、従業員25名未満）で、その復興は緩慢で（1年後の段階で6割が開いていない）、しかも人種的な偏りがあり（アフリカ系アメリカ人の事業は、相当量消滅した）、洪水の程度により、再開の状況の相違がある（例えば、マガジン通りは賑わい、聖クロード通りでの再開は緩慢、そして第9地区は再開皆無という具合である）。そして、補償問題については、100億ドルもの連邦支援にもかかわらず（前述）、連邦はそれを住宅補償に使うように指示し（！）、その4％以下しか、事業補償による経済発展には使えず、小規模企業には、3,800万ドルの用意があるにすぎないことが問題とされている[27]。またその際には、地域経済の再生を支える非営利団体や地元に根差した金融機関の再生への支援も大事な視角であろう[28]。わが国の災害補償の公的支援は乏しく日米の事情は異なる

---

(27) ここの叙述で参考になったのは、Leslie Eaton et al., *Failed Shop and Faded Charm Are a Dual Worry in New Orleans*, THE NEW YORK TIMES August 25th, 2006, A1, A14, A15. See also, Lawrence Vale, *Restoring Urban Viability*, in: EUGENIE BIRCH & SUSAN WACHTER EDS., REBUILDING URBAN PLACES AFTER DISASTER: LESSONS FROM HURRICANE KATRINA (U. Pa. Press, 2006) 149–, esp. 161–「近隣維持センター（Neighborhood Resilience Center [NRC]）の生成、ないし住民参加を強調する」。なお、第9地区（Lower 9th Ward）のコミュニティの流出ぶりについては、私自身調査している（2007年5月の段階）。

(28) 地域（経済）の復興における非営利団体の重要性については、注(27)の記事・文献も触れるし、また地元の金融機関については、例えば、Gary Rivlin, *Liberty Tries To Push On But Katrina Still Lingers*, THE NEW YORK TIMES, January 17th, 2006, C1, C6参照（ニューオーリンズの黒人所有の最大手の銀行Liberty Bank and Trust社が、電子通信も途絶し、被用者の半数が戻っていないにもかかわらず、被災地区Gentillyに支店を再開させ、Katrina Investment Deposits [KID] なども預金証書を売り出し、将来的な再建需要を予想して融資に乗り出そうとしている状況を描いている）。

第 4 章　居住福祉法学から見た「弱者包有的災害復興」のあり方

が、両国ともに、事業補償による経済再生には、類似の悩みを抱えていることを確認しておきたい。

3　コミュニティの確保の必要性

第 2 は、災害時及びその復興時におけるコミュニティの維持・確保である。この点で、うまくいかなかった象徴的事例が、神戸震災における「孤独死」問題で[29]、また、同市長田地区における旧商店街を破壊する長田復興高層ビル群も悪い例である[30]。これに対して、中越地震における避難所・仮設住宅におけるコミュニティ維持などは良い例である[31]。また、能登震災でも、強固なコミュニティ基盤がある北陸の地域性もあり、コミュニティ入居がなされたところは共通なのであるが、その後の被災者生活再建支援法及び義援金による住宅補償格差のゆえに、コミュニティ内部での交流の閉塞状況があるとの指摘[32]に注意を要しよう。

同様のことは、カトリーナ洪水後のディアスポラ的な大量避難（ルイジアナ州から、35 万人もの被災者が、ヒューストンその他各地に分散転居を強いられた）によるコミュニティ崩壊についても言える。特に、ケア施設や公共住宅も欠落する状態での、孤立的・分散的居住は、特に高齢者にストレスを強いていて、災害弱者問題は直後のみならず（災害直後も、高齢者の犠牲は多く、犠牲者の 71 ％が 60 歳以上、半数が 75 歳以

---

(29) この問題については、例えば、額田勲『孤独死──被災地神戸で考える人間の復興』（岩波書店、1999）参照。
(30) 長田再開発で、26 棟の高層ビルが建てられているが（4 棟が建設中）旧住民の 4 割が戻っていないとのことである（長田南部では、全半壊人口が 83 ％、震災直後の転出率 59 ％、そして人口回復率は、（新住民も含めて）80.1 ％なのである（2004 年 11 月）（黒田達雄氏の「大震災 13 年後の長田、未だ復興ならず」と題する報告（2008 年 6 月）による）。
(31) 吉田・前掲書（注(7)）（有斐閣、2006）224-225 頁参照。
(32) 井上英夫＝井口克郎＝村田隆史「能登半島地震による住民の生活被害の実態と人間と地域の復興への課題──能登半島地震被災住民への聞き取り調査を踏まえて」金沢大学能登半島地震学術調査部会『過疎・超高齢化地域での震災に関する総合的調査研究』（田中昭文堂印刷、2008）178-179 頁参照。

上とされる)、継続しているのである[33]。また、先般（2009年7月）の中国・九州北部集中豪雨により、山口県防府市真尾地区の特養「ライフケア高砂」が土砂崩れの直撃を受けることとなり、入所者7名死亡後、救出入所者90名は、同県の光市、周南市、下松市、山口市、宇部市、美祢市の各施設に分散受け入れとなり、いわば「ディアスポラ」的退避状況にあることも気がかりなことである（同年9月段階で、そのうち5名死亡）。災害弱者の施設に立地選択の問題はもとより、その防災態勢には再検討を要するところであろう。災害家屋への支援が乏しい（防府市の家屋損害は、全壊31件、半壊61件、床上浸水100件、床下浸水489件であったが、限定的な被災者生活再建支援法の適用以外の県・市の補助金は、全壊20万円、半壊15万円、床上浸水3万円に止まる）のは、他地と同様である。

4　防災資源の確保

さらに第3に、防災資源の確保も重要である。この点で、被災時に、老人ホーム（さらに公民館）は大きな防災資源の意味を持つ（例えば、山古志避難所として利用された長岡市の介護施設「けさじろ」、輪島市門前町の特養「あかかみ」[34]）。この点で、被災後に緊急医療施設を減らしてしまっているニューオーリンズの例[35]などは、「他山の石」とすべきではないか（災害復興時に、スポーツ施設（スーパードームなど）や観光施設（ホテルなど）など都市財政上有利なものに重点を置き、地域生活者の居住福祉施設を軽視する、地域エゴ的な「狭隘な功利主義」が問題というべ

---

(33) E. g., Rick Lyman, *Among Elderly Evacuees, a Strong Desire to Return Home, but Nowhere to Go*, THE NEW YORK TIMES, July 24th 2006, A12.

(34) このような見地から、早川和男・居住福祉資源発見の旅II──地域の福祉力・教育力・防災力（東信堂、2008）4頁以下の調査は、注目される。

(35) E. g., Felicity Barringer, *Long After the Storm, Shortages Overwhelm New Orleans's Few Hospitals*, THE NEW YORK TIMES, Janualy 23rd 2006, A12（ニューオーリンズに、被災者が戻ってきても、医者・看護師・医療施設が欠乏していて（ベッド数も、災害前の5,063に対して、1,750しかないとされる）、持ち時間も長く、「疾病を抱えた居住者は、最も早く追い出し、最も遅くしか戻さない」ということか、と歎ずる）。

第4章　居住福祉法学から見た「弱者包有的災害復興」のあり方

きであり、災害弱者を包有すべき災害予算が、国家レベルで組まれるべきであろう）。

　また、公園・避難所や、避難スペースの確保も重要である（例えば、愛知県高浜市〔居住福祉条例を持つ唯一の自治体〕が、防災資源として、意識的に避難スペースとして、元三州瓦の置き場所を再利用しているのは注目される）。神社仏閣およびその境内などもそのような意味があるし、さらに、伝統的中山間地域では、欧米の教会がそうであるのと同様に、コミュニティ形成の拠点的意味合いもあろう[36]。その意味でも、四川地震における都江堰市の小中学校破壊（公共施設の耐震工事の重要性）は、防災の点からも課題は大きい。

　そして、長期的には、林業資源確保が重要である（中国でも、四川地震（汶川地震）において被害のひどかった山岳地域の復興計画としてのバイオ再生が計画されている[37]）。さらに、わが国における国産の間伐材の利用は、日本の森林管理のためにも、また東南アジアにおける森林荒廃回避のためにも意味があるが、この点で、近時注目されるのは、2003年に始まった「緑の循環」森林認証制度である[38]。

---

(36) 災害復旧における「政教分離」法理の障害も含めて、早川・前掲書（注(34)）22頁以下参照。

(37) 四川大学経済学院の杜教授との成都座談会（2008年8月18日）（それに関する報道は、居住福祉研究7号（2009）21頁参照）における発言。なお、同教授は、四川大地震（汶川地震）復興計画（2008年8月11日（翌12日発表）の中華人民共和国国家発展和改革委員会編『国家汶川地震災后回復重建総体規劃（公開征求意見）』（英語併記で、http://en.ndrc.gov.cn に8月18日に発表された。中国語のものは、2008年8月13日人民日報17-19面〔中国では版という〕参照）の顧問である。

　なお、同計画15頁では、その指導思想として、優先順位の付け方として、第1に、「被災の人々の基本的生活条件の回復及び公共施設の回復」を挙げ、第2に「生産条件の回復」、第3に「都市・農村地域のインフラおよび設計の再調整」、第4に「エコ環境の漸進的現状回復」だとしていて、人々の居住福祉の災害復興を最優先としていることは注目されよう。

(38) 世界的には、1992年のリオデジャネイロの地球サミット（国連環境開発会議）で提唱された「持続可能な森林経営」という考え方に基づき、1993年にNGO森林管理協議会（Forest Stewardship Council [FSC]）が誕生し（本部は、ドイツのボン。世界78カ国の9,800万ヘクタールの森林が認証される）、その日本版が、2003年設立の「『緑の循環』認証会議」（Sustainable Green Ecosystem Council [SGEC]）で、2007

居住福祉研究叢書　第5巻　　　　　　　　　　　　　　　　　　［吉田邦彦］

5　防災計画の必要性とディレンマ

　第4に、噴火活動との関連で、ハザードマップと生業・居住の自由との間の深刻なディレンマも逸することはできない。例えば、有珠山火山活動（2000年3～4月に噴火）におけるCゾーン指定（将来の噴火により火口が形成される恐れがあり、危険性の高い地域。病院、学校、福祉施設などの災害弱者施設について、移転を進めるとともに、住宅についてそのあり方を検討する地域）は、合理的理由もなく廃止させられたのは（2004年2月）、居住者からの反対、移転の難しさからであり[39]、それを実現するための財政的裏付けがないことの表れである（この点で、イタリアのベスヴィウス火山活動との関連で、財政的補助を伴いハザードマップを実現させる計画（ハザードマップのレッドゾーンの60万人近くを他州に移転させ、イェローゾーンの15万人を移転させる15年計画の人口削減計画）が進行中とのことであり（岡田弘教授の教示による[40]）、災害予防対策に財政的支援を行うか否かの相違を思い知らされる）。

　また、三宅島噴火（2000年8月）及びその後の有毒ガスのための居住禁止地域の指定（坪田・阿古高濃度地区、2005年4月）は、居住者の貧困化（当該コミュニティのゴーストタウン化、家屋の荒廃、事業の損害）をもたらしていることも深刻である。これと同様の問題は、宮城・岩手内陸地震による耕英地区からの避難命令による居住制限でも生じており、防災上の避難措置とそれが居住生活に及ぼす損害との間のディレンマの問題である（その後、耕英地区の避難命令は解除された（2009年5月）が、三宅島の高濃度地区のそれは、今も継続していて深刻である[41]）。

　　年暮れには、網走西部流域（紋別市、遠軽町など8市町村に及ぶ）の国有林が認証されて注目される。これについて、さしあたり、養老孟司ほか・21世紀を森林（もり）の時代に（北海道新聞社、2008）77頁以下、135頁以下（山田寿夫発言・執筆）、168頁以下（天野礼子執筆）参照。

(39)　北海道新聞2004年2月28日34面（道と有珠山周辺三市町村による「移転を促す区域」廃止）参照。さらに、ハザードマップの実施の難しさについては、岡田弘『有珠山――火の山とともに』（北海道新聞社、2008）182頁以下。

(40)　岡田弘「2000年有珠山噴火をふり返る」と題する北大博物館講演に対する、私の質問に対する同氏（北海道大学名誉教授）の回答（2008年8月）。

第4章　居住福祉法学から見た「弱者包有的災害復興」のあり方

なお、同島では、――被災者生活再建支援法改正前から――同法律よりも住宅補償を広く認めて、帰島生活再建支援を図る、東京都条例（東京都三宅島被害被災者帰島生活再建支援条例（平成16（2004）年条例174号））を有していて、注目されよう。すなわち、そこでは、「経済的理由等により自立して生活再建することが困難な者」に対して、「自立した生活再建を支援する」ことが目的とされ（1条）、被災者生活再建支援法をモデルとしていることは明らかである。そして、年収1,000万円以下の被災世帯を対象とし、一世帯150万円の支援金が支給され（3条）、しかも、住宅修繕経費にも充てられるとしており（4条）、注目されるであろう。同19（2007）年改正後の被災者生活再建支援法と比較してみても、半壊・一部損壊の場合にも、対象としていて（2条2項では、「自ら所有し、居住する住宅で著しい被害を受けた世帯」を対象とするとする）、広いのである（その結果、被災者生活再建支援法は、同島では、ほとんど使われていないとのことである[42]）。しかし、居住禁止地区である前記高濃度地区住民には、この条例の適用はないことには、注意が必要であろう。本来自己責任を前提として帰島がなされた後のこの事態であり、対象住民は不満が募るところであり、これは、自己責任と

---

(41) 三宅島の高濃度地域指定の問題は、文献上ほとんど触れられておらず（例外として、村榮・三宅島噴火始末記――帰島5年間の記録（文芸社、2010）185-186頁参照）、問題の深刻さの割にあまり知られていない。この問題の教示は、坪田地区の高濃度地区指定により、仮住まい生活を続ける喜屋武隆伸さん、伊沢義男さんからの聞き取り調査（2008年7月）による。なお、東京都三宅村は、条件付帰住の方向性を、2010年12月に内閣府に伝え、2011年1月の臨時村会議による条例改正を経て、4月から居住再開をはかる予定である。すなわち、「高濃度地区」指定は解除せず、居住者を「噴火前から地区に住み、19歳以上で生活介助が不要な人」に限定し、住宅に小型脱硫装置を設置し、年2回の健康診断をすることを義務づけつつ、居住解禁をはかる。以上については、朝日新聞（夕刊）2010年12月9日6面参照。また、宮城・岩手内陸地震の耕英地区避難解除後も、住宅修繕がままならず、直ちに帰宅できないことについては、河北新報2009年5月22日参照。
(42) 三宅村災害復興課長佐久間忠氏からの聞き取り（2008年7月）による。なお、村榮・三宅島噴火避難のいばら道（文芸社、2005）250-251頁、279頁以下では、これを基にさらに包括的な自然災害住宅再建共済制度を説かれていて（弱者に自己責任を求めることは酷く、村役場財政基盤は弱いとする）、現場からの声として注目すべきだろう。

居住福祉研究叢書　第5巻　　　　　　　　　　　　　　　［吉田邦彦］

居住支援・安全対策の狭間の問題、ないしは、危険地域指定に伴う財政的支援の欠如の問題と言えようか。

6　集団移転の余地

　最後に、集団（コミュニティ）移転の余地を論ずることにする。場合によっては、その方が好ましいこともありうるからである。現に、四川（汶川）大地震では、壊滅的なコミュニティの破壊（さらに消毒による汚染）との関係で、切実な問題として議論が始められている（瓦礫処理、解体費用回避、また汚染回避のためにも、別地域でのコミュニティ形成も考えられている。例えば、都江堰市、青川東河口村の場合など）（注(37)の座談会での杜教授らの発言）。この点で、神戸の場合には、汚染の問題も明らかにしないままに、再開発されてしまったとの指摘もある[43]。

　わが国でも、①頓挫したが、有珠における集団移転構想があり、さらに、②雪害との関係で、集団移転した岩手県沢内村（現西和賀町）長瀬地区の例がある[44]。これは、前述の防災措置としての土地利用制限（ゾーニング規制）とも関係するが、有珠のように、災害の予測可能性が高く、また火山活動ないし震災と隣り合わせの観光業を生業とする住民が多い場合には、土地利用のあり方として、オール・オア・ナシングではなく、中間的な職住分離のような合理的利用もあると思われる。

---

(43) 鈴木喜計「土壌汚染まで考えるのが真の復興」『ドキュメント四川大地震』（日中通信社、2008）104頁以下参照。

(44) これについては、長瀬野新集落「和衷会」『長瀬野新集落移転30周年記念誌しんしゅうらく──共につくり共に生きる』（モノグラム社、2001）。さらに、同「(座談会)長瀬野今と昔」『新集落移転10周年記念誌しんしゅうらく』（モノグラム社、1981）45頁以下、同「(座談会)なぜ集落の再編成だったのか／長瀬野の今とこれから」『新集落移転20周年記念誌しんしゅうらく──共に生きる』（モノグラム社、1991）47頁以下も参照。

第4章 居住福祉法学から見た「弱者包有的災害復興」のあり方

第4節 関連問題

1 カタストロフィー損害保険（特に、震災地震保険）の危うさと政府介入の必要性——アメリカ法等との比較法的考察

(1) カタストロフィー損害保険の危うさ

以上述べたことに、補足すべき第1として、地震保険に入ればよいとの自己責任的批判（阿部教授など）に対しても、事態はそう簡単ではないことを述べておかねばならない。この点では、アメリカ（特にキャリフォーニア州）などで既に議論の蓄積があり、地震保険のようなカタストロフィー損害の保険の普及はそう容易ではないのである（イーツ教授などの指摘[45]）。

すなわち、損害（特に都市震災の場合）は、大きすぎて、私保険会社の体力を超えるし（例えば、1989年 Loma Prieta 地震、1994年 Northridge 地震以降は、保険料を上回る支出になった）、それにより、保険料は急上昇する（そうなると、利用者は限られる）。また、逆選択（adverse selection）の問題（地震の被害を受けやすい者（リスクの高い者）が地震保険契約を好んで選択するという現象）が出て、地震損害のリスク分散がうまくできないという事態も生ずるのである。

(2) 公的保険のアメリカの諸事例

そこで、私保険だけに放置できずに、公的バックアップによる保険制度運用という事態が、災害場面では出てくるのである。例えば、アメリカ・キャリフォーニア州の地震災害との関係では、「キャリフォーニア州地震局（California Earthquake Authority [CEA]）」介入による保険（1996年9月以降）が実施された（キャリフォーニア州政府が保険を運営しているが、対象は限定的であり、15％の自己負担が設定されている（1999年には、10％となる））。しかしそれでも、家屋所有者の25％くらいし

---

[45] See, ROBERT YEATS, LIVING WITH EARTHQUAKES IN CALIFORNIA: A SURVIVOR'S GUIDE (Oregon State U. P., 2001) 262 ～.

か地震保険に入っておらず、CEA のそれでもコストは高く、90 万人の保険契約者をカバーしているに過ぎないとのことである。

類似のことは、2001 年 9 月のニューヨークの世界貿易センタービルなどへの同時多発テロ攻撃事件に対する事後処理についても言える。これに対しては、——まずその 11 日後に制定された緊急立法[46]で行われた、「9・11 犠牲者塡補基金 (September 11th Victim Compensation Fund)」による人損補償（これに、約 70 億ドルが支払われた）とは別に——テロ損害との関連で私保険による支払（私保険会社は、テロ攻撃後 1 年間あまりで、3 万 5,094 件、合計 190 億 7,000 万ドルもの請求を受けている）を、連邦が支援する「テロ・リスク保険法」(TRIA[47]) ができたことにも示されている。すなわちここでは、物損、人損、事業損害（逸失利益、事業再生費用）の塡補が、連邦政府と私保険者との分担で対処されており、私保険者は、一定額 (deductible amount) まで支払い、それを超える部分の連邦基金による支払（超過分の付保損害の 90 ％につき、基金から保険者への償還ということになり、年間 1,000 億ドルまで支払える（償還できる））がなされる。なお、懲罰的損害賠償については、本プログラムからは支払われず、また償還額の限りで連邦政府は、代位権を有し、また本法律がカバーする場合には、州法は排除されることになっている。もとより、TRIA は唯一の塡補手段ではなく、他の連邦支援プログラム（例えば、FEMA による災害救済・補償や前述「9・11 犠牲者補償基金」による支払）があればそれも併せて適用し、その支給部分は、控除されるという仕組みになっている[48]。

また、2005 年 8 月のカトリーナ水害に関しては、公的保険で一戸当たり上限 25 万ドル（約 2,900 万円）が支払われ、ニューオーリンズを含むルイジアナ州だけで 18 万件の請求があり、113 億ドル（約 1 兆

---

(46) Air Transportation Safety and System Stabilization Act of 2001 (115 Stat. 230).

(47) Terrorism Risk Insurance Act of 2002 (H. R. 3210) [TRIA]（年までの次元立法）.

(48) 以上のような、近時のカタストロフィー損害の私保険の連邦支援の状況については、例えば、Robert Rabin & Suzanne Braris, *Financial Compensation for Catastrophic Loss in the United States*, in: M. FAURE & T. HONLIEF EDS., FINANCIAL COMPENSATION FOR VICTIMS AFTER CATASTROPHE (Springer Verlag, 2005) 参照。

第 4 章　居住福祉法学から見た「弱者包有的災害復興」のあり方

3,000 万円）が支払われたとのことであり、それのみならずさらに、前述した如く、2006 年 2 月に一戸当たり最高 15 万ドル（約 1,800 万円）の公的支援策が打ち出されているわけである（保険金、FEMA による支援額は控除される）。ここでは、ルイジアナ州とミシシッピ州に交付されるが、両州で適用の仕方が異なり、①ミシシッピ州では、危険区域に指定されなかった地域の住宅に限られ（指定区域内では、洪水保険で対処する）、②ルイジアナ州では、区域の内外ともに、救済される[49]。

(3)　公的保険、公的支援の比較法的検討の必要性

以上の紹介は、要するに、「公的保険」の必要性の傍証となろう。安易な私保険の議論に終わらせず、そうした公的保険の実用性に関する詰めた比較法的研究こそ急務である。そして、保険制度のメッカでもあるアメリカ合衆国においても、地震の私保険、また公的保険には、限界があるということであるから、さらに進んで、「公的支援」制度の必要性の検討ということに繋がるのではないか（この点は、アメリカで介護保険（私保険、さらに公的保険）が普及していない事情[50]と類似する）。

なおこの点で、比較法をニュージーランドなどで広げると、政府の地震委員会（Earthquake Commission）がリードして火災保険に入る居住財産につき、地面の状況、断層との近さを問わずに、地震保険が運営されており（1944 年法律に遡る）、射程が広いことがわかる。その背景にも関心がもたれるが、同国は、総合救済システムの点でユニークな国であり、制度創設後に、壊滅的な地震が生じていないことに注意を要するだろう[51]。

---

(49)　さしあたり、朝日新聞 2006 年 3 月 22 日 13 面参照。

(50)　この点は、さしあたり、吉田邦彦「アメリカにおける高齢者介護の諸問題──老人医療（長期ケア）保障と家族責任（老親扶養）」石川恒夫ほか編『高齢者介護と家族』（信山社、1997）（初出、1994）385 頁以下参照。

(51)　See, e. g., YEATS, *supra* note 45. at 274-275.

2 原発被災問題（特に新潟中越沖地震との関係(52)）

補足の第2として、中越沖地震との関係では、原発震災が大きな問題であり、それに関わる居住者の不安は、住宅再建問題以上であることが明らかになっており(53)、この問題にも論及しておく（その他、能登地震と志賀原発との関係も問題となる）。

第1に、原発設置の安全性判定の仕方の問題である。周知のように、日本、否世界最大規模とされた柏崎刈羽原発との関係で、中越沖地震の激しさが、原発施設の想定をはるかに超えることが指摘され（例えば、一号機で想定されていたのは、273ガルであったのに対して、実際には、680ガルあり、三号機の想定は、834ガルに対し実際は、2,058ガルであったという具合である）、この背景には、原発設置当時必ずしも明らかではなかった海底活断層の存在が明らかになってきていることがある。すなわち、原発設置許可の段階では、明らかではなかった知見が出てきて、安全性に問題が出た場合にどう判断するかという問題である。

そしてこの点は、柏崎原発一号機に関する設置許可処分取り消し訴訟（1979年9月提訴。最決平成21・4・23判例集未登録（上告棄却（請求棄却）））で問題になっているが、伊方原発訴訟最高裁判決（最判平成4・10・29民集46巻7号1174頁(54)）との関係でも、またリスク論の議論(55)

---

(52) これについては、さしあたり、武本和幸「新潟県中越沖地震を教訓に原子力発電問題を考える」原子力資料情報室編『原子力市民年鑑2008』（七つ森書館、2008）15頁以下、山口幸夫「柏崎刈羽原発の閉鎖を訴える」同書29頁以下。また、明石昇二郎『原発崩壊』（金曜日、2007）、恩田勝宣『東京電力——帝国の暗黒』（七つ森書館、2007）なども参照。なお、筆者の手になるものとしては、Kunihiko Yoshida, *A Critical Appraisal of Current Nuclear Energy Law & Policy in Japan: With Reference to Some Civil Law Institutions*, 45 (4) KYUNG HEE JOURNAL 617 (2010) がある。

(53) 伴英幸「柏崎刈羽原発の閉鎖の声と温暖化防止対策の破綻」原子力資料情報室編・前掲書（注52）37頁、およびそこで紹介される新潟日報2007年7月29日参照（新潟日報が、2007年7月地元住民600人に行ったアンケート調査結果では、原発トラブルに関する不安を感ずる者が、42％であり、住宅再建を不安に思う者の割合の40.5％を上回っている。なお、安全が確認されれば、再開すべきだとする者が、50％で、閉鎖すべきだとするのが、22％だった）。

第 4 章　居住福祉法学から見た「弱者包有的災害復興」のあり方

との関係でも、安全性の基準に不確定性があり、それが時期とともに更新される場合には、最新の時点の基準を問題とすべきであり、そして今回の場合には、操業が中止されているような場合で、その被害も世代を超えた深刻なときには、なおのことそうだと言えるであろう。なお、その後の志賀原発二号機に関する差し止め訴訟（最決平成 22・10・29 判例集未登載（上告棄却））では、2006 年の政府の修正ガイドラインとの関連で、耐震性に問題はないとした（もっとも、第一審判決（金沢地判平成 18・3・24 判時 1930 号 25 頁）では、耐震ガイドラインは、近時の地震情報に適合せず、予測以上の原発事故が生じうるとして、その後北陸電力は、耐震基準を改めていた）。

第 2 に、構造的な問題として、原発立地の選択過程での安全性検討システムの不在ということである。すなわち、必ずしも、地震や地

---

(54) 本判決では、「原子炉施設の安全性に関する審査が、…多方面にわたる極めて高度な最新の科学的、専門技術的知見に基づいてされる必要がある上、科学技術は不断に進歩、発展しているのであるから、原子炉施設の安全性に関する基準を具体的かつ詳細に法律で定めることは困難であるのみならず、最新の科学技術水準への即応性の観点から見て適当ではないとの見解に基づ〔き〕…設置許可申請に当たっては、…各専門分野の学識経験者等を擁する原子力委員会の科学的、専門技術的知見に基づく意見を聴き、これを尊重するという、慎重な手続が定められている」とし、「原子炉施設の安全性に関する判断の適否が争われる原子炉設置許可処分の取消訴訟における裁判所の審理、判断は、…現在の科学技術水準に照らし、右調査審議において用いられた具体的審査基準に不合理な点があり、あるいは当該原子炉施設が右の具体的審査基準に適合するとした原子力委員会若しくは原子炉安全専門審査会の調査審議及び判断の過程に看過し難い過誤、欠落があり、被告行政庁の判断がこれに依拠してされたと認められる場合には、被告行政庁の判断に不合理な点があるものとして、右判断に基づく原子炉設置許可処分は違法と解すべきである」とする（民集 46 巻 7 号 1179-1180 頁、1182-1183 頁）。もっとも、敦賀原発高速増殖炉「もんじゅ」最高裁判決（最判平成 17・5・30 民集 59 巻 4 号 671 頁）（建設許可無効請求。建設許可決定の違法性、不十分さを説く原審を破棄する）は、伊方最高裁判決を引用しつつも、「〔安全基準の適合性審査〕各専門分野の学識経験者を擁する原子力安全委員会の科学的、専門技術的知見に基づく意見を十分に尊重して行う主務大臣の合理的判断にゆだね」られ、許可の段階での同「委員会〔等〕の調査審理で用いられた具体的審査基準」への適合性が問題になるとして（699 頁。705 頁も参照）、やや後退する如くである。

(55) 例えば、高木光・技術基準と行政手続（弘文堂、1995）、山本隆司「リスク行政の手続法構造」城山英明＝山本隆司編・環境と生命（融ける境超える方 5）（東京大学出版会、2005）参照。

[吉田邦彦]

盤の安定性という見地から原発立地場所が選ばれるのではなく、利益誘導政治家の存在などから偶発的に計画が進行して、早期の段階でチェックがなされていないという問題がある[56]。これなども、居住福祉の観点からも放射能汚染という甚大な安全性問題は、深刻な課題でこの点の吟味が不十分という構造的欠陥なのであり、刈羽原発問題は起こるべくして起きており、長い目で環境問題も含めてみるならば、多大なコストをもたらしていると言えよう。

　第3に、原発依存体質ないしそこからの脱却の問題があり、上記の立地選択プロセスとも関係するが、原発地域には、多額の原発マネーが流れ、地元自治体財政に大きな意味を持ち、換言すると自治体住民の原子力産業への依存体質が形成され、もし、刈羽原発のようにその安全性に疑義が出て、その依存体質を脱却する必要がある場合に、どのようにその地元産業構造の転換を行うのかという課題が大きく横たわる。特に原発の場合には、人口が少ない過疎地に立地され、企業誘致が容易ではなく、また、原発が生産するのは、原材料や半製品でもなく、電気というエネルギーで、関連産業を育てにくい構造的事情があり、転換は容易ではなく、被災地域ゆえ下手をすると、人口の激減・地元コミュニティの崩壊に繋がりかねないと推測できる[57]。こ

---

(56) この点の指摘として、例えば、石橋克彦「原子力発電所の耐震設計審査指針改訂の諸問題(2)」77巻9号（2007）920-922頁（地震学的に不適と考える場所での原発建設に歯止めがかからないとする）。刈羽原発の場合に即してみれば、1966年6月に田中角栄氏と木川田東電社長（当時）との間に原発誘致の話ができて、同年9月に田中氏の関連する室町産業による刈羽荒浜砂丘地23町歩の土地買い占めがなされ、そうして1981年に東電が買収したという経緯がある。これに対して、既に1974年9月には、『原発予定地盤は劣悪地盤』なる資料が刊行され、5年後の1979年9月には武本和幸氏らによる前記原発原子炉設置許可処分取消訴訟が提起されているが、事前的にチェックするシステムとして、地盤の安全性の検討過程がきちんと織り込まれていないことが分かる（山口・前掲（注(52)）29-30頁参照）。

(57) 例えば、朝日新聞2008年7月20日27面（「立地市町村アンケート──原発依存浮き彫り」）参照。また、核再処理施設についても同様の事情があることは、同2008年6月13日11面（「核燃マネー期待と不安」）（佐藤章執筆）を参照。
　電源三法とは、電源開発促進税法、特別会計に関する法律〔旧電源開発促進対策特別会計法〕、発電用施設周辺地域整備法であり（1974年制定）、それによる交付金は、

第 4 章　居住福祉法学から見た「弱者包有的災害復興」のあり方

こに、安全性に疑義がある原発であっても、原発からの脱却は容易ではなく、地方で目前の金銭的誘導（電源三法による交付金）に乗らざるを得ないという深刻なディレンマに地元住民は立たされる[58]。

　これが、原発と中山間地過疎自治体ないしその住民に関わる地方自治上のディレンマであり、構造的に世代を超えた環境安全性、それに関わる居住福祉的安心感が犠牲にされていると言えよう。そして近時は、平成の市町村大合併などもあり、地方交付税や補助金の先細りとの関連で中山間地（それは、しばしば風光明媚なところであり、国家全体との関係では、環境維持・国土保全、保養・リクリエーションなどの様々な公共的意義が認められるところでもある。この点で、例えば、中国電力が上関原発を予定する山口県上関町田ノ浦及びその対岸の祝島も自然資源は豊かで島民の反対運動は今尚盛んであるが[59]、原発用地に関する入会訴訟（最判平成 20·4·14 民集 62 巻 5 号 909 頁）で、無造作に入会地全会一致原則の慣行による緩和が認められたのは、その政策的意味合いに鑑みても遺憾であろう（泉徳治裁判長、横尾和子裁判官の反対意見の方が説得的である））の居住福祉の危機、その財政的基盤の逼迫化という構造問題とも表裏をなし、その地方自治問題に入り込む形で、原子力開発が進出している事態も

　　発電所などの建設を促進し、運転を円滑にすることを目的とし、2004 年度で、約 824 億円にもなっており、福島第一、第二原発がある福島県には、約 130 億円、柏崎刈羽原発がある新潟県には、約 121 億円、敦賀、美浜、大飯、高浜原発がある福井県には、約 113 億円、六ヶ所村核燃料再処理施設などを抱える青森県では、約 89 億円の交付がなされている（朝日新聞青森総局『核燃マネー』（岩波書店、2005）参照）。

(58) 例えば、原発城下町の柏崎市では、国からの交付金など原発関連収入が市財政の約 2 割を占め、労働人口約 4 万 7,000 人のうち、原発に依存する東電社員と下請け企業の社員は、約 4,000 人になっており、同市市長選が始まっても、どちらもが原発依存派で、現職の会田洋市町の方が、まだエネルギー元の多様化、原発からの脱却を説く（それに対する対抗馬の桜井雅浩氏は、ヨリ強く原発依存、原発推進、核燃料サイクルの容認を訴えている）（朝日新聞 2008 年 11 月 4 日 26 面参照）ところが、同市の構造的依存の強さを示しているといえよう（なお、その後、会田現市町が再選された）。

(59) この現況については、鎌仲ひとみ監督映画『ミツバチの羽音と地球の回転』（2010 年）が参考になる。その他、これまでの経緯につき、朝日新聞山口支局編著『国策の行方——上関原発計画の 20 年』（南方新社、2001）、那須圭子『中電さん、さようなら——山口県祝島原発とたたかう島人の記録』（創史社、2007）参照。

見落とされるべきではないだろう。

　ところで、東京電力の柏崎刈羽原発はストップし、同電力は、火力発電に切り替えて、洞爺湖サミットにもかかわらず、わが国のCO_2放出は、近時増えているというディレンマがある。いずれも未来世代に影響する、放射能リスクと、地球温暖化効果との鬩ぎ合いである。まさしく 21 世紀のエネルギー問題解決の隘路であろうが、二項対立的に考えて、安易に原発再開への圧力を強めるような方向ではなく、①原発設置にしてもその安全性の向上、さらには②ヨリ多面的な代替エネルギー対策、③それを実現させるためにも、現在の大手電力会社による独占的・寡占的電力供給システム（その大手会社は、原子力発電への偏重がある）の体制的変革ないしは電力政策の議論の民主的開放（ドイツではそのような状況にある）、そして、④節電の努力なども総合的に視野に入れて、考えていくべきものであろう。

　なお第 4 に、原子力災害には、その損害の広汎さ、甚大性という点で、震災被害者の場合と類似し、原子力損害賠償法（昭和 36 年法律 147 号）は既に 50 年前に、その莫大さから、無過失責任性（3 条）とともに、原子力損害保険（一般的事故の場合）、政府補償契約（地震、噴火・津波、正常運転の場合）を定め（8～10 条）（また責任保険額は、1 工場当たり 600 億円、1 エリア当たり 1,200 億円への限定（7 条））、さらに異常に巨大な天災・社会的動乱の場合には「政府措置」の定めもあり（17 条）、責任主体の限定（4 条）など、緻密な利益考量及び比較法の成果と言えて、改めて学ぶところが多い（この点は、星野論文[60]に詳しい）。ともあれ本法律の本格的発動が未だかつてないことは幸いであろう（＊本章執筆は、2011 年 3 月 11 日以降の大災害以前であることは、本書「解題」参照）。もっとも、今日においてはむしろ、原子力被害の不可逆性、生態系破壊性に鑑みると、そうした「責任ルールアプロー

---

(60) 星野英一「原子力災害補償」同『民法論集 3 巻』（有斐閣、1972）（初出・私法 22 号（1960）、法協 79 巻 1 号、3 号（1962））は、50 年前の論文だが、今でもその新鮮さを失わない（もっとも、同書 404 頁などで、いわゆる「責任ルール」で被害者保護に十分とされているところには、疑問が残る）。

第4章　居住福祉法学から見た「弱者包有的災害復興」のあり方

チ」（liability rule approach[61]）だけではなく、事前にそうした原子力被害の事態を食い止める「予防・警戒原理アプローチ」（precautionary principle approach[62]）の重要性こそが認識されるべきではなかろうか。

第5節　おわりに——結びにかえて

1　救済システム研究の継承的・発展的研究の必要性

以上に試論的に進めた、災害問題に対する民事的補償の総合的検討の問題は、時宜にかなう現実的必要性が高く、喫緊の課題であるにもかかわらず、わが国の民法学者間の関心の低調ぶりは、比較法的に見ても、奇妙なことと思われ、詰めた議論の蓄積が急務であることを最後に再度強調しておきたい。

20年ほど前に、加藤雅信教授を中心として盛り上がった「総合的救済システム」（ないしニュージーランド・システム）の検討[63]が、何故か、災害問題については、立ち消え状態になっているのは、当時の視野拡大の遺産が継承されていないことになるのではないか。その原因を考えるに、当時の関心の的は、不法行為制度の改廃の可否というところにあり、他方で本章の対象とした「災害問題の救済システム」となると、その「不可抗力」性（そう簡単に言えるのかも問題であるが、ここではそう仮定してみよう）から責任法（不法行為法）、ひいては、民法の対象外という狭隘なカテゴリックな類型論から、仕切られてしまったのであろうか。

---

(61) 言うまでもなく、Guido Calabresi & Douglas Melamed, *Property Rules, Liability Rules, and Inalienability: One View of the Cathedral*, 85 HARV. L. REV. 1089（1972）の用語に負っている。

(62) 吉田邦彦「環境権と所有理論の新展開」同『民法解説と揺れ動く所有論』（有斐閣、2000）454頁以下参照。

(63) 例えば、加藤雅信『損害賠償から社会保障へ』（三省堂、1989）。また、石原治『不法行為改革』（頸草書房、1996）なども参照。

2 基礎的視角——災害弱者の包有的救済構想（特に住宅・居住問題の私的性質決定の転換）の必要性

そして、救済を考える際には、救済されるべき利益の検討が不可欠であるが、その抜本的再検討が求められていることを、今更ながら、強調せざるを得ない。

その第1は、衣食住の三本柱の「生活の支え」である居住問題が、災害救済レベルでも、基本的に自己責任ないし市場取引の世界に放置されて、公的救済の射程が、先進諸国の中で比較法的にも突出する状況になっていることに、改めて思いを致すべきである。換言すれば、住宅問題に関する「私的所有権」概念の脱構築が迫られていると言えるわけであり、この点で、例外的立法の系譜に属する「被災者生活再建支援法」の動向に、本章がターゲットを当てたのはそれゆえである。

なおこの点で、従来「私財の蓄財」の論拠から、補償に消極的だった実質的背景として、住宅への公金充当には制限がきかず、その費用が莫大に及ぶという点が、無意識に措定されて、アメリカ以上に謙抑的な政策スタンスが導かれたように思われる。しかし、実際の災害復興におけるストックとしての住宅補償の功利主義的意義はあり（住宅が乏しく、健康を害し、救急医療にかかるコストの方が高くつく）、その反面で、費用便益分析としての復興住宅のコスト割合は実際にはそれほど大きくはない（換言すれば、住宅以外の防災・土木コストの割合の方がはるかに大きい）ことも押さえておいてよいだろう[64]。

また第2は、住宅というハードの補助（住宅補償）も重要であるが、さらに、「居住福祉法学」という形で、居住を取り巻く諸々の環境、セーフティネットの災害復旧・補償も併せて重要であることも本章で

---

(64) 例えば、北海道総務部総合防災対策室防災消防課など編『2000年有珠山噴火災害・復興記録』（同発行、2003）199頁以下の実施事業一覧によれば、有珠火山活動（2000年4月）に関して、砂防ダムなどの防災施設にあてられた額は、277億5,414万円、道路復旧など交通ネットワーク整備にかかったのは、460億9,489万円であるのに対して、公営住宅の復興・建設にあてられた額は、87億2,012万円である。

第 4 章　居住福祉法学から見た「弱者包有的災害復興」のあり方

強調したところである。そしてその際の分析基軸としたのは、災害弱者（高齢者、低所得者、人種的マイノリティ、中山間地居住者、障害者、子供・女性など）を包み込む救済システムの構築である。特に様々な格差社会化の増幅が直視すべき大きな現代的問題となっている今だからこそ、その視角は、不可欠であろう。

　こうした人々への配慮は、コストがかかるのに、救済の保護法益として、どうして格段の考慮が必要かの論拠としては、新たな市民権を基礎づけるロールズ流の正義論でもよいし、都市コミュニティのあり方（人種的・階級的ミックスコミュニティの必要性）の議論[65]からでもよいが、それらをさらに深めなければいけないだろう（また、功利主義的反論が予想され、それとの摺り合わせも行う必要もあろう）。カトリーナ被害により、新たな「人種隔離化」が進行し、ニューオーリンズ市の性格も変質するかもしれない切実な状況下で、トラウト教授（ラトガーズ大学・ニュアーク校）が、退避・離散生活を強いられている災害弱者に定位して、健全な包有的災害救済対策として、住宅開発、人種・階級ミックスをはかる医療・教育・雇用へのアクセス保障、ニューアーバニズム的なコミュニティの統合化、貧困者の需要に応じた低廉施設の確保などを包括的に説く[66]ことの比較法的意義につき、我々は謙虚に耳を傾けるべきものであろう。

　さらに第 3 は、災害復興に関する国際的連携の必要性である。従来はどうしても、災害復興は、国内問題とされた嫌いがあるが、国際間の経済力の格差、災害の地域差などを考慮して、グローバルな弱者包有的災害復旧を目指すならば、この点は、今後とも不可欠であり、過般の四川省大地震などでもクローズアップされたところであった。しかし、閉鎖的国家など（例えば、ミャンマー・サイクロン水害の場合）では、国情が不透明で、国際的支援の受け入れ態勢もできていない。そ

---

[65] この点の私なりの考察としては、吉田邦彦「中心市街地再生と居住福祉法学の課題」同『都市居住・災害復興・戦争補償と批判的「法の支配」』（有斐閣、2011）60頁、67-68 頁注(40)参照。

[66] See David Troutt, *Many Thousands Gone Again*, in: do. ed., *supre* note 4, at 22-24.

の際には、国際的人道支援の要請と国家的統治権の独立性との拮抗問題が生じその解決も容易ではないが、こと災害問題に関しては、グローバル化への努力は、喫緊の課題であろう[67]。

3 結語──災害対策の多様性と災害の弱者公的救済の再考の必要性

災害対策は、防災（河川・道路対策）、災害セーフティネットの充実、土地利用規制（ランド・ユース）、建築基準の充実（耐震住宅の促進）、公共的防災スペース・避難施設の確保、保険の利用など多種多様なものを含み、また、災害対策は、公共・民間の協働作業であることも、言うを俟たないであろうが、本章では、どうして「住宅の公共的救済」の必要性に光を当てようとしたか。

まとめ的に繰り返すならば、第１に、わが国では、比較法的に民間部門・市場部門に委ねるアプローチに偏りすぎであり、しかし第２に、住宅の──国家財政のインフラ、都市の社会的インフラとしての──重要性にもっと目を向けるべきであり、それゆえに、その公共的救済の意義に留意すべきであり、また第３に、住宅救済がどうして公共的に行う必要があるかについては、一つに、貧困者などの災害弱者には、自己責任を迫る前提を欠き、また災害問題に対する保険には、市場不全が起きて、どうしても公的バックアップの必要が出るからであり、他方で、富裕者への公的救済まで志向するわけではない。

つまり、私とて、災害対応につき、しばしば言われる「自助・共助・公助」のスキームは否定せず、すべてを公的支援によるべきだと考えているのではない（それでは、「災害まで何もしない」式の「依存型公費依存モデル」となり財政的費用膨張を産む）。しかし、災害救済の比較法政策論としてみると、わが国の状況は、あまりに「市場アプローチ（自己責任・市場依拠モデル）」の極端な状況にあり、これに対して、住宅を中心とする居住福祉の災害復興の公的支援（公的補償）をクロー

---

[67] 2005年国連総会特別首脳会議採択の「成果文書」に盛られた保護責任に関する。ミャンマー問題（の救済）については、中国は、未だ消極論であり、内政干渉だとしているのである（2008年5月17日朝日新聞8面参照）。

第4章 居住福祉法学から見た「弱者包有的災害復興」のあり方

ズアップさせてこそ、ようやく健全な「公私（官民）連携モデル」に位置するようになることを認識すべきである（この点は、M. コメリオ教授（カリフォルニア大学・バークレイ校）（環境デザイン科）も比較政策的に論証していて、注目される）。かくして、災害対応の基本的政策スタンスとして内在的に平等主義的要請が出て、それには従来式に市場アプローチに偏ることでは限界・無理が出て、対応できないことを繰り返し述べて、終わりにする[68]。

---

(68) この点で、大いに参考になるものとして、See, MARY COMERIO, DISASTER HITS HOME: NEW POLICY FOR URBAN HOUSING RECOVERY (U. California p., 1998) 15-, 17, 23-28. また、災害救済に関する比較法政策論としても、日本の住宅救済は、(I)「市場アプローチ」の極端なものとしている (id. at 127, 154, 157-158)。他方で、(II)「災害まで何もしない式」の「公費投入モデル」の例は、メキシコシティの地震だとして発展途上国に多いとし、反面でその問題として、建築およびその管理の質が低いことを挙げる (id. at 125-126, 248-249) こうした中で、アメリカの災害政策を積極的に評価して、政府・民間が連携する、(III)「市場及び計画融合モデル」を支持し、災害救済における政府の責任は否定できないとし、連邦の災害予算の3分の1を私的な住宅・居住補償に充てていることを評価する (id. at 250-252) ところが、注目されるのである。

第5章　火山活動と減災の思想、ゾーニング（土地利用規制）のあり方
——ハザードマップ実現上の課題

岡田　弘

I　減災のテトラヘドロン

　1988（昭和63）年の十勝岳噴火における噴火予知対応が契機となって、私の関心は一気に減災研究へと向かいました。

　ネバド・デル・ルイス火山の災害（1985年）の翌年に、日本火山学会は創立30周年を迎え、学会誌で記念号を企画していました。私は編集委員会から「火山観測と噴火予知」というレビュー原稿を依頼され、19世紀末に日本で始まった噴火予知研究の総まとめに取りかかっていました。

　明治・大正・昭和に活躍された先人たちの火山噴火についての膨大な研究論文や報告書などを漁り読みふけるなかで、世界の噴火予知研究が日本で始まったこと、その初期の段階においてすら、1910年（明治43）年有珠山噴火や1914（大正3）年桜島噴火のように、1万5千の住民が噴火前兆現象を活用して直撃回避の避難行動をとっていたことを学びました。

　また、1974年の噴火予知計画発足後の桜島や有珠山、さらに1980年米国セントヘレンズ山の噴火などによって得られた予知研究の最新のめざましい成果、一方では、このような貴重な研究成果を積み上げながらも、ネバド・デル・ルイス山の悲劇を避けえず、日本では駒ヶ岳と十勝岳を除いていまだにハザードマップが社会で拒絶されていることに、火山学者としてどう向かっていったらよいのか——などを考えるよい機会になりました。当面の重要な課題は、今まで蓄積されてきた科学的知識や成果を社会でどう活用すべきかということでした。

　火山学会創立30周年記念号の依頼原稿で私が書いた「火山観測と

[岡田　弘]

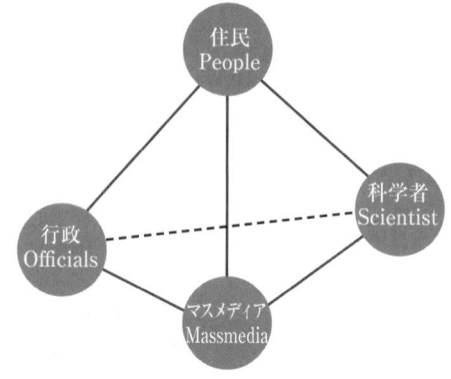

減災のテトラヘドロン。減災の主人公は住民や観光客、それをいかに連携して支えるかが問われている。（岡田・宇井 1997 による）

噴火予知」というレビュー論文のなかに、目立たない一つの小さな図があります。研究者・行政・住民が正三角形のコーナーを受け持っているという単純な図です。正三角形のどこかの腕が切れていたり、離れすぎている場合には、当然ながら的確なコミュニケーションが成り立たず、災害が起こってしまいます。三者すべてが減災の当事者です。それは、科学者はよい研究をして先駆的な論文を書くだけではすまないという、ルイス山から学んだささやかな私の意思表示であり、決意でした。

その 11 年後の 1997（平成 9）年、この図は新しい装いで再デビューします。今度は立体表示で正三角錐になっています。底辺コーナーには、科学者・行政・マスメディアが位置し、三角錐の頂点には減災の主人公の住民が位置する、いわゆる「減災のテトラヘドロン（正三角錐）」です。2000 年有珠山噴火で社会が注目した「減災の四面体」は、このような歴史的な流れの中で生まれてきた考えです。

II　途上国の火山から学ぶ

雲仙岳で発生した火砕流は、学問的には「メラピ型火砕流」という溶岩ドーム崩壊型の火砕流でした。雲仙岳噴火以前にインドネシアの

第5章　火山活動と減災の思想、ゾーニング（土地利用規制）のあり方

メラピ火山を訪れた火山学者はそんなに多くなかっただろうと思います。私は幸い1990(平成2)年12月にメラピ山を訪れたばかりでした。

ジャワ島のいくつかの活火山とインドネシア火山調査所の運営する数カ所の火山観測所を駆け足で見せていただいたときのことでした。メラピ山を取り囲むいくつかの観測所を訪れ、ジョグジャカルタ市の北郊にあるメラピ火山観測所に数日間滞在しました。

目的は、世界第一の火山国であるインドネシアの火山監視と噴火予知研究および災害軽減に関する実情調査で、文部省の計らいで初めて旅費をいただけた海外調査でした。ネバド・デル・ルイス火山や十勝岳噴火の後でしたので、ハザードマップの現状とその後の成果、有人観測所の効果などが主な関心事でした。各地の火山で発生している特殊な波形の地震や振動記録にも興味がありました。

インドネシアでの2回の現地調査で、火砕流災害や深刻な火山災害の直撃を的確な社会対応で避けてきた素晴らしい歴史を知り、感銘を受けました。この国の火山学者たちの活躍には目覚ましいものがありました。チョロ山、キイベシ山、クルート山など、ほとんど死者を出さないですんだ火砕流噴火の事例を初めて学びました。噴火したばかりのクルート山は現地まで見に行きました。

インドネシアでは、1930年ごろから世界で初めてハザードマップが作られ、60年代にはすでに多くの山について作成ずみでした。インドネシアで火山災害の犠牲者が出たのは、火砕流がハザードマップからはみ出た場所であったことも知りました。このとき持ち帰ったメラピ火山の火砕流の資料をまとめ、気象庁の火山噴火予知連絡会の事務局に送ったりしました。

世界の噴火カタログをまとめていた勝井義雄教授は、特にメラピ山の1960年代・70年代の溶岩ドームの活動に通じていました。大規模な溶岩ドームの崩壊が起こり、火砕流が出る直前の溶岩ドームの形、崩壊後の形の写真をたくさん見せてくださいました。それらのなかには雲仙岳の溶岩ドームの形とよく似たものがありました。雲仙岳の噴火は、決して世界で初めて起こったものではなく、類似した例が世界

にはたくさんあり、科学的にも記述されていることを、勝井教授は教えてくださいました。

やはり私たちは特定の山だけに閉じこもるのではなく、世界を広げて火山と向き合う学問を学ぶ必要があります。火山活動の記載の一つ一つは記録にすぎませんが、そのなかに何か法則性を見出せれば、それを応用して災害を減らす糸口が見えてくるはずです。このように考えて、私は世界中の爆発的な噴火に伴う災害およびその前兆現象を集めて比較することを仕事の中心にしていました。米国地質調査所カスケード火山観測所のニューホール博士とともに、噴火前兆現象のワールドデータベースの企画プロジェクトを進めていたのです。

1993(平成5)年、フィリピンのマヨン火山が噴火し、火砕流で住民に数十人の犠牲者が出ました。このニュースが入った直後に、調査団長として緊急調査を立ち上げようと、文部省の科学研究費補助金公募に応募しました。北大では横山泉教授時代からフィリピンやインドネシアの研究者たちとの研究交流が深く、80年代からフィリピンやインドネシアの地震学や火山学の研修生を有珠火山観測所でしばしば預かっていました。先方からは多くの研究者が訪問してくるのに、日本側からの現地入りのチャンスはそれまであまりありませんでした。

1990年3月、荒巻重雄東大名誉教授が率いる日本火山学会の活火山調査グループに参加させてもらい、タール火山やマヨン火山をめぐったことがありました。そのときは訪問予定の直前にクーデターが起き、宿泊予定のホテルでも銃撃戦があったため、3カ月予定を遅らせてようやく訪問にこぎつけました。また、1992年11月には、ユネスコ支援の国際ピナツボワークショップがあり、半月ほどの期間フィリピンを訪れていました。かねてから親しかったフィリピン火山地震研究所の所長だったレイ・プノンバヤン博士からは、今度は噴火中に来いと誘われていました。

しかし調査計画を立ち上げたものの、マヨン火山の火砕流で犠牲者が数十名も出たうえに、6万人の住民が避難中の現地に入ることについては、「危険だ、心配だ」という声が強く、果たして実現できるか

第5章　火山活動と減災の思想、ゾーニング（土地利用規制）のあり方

どうか、当初は不安でした。「治安が悪い」「伝染病がはやっているはずだ」というデマもあり、火砕流の噴出物調査という研究項目は、雲仙岳の災害直後だったこともあって、事務官から「危険すぎて許可できない」とも言われました。でも、私たちは火山学者です。噴火で一見混乱している状況下でも、状況をきちんと把握し、的確な総合判断のもとで一番安全な行動ができるはずでなければなりません。事情をきちんと話して理解してもらう以外ありません。

現地との事前連絡で、米国地質調査所のクリス・ニューホール博士がマヨン火山の支援に入ることがわかりました。ニューホール博士とフィリピン火山地震研究所のプノンバヤン博士は、国際火山学会が精力的に進めていた国連の国際防災の十年計画おける火山災害軽減委員会や国際火山観測所連合で活躍する主要メンバーで、親しい関係でした。日米が相互の計画に基づいてフィリピンの研究者を支援するのが目的で、現地での行動はすべてフィリピン側の研究者とともに、許可されている範囲内で行うことなど、行動規範を示し理解を求めました。

雲仙岳噴火に続き、1993年1月にコロンビアのガレラス火山で、火山学者6人が突然の噴火に巻き込まれ犠牲になっていました。私はそのときにふと思いついて、火山学者の火口事故に関する系統的な調査をしていました。観測所に籍を置く者として、知っているべき必須事項だと思ったからです。

そのとき作成した火口事故のリストは、あるアメリカ人研究者が岡田の未発表資料として引用しながら国際誌で紹介していました。私もホットな話題として北大の講義資料として使いましたが、この資料が役に立ちました。火口域で活躍中の火山学者はたくさんいるというのに、現実には火口事故は決して多くはないこと。それでもまれに発生する事故は、現地情報を入手しないままサンプル採取の目的で火口に近づきすぎたり、日程的に余裕がないのに無理な行動をした場合がほとんどで、慎重な準備と行動計画があれば、安全の確保は十分可能なことが結論できます。このような実際のデータを示して議論した後には、渡航は危険という懸念を持ち出す人はもういませんでした。

居住福祉研究叢書　第5巻　　　　　　　　　　　　　　　　［岡田　弘］

　調査団の立ち上げにあたって文部省からは、「北大だけではなく他大学のメンバーも入れてください。火山の物理的観測の分野だけではなく、火山地質屋さんにも加わってもらった方がいいでしょう」と要請されました。そこで当時、火砕流の専門家であった神戸大学の宇井忠英教授（現北大名誉教授）と、京都大学の阿蘇山にある火山研究所の筒井智樹先生に加わってもらい、北大からは大島弘光先生に参加してもらいました。大島先生は地震や空震の振動と映像を同時にパソコンで記録する新しい観測システムを開発中で、雲仙の火砕流に応用していました。このシステムの国際的な活用が必要と考えていました。

　こうしてチームを組み、1993年2月末から10日間ほどフィリピンで現地調査を行いました。現地調査では、火山噴出物の研究で宇井教授のもとに留学していたサンドラ・ジェロニモ・カターネさんに全期間同行してもらいました。また、米国地質調査所のニューホール博士ともほとんど一緒に行動できました。彼が、領事館から運転手つきの車の支援を受けていたことは、同じ研究者として本当にうらやましいかぎりでした。

　それまでに集めた資料もかなりあり、現地に行ったときに持ち帰った大量の資料を加え、『フィリピン・マヨン火山の火山災害と災害対策』という厚いレポートをまとめました。論文ではありませんが、私がこれまで書いたもののなかでは、かなり力を入れたものの一つです。

　この中でフィリピンの火山観測とハザードマップの現状、オペレーションマニュアルの内容、過去の噴火の歴史や対応、最後に1993年の火砕流噴火の新聞記事も含めた中身についての紹介——こうしたものを網羅しました。マヨン火山についての日本語で得られる文献の中で、当時としては一番充実したものをつくることができたと思います。奇しくもそのとき中心になった宇井先生、大島先生と私が、2000年有珠山噴火で、ともに最前線で対応にあたることになったのです。

Ⅲ　拒絶の時代

　火山防災に対する知見は世界的に広がっていくのに、その間、ハ

第5章　火山活動と減災の思想、ゾーニング（土地利用規制）のあり方

ザードマップづくりがにっちもさっちもいかなかったのは、私の根城の有珠山でした。

有珠山では「ハザードマップなんかとんでもない。うちの町が真っ赤になるような図はとても町民には見せられない」という「ハザードマップ拒絶の時代」の真っただ中でした。途上国といわれる国々でも、このころになるとハザードマップは作られていました。そんな時代が来ているというのに、わが足元はどうなっているのだろうかと、国際学会に出席するたびに恥ずかしい思いをしました。

こうしたギャップをどのように克服していくかが、90年代の課題となりました。

かつて全国の火山学者が集まり、文部省の科学研究費でハザードマップの研究を行ったことがありました。その際、「研究者側でハザードマップを作って公表しないでほしい。研究成果品にマップを含めないでほしい」という強い指導が文部省からあったそうです。1981（昭和56）年のことで、当時研究代表者だった下鶴大輔東大教授が、後になってそのことを記述しています。日本はまだそういう時代でした。

研究者が作らなければ、いったいだれが作るのでしょうか。インドネシアなどでは政府が音頭をとり、1979年には重要な数十個の活火山のほぼすべてで、ハザードマップが一挙に整備されたというのに。また、横山教授たち日本の火山学者も積極的に参加していたユネスコによる火山災害軽減計画でもハザードマップの重要性が指摘されているというのに、日本では「観光地での線引きは社会的問題を引き起こし、混乱を招きかねないので、災害実績図にとどめよ」とお上に指示され、だれも作らない。だれにも作らせないという状態が長く続いていたのです。

こうした状況を横目に見ながら、勝井義雄教授は、有珠山で江戸時代に発生した3回の火砕流の実績図を意欲的に作製されました。その際、その図中に火砕サージの影響範囲を初めて書き込みました。火砕サージの場合はよほど大規模でないかぎり、噴出物が堆積物として残らず、フィールドで確認できないことが多いのです。後になってから

の噴出物調査だけでは被災範囲を特定できませんので、特別な工夫が必要です。勝井教授は、有珠山の銀沼火口で最大の噴煙が爪を立てて湖を渡った映像を手がかりに、ある程度の想像を大胆にめぐらせて、火砕サージの危険域を図化したそうです。

　ところが、雲仙岳の大災害によって、火砕流の恐ろしさを社会は実感として持ちました。雲仙岳の麓の自治体や長崎県などから、「有珠山は火砕流が起こる山だ。いろいろな対策をしているらしいので教えてくれ」と、次から次へと有珠山に視察者が訪れるようになりました。実際には地元では当時ほとんど何の対策も取られていなかったはずですが。

　当時の詳しい記録が残っています。

　「噴火15周年目ですね、いま町はどういう対策をお考えでしょうか？」

　という問いに対して、マイクを突きつけられた岡村虻田町長は、

　「（復興がようやくかなってきた現在）なるべく噴火を忘れようと。そして今、生きる仕事、商売で頑張るっていうような雰囲気ではないでしょうか。タブーですね、今ちょっと。活火山有珠山のことに触れることは」

　と明快な言葉で答えていました。

　「ハザードマップについて、国は今後整備を進める予定だそうですが、虻田町役場にマップが届けられたらどう対処しますか」

　という質問に対しては、

　「今のような雰囲気ですと、ちょっとそれは余計なことを言うな、というような雰囲気になりますから、ちょっとまずいですね。まあ、役場で抑えておいて、余り住民に知らせないようにしなくちゃならないんじゃないですかねっていう感じですけど」

　幸いなことに、地元行政の長からこのような非論理的な説明が聞けたのは、結果的にはこの地域ではこの年、雲仙岳の火砕流災害一周年の1992（平成4）年が最後となったようです。

　1992年5月25日、有珠火山観測所へ朝日新聞の小池省二編集委

第 5 章　火山活動と減災の思想、ゾーニング（土地利用規制）のあり方

員が岡村虻田町長とともに訪ねてきました。3 日前に勝井教授から、「前回の有珠山噴火の担当だった記者で、北海道の活火山について長期連載を計画しているようなので手伝ってやってほしい」と、紹介を受けていたその小池さんと、雲仙岳や十勝岳、1977（昭和 52）年有珠山噴火の話や、地元が抱える深刻な課題について話しました。その際、岡村町長は部屋の片隅で終始無口だったものの、熱心に耳を傾けておられました。

翌日、壮瞥町役場から問い合わせがありました。「虻田町役場から、『昨日うちの町長が北大の観測所を訪れたのだが、礼状を出したいので、その時対応された方はどなただったか名前を知りたい』との問い合わせを受けた」というのです。電話を取りついだ事務員は、「岡村町長さん、火山観測所長の岡田先生を今まで知らなかったのですね」と言っていました。1977 年噴火から 15 年目、小池さんが初めて地元の町長さんとの出会いを作ってくれたわけです。2000 年噴火まであと 8 年という年でした。

小池さんは 1994（平成 6）年 3 月から 5 月にかけて、有珠山に関する長期連載記事を朝日新聞に掲載しました。過去の火砕流災害、明治の事前避難、有珠山が世界の噴火予知の原点であること、ハザードマップがまだできていないこと、観測体制が昔の噴火当時のままで頼りないことなど、当面する課題や地域が必要とする情報を、簡潔に分かりやすく伝えました。32 回にわたる有珠山の連載記事は、ほかの 4 火山の分と合わせて、1995 年 6 月には『北の火の山』（朝日ソノラマ、1995）（復刻版中西出版、1998）として刊行されました。その後、小池さんは道内 15 の全活火山についての長期連載を、1998 年まで述べ 229 回にわたって地道に続けました。この連載記事のおかげで、この数年間にわたって、北海道ではほとんど切れ目なく火山の情報を新聞で目にすることができました。当時はハザードマップの拒絶から受け入れ活用への転換期でしたので、その意味でも、社会的に大きな役割を担っていたわけです。

1992 年は、いろいろな出来事がありました。雲仙岳の悲劇を一年

かけて反省するなかで、ようやく今までの束縛から解放されて、自由で積極的な様々なレベルでの行動が始まったのです。雲仙岳噴火一周年を記念し、テレビでは「進まない火山災害予測図作り」としてハザードマップについてのキャンペーンが始まりました。伊達市長も、

「今まで相当の年月をかけて、災害復興に力を入れてきた。おそらくそこまでまだ手が回らなかった。しかしそうも言ってはいられませんから、避難をどうするか、施設をどうするか、ちゃんとやっていかなくてはならない」

と、ハザードマップ受け入れへ舵を切っていました。

私はこのときの質問に答えて、「世界で常識になっている予測図ができていなかったがために、ある火山ではみすみす人災になってしまう。先手先手の防災対策が非常に大切」とコメントしました。

この年6月10日、壮瞥町では、三松正夫記念館館長の三松三朗さんが火山防災に関する真面目な提言書を役場に提出しました。「壮瞥町火山減災施設に関する提言」というタイトルがついた14ページに及ぶ提言書は、法制度や研究者の論文をふんだんに引用しながら、地元で1977年噴火があったにもかかわらず、今まで具体的な次期噴火災害対策がまったくなされていない現状を、厳しく指弾するものでした。三松さんは私のもとへもそのコピーを届けてくれました。

同月23日、私は壮瞥町壮瞥温泉地区将来問題検討会で火山防災講演を依頼されました。その折、私も、それまで躊躇していて用いたことがなかった、1988年に国土庁が作成した「隠された火砕流のハザードマップ」を配布資料として提出しました。このマップはまさに「不都合な真実」そのもので、作成当時は地元役場に抵抗され、お蔵入りとなっていたものだったのです。危険な地域であることを知っていること、知らせておくことが、あらゆる利用計画の基本になるべきことを強く訴えました。もう隠せる時代ではないことを、だれもが知りはじめているはずだと確信していました。

この年の夏、1977年有珠山噴火の15周年がやってきました。朝日新聞は記念日当日の朝刊で、小池省二編集委員の署名入り記事の形で

第5章　火山活動と減災の思想、ゾーニング（土地利用規制）のあり方

「火の山の追憶、火砕流は湖畔を襲った」というタイトルで、1822（文政5）年の文政火砕流および火砕サージの分布図入りの記事を掲載しました。分布図を作成した勝井教授へのインタビュー記事の形をとっていました。

小池さんは内心とても不安だったと言います。「こんな記事を載せるとは、とんでもない」と、強硬なクレームがたくさん寄せられるのではないかと予想していたからです。1977年当時、火砕流の報道をしただけで、受信料不払や、新聞社へのクレームがひどい状態だったことをよく知っていたからです。しかしながら、驚いたことに一つもクレームは寄せられませんでした。ルイス・十勝・雲仙と続いてきた災害をよそ目に見てきたなかで、世の中はすでに、考えていた以上に変化していました。

Ⅳ　奥尻島の津波被害とハザードマップの考え方

虻田町（当時）の岡村町長が、ハザードマップを受け入れ、将来の噴火対策も今後は考えなければいけないと大きく舵を切ったきっかけは、ご自身が述べているように、1993（平成5）年の奥尻島における津波災害でした。

「奥尻の災害を見ていて、これは町長たるものは、もう観光協会に何と言われようが、やるべきことはやらなければいけないと決心した」という手記を、当時話されていますし、2000年噴火が終わった後にも、やはり同じことを思い出しながら書いておられます。

1993年7月12日、北海道南西沖地震（M7.8）による津波では、奥尻島で198人の生命が犠牲になりました。真夜中10時半ごろの津波。しかも津波警報が間に合わないという状況下で発生した悲劇でした。

198人という犠牲者数は、あまりの痛手でした。

しかし調べると、奥尻島では全壊の家屋が787戸あって、無人の建物もありますが、1軒に複数の人が住んでいる場合も多いので、実はたいへんな数の人たちが深刻なリスクに直面していたわけです。犠牲になったのはそのうちの198人でしたから、その状況を考慮すると、

実はかなりの数の人たちが助かったのだ、ということができます。しかし多くの犠牲者を出したショックのため、助かった人が多かったというほうの事実は、当初は認識されにくかったのでしょう。

そして、なぜ助かったのかというと、それにははっきりとした理由があり、すばやく直撃回避行動ができた事情が、背景としてちゃんとあったのでした。

その北海道南西沖地震が発生するちょうど10年前、1983(昭和58)年5月16日に発生した日本海中部地震（M7.7）でも、やはり激しい津波が北日本の日本海沿岸を襲いました。距離的に離れていたため、このときの奥尻島での津波の規模は南西沖地震ほどではありませんでしたが、それでも奥尻島で死者が出ました。

犠牲者を出したあの10年前の災害がもし起きていなかったら、今回、多くの人々は迅速な行動に踏み切れず、逃げ切れなかったのではないでしょうか。あの時の経験があったからこそ、奥尻島の住民たちは「ここは危ない」「あの高台の上は安全だ」という即時判断を自ら行い、自ら直撃回避行動に移ることができたのです。

私は、そのことを岡村虻田町長にはっきりと伝えました。津波警報が届かない状況下であっても、これはただごとではないとただちに避難行動に移り、必死に近くの高台に駆け上がったからこそ、犠牲者を198人にとどめることができたはずだという側面を見落とさないようにと、必死で語りかけました。

この考え方は、まさにハザードマップの考え方なのです。ハザードマップがなければ、どの場所が火砕流で危ないのか、そしてどの場所であれば安全なのか、なかなか分かりません。そのときどう行動したらいいか即断できず、指示待ちとなって行動がとれない結果になってしまうのです。

それまで、ハザードマップは地域の観光開発に悪影響を与える、土地の値段を下げるなどマイナス面ばかりが目につくと、観光業者らの強い不安を誘発していました。しかしプラスの面は確かにあるのであって、"そのとき"になってからでは遅すぎるのだということを、

第5章　火山活動と減災の思想、ゾーニング（土地利用規制）のあり方

岡村町長に訴えました。

岡村虻田町長は、2000年噴火の後のインタビューで、当時のことを振り返ってこう言っています。

「奥尻を見たら、これはもう観光振興どころではない。住民を殺しちゃあしょうがない。われわれ市町村長の使命っていうのは住民の命を守ることだ、だから、精一杯、私なりにだれも言い出したがらないことを言った。決意を持って言ったので覚えている。これは私がクビになろうと、観光協会に排斥されようと、そんなことは眼のうちではない。やっぱり何万かの住民の生命を守らなければならない」

こうして、減災社会への舵は切られたのでした。

そしてついに有珠山のハザードマップがつくられる日がやってきました。有珠山ハザードマップはこの記念行事に先がけて、有珠山周辺の全戸に配布されました。

V　次の噴火に備える

1995年3月に北大が北海道庁に提出した有珠山の火山活動と防災対策に関する報告書の最終章には、有珠山の次期噴火と減災対策をめぐって詳しい記述がなされています。「次の噴火はいつか」という項では、確かに「過去の噴火は30年から50年ごとに発生しており、次の噴火は21世紀初頭に発生する可能性が高い」と記載されています。しかしながら、それに続いて、「ただし、20世紀中に発生する可能性も、確率は低いがあり得る」という但し書きが添えられていました。

「噴火は自然現象なので、いつまでは絶対安全」と言い切ることはできないという科学的な主張でした。科学者は、「噴火現象は、マグマが準備できてさえいれば、いつ発生してもおかしくない」と常に考えているのに、「20世紀中には起こらない」と断定的に受けとられてしまうのは極めて無責任になるからです。そして、有珠山噴火は本当に20世紀の最後の年に発生したのです。

どこで次の噴火が発生するか、という設問も、山頂火口だけでなく西麓・北麓・東麓の広い範囲で次々に火口を開け、ドーム群を誕生さ

せてきた有珠山では重要になります。

　2000年噴火は、予想もされなかった西山麓で発生したと言われることがありますが、それは違います。上記の報告書では、「有珠山周辺には、溶岩ドーム群が並んでいる二つの平行な帯状地帯があり、次の噴火活動はその既存溶岩ドームが並ぶ地域、もしくはその隣接延長線上で発生する可能性が高い」と記述されています。

　2000年噴火では、最初に噴火が発生した地点は、西山麓の西西山潜在ドームの山腹でした。また、その夜から噴火地点を変えながら60ばかりの火口を次々と開け、約80メートルも地盤を隆起させた2000年新山域は、溶岩ドーム群の西方向への並びの「隣接延長線上」でした。5年前の道庁の報告書でわれわれが想定したシナリオは、非常に適切だったと言うことができます。

　1977年の噴火の際も、横山・勝井の両氏らが、事前に執筆した北海道庁による防災対策書の中に、「将来の噴火予測と災害」という記述がありました。その4年後に発生した1977年噴火では、幸いにも火砕流が発生しなかったことを唯一の例外として、きわめて適切な予測シナリオが事前から想定されていたことが知られています。こうした先例に勇気づけられ、われわれは1995年の報告書で、予想される想定を明確に防災関係者に書いて伝えておかなければならないと考えていました。この報告書の内容が道庁から地元に伝わっていたかどうかは知りませんが、少なくとも田鍋さんを通じて地元の壮瞥町には伝わっていました。ちょうどハザードマップ受け入れの時でした。

　1997年、有珠山噴火20周年を迎えました。この年、地元紙の室蘭民報は、早々と1月から特集連載記事を掲載しはじめ、これを皮切りに、防災講演会や見学会などの減災活動が地元を中心に活発に行われるようになりました。すでにハザードマップが完成していましたので、私たち研究者が直接手をさし伸べなくとも、住民や行政レベルで自主的にさまざまな活動を展開できる雰囲気が自然と確立していました。

第5章　火山活動と減災の思想、ゾーニング（土地利用規制）のあり方

［付記］

　もっとも、このハザードマップに基づくCゾーン（将来火口が形成されるおそれがある危険性の高い地域として、災害弱者救済の移転、住宅のあり方を検討する地域）指定は、2004年2月に、居住者からの反対で廃止させられた。

第6章　この国の主権者として憲法を豊かにする動き
──神戸震災・被災者生活再建支援者と
「公的援助法」実現ネットワーク

中島絢子

I　はじめに

　阪神・淡路大震災の被災市民が法案を提起し国会議員の賛同を募って、法制定運動を国会内外で展開し、1998年5月ついに「市民が国会を動かし」て、自然災害時の市民保護のための法律「被災者生活再建支援法」をつくった。

　「私有財産自己責任論」を展開する政府に対して、被災市民が、小田実さんの提唱した「市民法案」=「被災者の生活基盤回復のための公的支援法」としてその実現運動を如何にたたかって同法制定に至ったか。またその後に続く被災地での闘いや被災者生活再建支援法の改正運動を、「公的援助法」実現ネットワークの代表として報告する。

II　いくらなんでもひどすぎる

1　阪神・淡路大震災発生

　1995年1月17日午後5時46分、マグニチュード7.3、震度7の直下型地震が、兵庫県南部地域を襲った。兵庫県下の死者6,402人、行方不明者3人、負傷者40,092人（平成17年12月22日兵庫県発表）。住家被害は全壊182,751世帯（104,004棟）、半壊256,857世帯（136,952棟）（平成18年5月19日消防庁確定）に及んだが、道路、鉄道施設、電気、ガス、水道のインフラ設備をはじめ都市機能のすべてが破壊されてしまった。兵庫県の直接被害総額10兆円、間接被害総額19兆円は兵庫県年間予算の約10倍[1]。戦後史上最悪、未曾有の都市災害であった。

（1）室崎益輝『大震災以後』4頁、科学編集部編、1998。

夥しい死者のうち直接死 5,483 人の死因は、窒息・圧死 72.57 %（3,979 人）、外傷性ショック 7.75 %（425 人）、焼死 7.35 %（403 人）などであった（平成 17 年 12 月 22 日兵庫県発表）。地震発生時刻が未明であったことから住民の殆どは住家内におり、住家崩壊（焼失）の犠牲となった。

　この大災害に対して政府は、「自然災害による個人財産や私的事業に関する損失については何人にも責任はなく、従って国家が被災者に対して賠償または補償すべき義務はない」「私有財産自己責任の原則の下では、被災者の自立復興も自助努力によるべきであり、公的に補償すべきでない」という見解を堅持した。そして政府は一般財源の補正予算を拡充して財政支援した。

2　個人的体験

　やがて訪れる老齢生活に備えて六甲山麓の急傾斜地から、不動産屋風に言えば「生活・交通至便」の下町（神戸市兵庫区）に、終の棲家を求めて転居した矢先、阪神・淡路大震災が起きた。隣の文化住宅が我が家に崩れ被さってきたが、家族は無事だった。しかし周辺の家屋はほぼ倒壊し、ガレキと化した町（中道通）の 1,497 人のうち 67 人（4.5 %）が犠牲となり[2]、最寄の市場も市民病院も高速鉄道駅も崩壊した。馴染む間もなく町は忽然と消え、生き残った人々は散り散りとなってしまった。

　「指定避難所」が災害救助法によるものだとは、その時知る由もなく避難してみれば、廊下まで被災者であふれ、その分、断水で機能不全の水洗トイレはたちまち糞便が積もった。事態がどうあろうと、生きている限り人間は排泄せずにはいられない。水洗トイレに慣れきって暮らしてきた都市生活の脆さに直面し、プールの水をすくって清掃作業を繰り返した。ある高齢女性はトイレ使用を控えるために、ようやく届いたペットボトルの水もみかんも口にせずじっと我慢し、高齢

---

[2]　神戸市全域の死亡率 0.26 %。

男性は衆人の中でオムツ交換した。「避難所」は備蓄ゼロ、水分補給もままならず、何の情報も災害マニュアルもなく、プライバシーも人間的尊厳も守れない校舎という大きな器があるにすぎなかった。

　瓦礫の街は、幼児期、焼夷弾の降り注ぐなかを逃げ惑った神戸大空襲の跡地を思わせた。私の一家は住居も家財も一切合切失ったが、家族は無事だった。あのときは日本国中が絶対的窮乏下で苦しんだ。それでも生活再建できた。しかし今度は違う。「日本沈没」ではない。被災地は惨憺たる状況だが他の地域も国家政府も無事なのだ。当初混乱はあるにしろ、危機に直面している被災者を救援するに違いない。基本的人権を守るのも、生存権保障も国家政府の責務なのだと、私の憲法感覚でそう思い込んでいた。

3　被災行政と被災市民

　篠山幸俊神戸市長は被災市民の前に立つことも、一片のメッセージも発することなく市庁舎に篭った。被災9日目、「神戸港沖の人工島埋め立て造成による空港建設」を発信した。それは神戸市が「神戸株式会社」として大型プロジェクトによる公共デベロッパー路線を、従来通りに突っ走り続けるという決意表明に他ならず、被災1カ月余の阪神・淡路大震災復興委員会（下河辺淳委員長　95年2月16日～10月31日　総理大臣諮問機関）で、同委員長の賛同を取り付けた。しかしこのとき神戸市長も兵庫県知事も、被災者支援につては何も言及しなかった。

　被災2カ月後（3月17日）、神戸市は再開発事業（2区画26ha）、区画整理事業（5区画143.2ha）等の復興都市計画を決定した。さらに神戸市は被災5カ月後の1995年6月、「神戸市復興計画」を策定して「復旧ではなく復興を」のスローガンの下、区画整理・再開発、空港建設はじめ道路建設、東部新都心計画、六甲アイランド南埋め立てなどの大規模公共事業を展開していく。

　池田清教授（北九州市立大学）は、震災関連事業が大規模プロジェクト中心であることを次のように指摘している。「神戸市の震災関連

事業費2兆3,683億円の構成割合は、復興対策1兆3,440億円（57％）、災害復旧8,345億円（35％）、生活支援1,898億円（8％）である。災害復旧のうち港湾の復旧など企業会計部門を除いた一般会計での構成割合でみても、復興対策66％、災害復旧26％、生活支援8％である(3)。」

このように大型開発事業重視の財政措置を組む一方で、危機に直面している被災市民に対する応急・復旧の生活支援策は薄く、神戸市は従前どおりの公式デベロッパー型都市経営主義を貫いた。

神戸市内の「指定避難所」には22万余り（最大）が避難し、それでも入りきれず人々は市役所ロビー、区役所階段などあらゆる公共施設や、寺、神社、教会、企業の建物などはもちろん、自家用車の車内、公園、空き地、地下道、高架下に身を寄せ合っていた。

寒冷下の集団生活に冷たい握り飯程度の低栄養状態が続き、肺炎、気管支喘息、急性心筋梗塞、出血性胃潰瘍等が多発して死ぬ被災者が続出した。

「震災関連死」という造語で表されたが、後には919人にも及んだことがわかった(4)。

にもかかわらず、目の前に見えるカタチで示されたのは、例えば区役所の階段や通路の避難者を地下通路に板囲いした"避難所"に移すことだった。いくらなんでも避難生活は過酷すぎる、何とかしなくてはならない。公園テントの知人とともに私は救援活動を始めた。避難所の環境改善を災害対策本部に申し入れたが、食事内容改善のための基準額アップするまでに1カ月かかった。

（3）『大震災100の教訓』62頁、クリエイツかもがわ、2002。
（4）被災直後から地元で緊急医療活動した上田耕蔵協同病院長（神戸市）は、被災による環境激変に加えて、「避難所の厳しい生活環境（寒冷、集団生活、低栄養等）は肺炎、気管支喘息、急性心筋梗塞、出血性胃潰瘍等の内科疾患を多発・増加させる。老人、病弱者が死に至る」として急増した二次災害の疾患を「災害後関連疾患」と称し、その死を「震災後関連死」名づけた。この造語が「震災関連死」として語られるようになる。「おまえらも　はよ逃げてくれ　阪神大震災神戸医療生協の記録」133頁、1995。

第6章　この国の主権者として憲法を豊かにする動き

　米や生理用品等々の救援物資を避難所、さらに仮設住宅に届けるうちに、やわらかな笑顔で応じていた被災者の顔つきが固くなっていった。職場の倒壊・全焼で解雇された、貯えを使い果たした、電車賃が高くて就労もできない等々。生活再建しようにも目途が立たないと、個人の努力の限界を超えている実態が浮かび上がってきた。

　それにしても硬直化してマイナス判断続きの救援姿勢[5]。仮設住宅への高齢者・障害者の囲い込み、関連死、自殺者、被災市民の意思を無視しての復興施策は新たな災害、人災をうみだしているのではないか。神戸市の被災行政に対する疑問と憤りが市民の間に噴出した。早川和男神戸大学教授（当時）を中心にして、市民運動に関わってきた者で神戸市政を検証し告発する書『神戸黒書』を被災1年後に出版した[6]。

4　生活保護

　最大の被災地神戸で被災から5カ月は、生活保護申請は前年とほぼ変わらなかったが、6月になると前年（1994年）同期を45％も上回り、7月には前年同期の2倍以上の申請で、保護開始件数も前年同期の2倍を越えた。

　全神戸避難者連絡会が神戸市内の旧避難所等で行った生活調査で、収入が「ない」と答えた世帯が約22％、「10万円未満」15％で、生活のために預貯金や義援金を使い、震災後に借金をした世帯は4分の1に及んだ[7]。

　ところが、避難所にいる被災者の生活保護の申請を受理しない[8]。

（5）遺体の搬送のため全国から応援にきた霊柩車の申し出を無視（毎日新聞 95.1.27）、周辺自治体からの緊急医療の申し出を断り、日本海員組合による1,000人収容の大型カーフェリーの提供を拒否（朝日新聞 95.1.24）、ゴルフクラブからの宿泊施設の提供を断る。避難所での点滴は困る（読売新聞 95.1.30）。

（6）市民がつくる神戸市白書委員会編『神戸黒書（阪神大震災と神戸市政）』労働旬報社、1996。

（7）全神戸避難所連絡会が1995年9月アンケート実施。前月（1995年8月）の生活状況を尋ねた。

（8）神戸市民生局長通知（民厚保第50号、1995年4月28日）」で"避難所は最低生

157

厚生省保護課は「災害救助法で最低限の生活需要は満たされていると認識しているので、生活保護で補足する必要はないと判断」（朝日新聞95.5.3）していたのである。

避難所は「応急的で、必要な救助」（災害救助法第1条）を想定しており、被災者の生活援助を恒常的に行うものではないし、「健康で文化的な生活」を予定していない。一時しのぎの過酷な場にすぎなかったことは先述したとおりである。

被災後、仕事先が倒壊、全壊して仕事を失ったので次の仕事を見つけるまでのつなぎの生活費を求める生活保護相談が約5割を占めた。ところが「資産活用」の大原則に従って、自動車や生命保険、土地等を処分し活用した後に保護申請を行うと対応された。しかし何もかも処分して丸裸になったら、生活再建していくための基盤をすべて失う。生活保護相談件数が1カ月あたり3倍に増えながら、申請が受理された割合が減少した（震災前：33.6％受理、震災後：22.7％受理）。

「資産活用」の問題は、被災者にとって生活基盤を回復して生活再建していくための手枷足枷となった。災害時には生活保護制度の大原則である「資産活用」を弾力的に運用するのでなければ、別に何らかの支援の方法が必要となるのである。

5　災害救助法——現行法の壁

災害救助法（1947年10月）は災害救助行政の実体法として唯一のものである（と、やがて私は知る）。その目的は「被災者の保護と社会秩序の保全」（同法第1条）であり、救助の種類は、避難所・仮設住宅の設置、炊き出し等々同法23条1と施行令による追加分を加えて11項目。被災直後、被災行政の責務として神戸市が、その救助内容を一覧表にして被災市民に知らせれば、被災者の不安はやわらぎ落ち着けただろうが、被災行政トップから何も伝わらなかったことは先述したとおり。後にメンタルケアの必要性が盛んにいわれるようになるが、迅

活を保障できるから生活保護は必要ない"の趣旨の通知を発信している。

第6章　この国の主権者として憲法を豊かにする動き

速で的確な情報提供や支援こそ被災者の心を安定させるのである。鳥取西部地震や台湾大地震に際しての素早く実効性ある支援策の発表は被災行政の原則であることを示している。

しかし阪神・淡路大震災での災害救助法の運用は、不徹底であったり不均衡な運用だった。救助の程度、方法、期間については「一般基準」が規定されているが、これが妥当性を欠くものであれば、「事務次官通知」に基づいて「特別基準」が設定されるようにつくられている。

それによって"炊き出し基準額"は1カ月半後に1日1,200円にアップ、"避難所設置期間"は7日間が216日（その後待機所名目で続行）まで延長、"仮設住宅設置費"は144万7,000円以内が280万円にアップ、その解体撤去は未設定だったが全額国費負担、"仮設住宅期限の期限2年"は5年に及び、"ガレキ処理"は廃棄物処理法の適用で国費負担となった。

このような運用の一方で、低栄養・悪環境による関連死続出、約1万人の避難者がいるなかでの避難所閉鎖、長期仮設住宅暮らしの一方での孤独死、家屋撤去の早期期限による修理か解体再建かの判断の混乱等が進行した。

そしてまた、"仮設住宅の給与戸数"の一般基準3割を下回って供給25.9％[9]。"住宅の応急修理"は、資力要件、修理対象の限定、期限など制限多々で使い勝手が悪いにもかかわらず特別基金を設定せず。結果、有効に機能しなかった。

「生業資金等」は「給与又は貸与」と規定され、「知事が必要あると認めた場合……金銭を支給」（法23条2）できる。しかし実際には「給与」は死文化されて省みられることがなかった。支給しない理由を政府委員は、「公的な貸付制度が格段に整備されてきた」、「経済的に最も困難な生活保護世帯につきましては、生活保護法により生業扶助が現に支給されております」と説明している[10]。「資金の給与」が貸付

（9）仮設住宅の給与率は雲仙・普賢岳噴火災害の島原市は86％、北海道南西沖地震の奥尻町では78％。

制度で代用されるというのは論理のすり替えに過ぎない。行政官僚が法規定を無視し立法措置を行うことなく反故にしてまかり通っている。

このように災害救助行政は、柔軟な運用がある一方では、不備不十分で穴まであけられていたのである。

さらに気づいてみれば、雲仙普賢岳噴火災害では、「炊き出し」を1日1人1,500円にアップして現金給付していた。何のことはない、このような穴のあけ方もあるのだ。

しかもこのとき、生活基盤を取り戻す基本である住居を確保するために、住宅再建資金として全壊世帯に1,000万円を給付していた。後に、"公的援助法実現キャンペーン"で各地を廻ったとき、住宅再建成ったその地区を訪れて、生活基盤の回復とは居住確保が基本であると意を強くしたが、その原資の大半は義援金であった。彼我の差で、阪神・淡路大震災に寄せられた義援金総額は1,790億円という莫大なものであったが、配分してみれば全壊世帯で40万円。因みに北海道南西沖地震では全壊世帯への配分1,350万円。

義援金は相互扶助・連帯の精神が市民社会に息づいていることの証しである。しかし義援金ではどうにもならないのが、阪神・淡路の被災者の場合である。

「自然災害には政府の責任はない」「被災者は自助努力するしかない」というが、その限界をとっくに超えている。「被災難民」というしかない状況を放置して、被災者支援のルールをつくらず、義援金頼みにしているのは政府ではないか。

待っていても支援がやってこない以上、政府による支援の必要性をどのように訴えて実現すればいいのか。

---

(10) 第140回国会衆議院予算委員会（97年1月29日）で、中川智子議員に対する政府委員の応答。

第6章　この国の主権者として憲法を豊かにする動き

Ⅲ　ないならつくろう"被災者支援法"

1　「被災地からの緊急要求声明」発言

　小田実さんからよびかけがあった。早川和男神戸大学教授に同行して参加した。1996年3月初旬、集まった神戸、芦屋、西宮の被災市民6人で話し合って、つぎのような「阪神・淡路大震災被災地からの緊急要求声明」をつくった。

　「大震災による被災地の復興は道路や建物の復興ではない。まして人工島の造成や海上空港の建設ではない。人々が安心して住める社会をつくること。それが復興である」に始まって、政府、自治体に対して四項目を要求した。

(1)　自然破壊の人工島、海上空港などの乱発を即刻中止すること。
(2)　被災者に公的生活基盤回復援助金を即刻支給すること。全壊500万円（国から400万円、地方自治体100万円）、半壊250万円（同200万円、同50万円）、一部損壊50万円（同40万円、同10万円）。
(3)　被災者が住み慣れた地域に安全、上質、低家賃の公営住宅を、大規模、早急に建設、元の地域に戻りたい被災者に住宅を供給すること。自力で住居を再建する者に、国または県、市が保証人となる無利子の貸付制度（2,000万円、返済期限30年程度）を設けること。
(4)　生活保護の摘要拡大、医療保険免除、保健・福祉訪問活動などの強化、福祉・医療の拡大・強化などを一日も早く実現すること。

　この要求声明を再開したコンビニでコピーして、私は被災者に同意の署名を集め始めた。兵庫県庁で記者会見して声明を発表したことによって、各地から支持が届き、丸山眞男、加藤周一、堀田善衛、久野収、中村信一郎、武谷三男、水上勉、澤地久枝、内橋克人、鎌田慧、一番ケ瀬康子（敬称略）はじめ多くの賢者の支持も寄せられた。

　この要求を直ちに伝えるために小田さん、早川教授、私など10人の被災者が国会に行った。橋本龍太郎首相（当時）はロシア訪問中で、

内閣官房副長官秘書官に声明を渡す。

　土井たか子衆議院議長（当時）には、「一議員としてなら動けるが衆議院議長としては活動できない」と言われた。被災者の惨状は憲法25条の生存権保障の問題なのだ、災害多発のこの国にとって"衆議院議長職を賭けて"と言われてもいい問題なのに、と思ってみても、衆議院議長の政治的使命についての認識が違うのだからどうにもならない。

　「与党災害復興プロジェクトチーム」との会合は、参加国会議員は2名だけ。記者会見を終えて夜は東京都民に訴える集会参加。こうして公的援助を求める活動が始まった。

2　市民立法「生活再建援助法案」

　伊賀興一弁護士が「市民法制局長」として加わって、「緊急要求声明」を骨子とする「大災害による被災者の生活基盤の回復と住宅の再建等を促進するための公的援助法案」（略称　生活再建援助法案）ができた（1996年5月）。小田実さんの発案だった[11]。

　公的援助法の市民立法案は、被災者の立場と要求を明確にしている。この国は主権在民だから、「市民発議」の「市民立法」があって、そこに重ね合わせる形で「議員立法」されて法制度が確立される。このような被災者支援の実現と民主主義追求の道筋があってもいいのではないか。小田さんのこのユニークな発想に私は共鳴した。

　私たちの政府は、バブル経済破綻の住宅金融専門機関（住専）を国民の税金で救済する。しかし一方、地震を自ら起こしたわけではない被災者には、"自助努力論"を押し付けて救済しない。「自然災害による個人財産や私的企業の損失補償しない」と言いながら、投機の果ての私企業に6,800億円援助して、被災市民支援しないのは政府のモラルハザードだ。それに私たち被災市民は個人補償を要求しているのではない。大地震危機によってマイナス状態に陥った被災者を援助して、

（11）市民立法案の「発議者」は小田実、早川和男、伊賀興一、山村雅治。

第6章　この国の主権者として憲法を豊かにする動き

平時の状態に戻すことを求めている。人間尊重と生存権保障という基本的なこの国のルールに従えと求めているに他ならない。

振り返ってみれば、私たちは、いつのまにか代理人にお任せで分配されるものを享受することに慣れきっていた。けれども最早、お任せ民主主義では被災者・被災地は回復しない。被災市民が公的支援の枠組みを提案し、その実現のために行動する。そして共通のルールをつくりだすために国会議員に訴え、賛同を得て共闘行動する。これが主権在民なのだ。小田さんのいう市民＝議員立法運動なのだ。

3　「市民＝議員立法実現推進本部」

「市民法案」を全国会議員に送ったところ、沖縄選出の照屋寛徳参議員からはじめての賛同表明。兵庫選出議員の賛同は3人。合計17人の賛同[12]。

被災地自治体の各首長にも郵送した。北村春江芦屋市長だけが賛同の回答。

手始めに東京・有楽町マリオン前で、東京の支援グループが用意してくれた街宣車の天井に乗って訴えた。

街頭で、集会で、アピールすること、これが民主主義の原点の行動。早期に「市民立法案」に賛同する国会議員を拡大しなければならない。小田さん、山村さん、中島の3人で、議員会館を廻った。かつて食の安全のためにロングライフミルク導入に反対して大挙して訪れたが、結局導入されてしまった。今回は、いのちを守る行動だ。阪神・淡路の被災者の生活基盤回復のための公的援助法を実現するために3人で行動する。その意思を明らかにするために、「要求声明の会」を「市民＝議員立法実現推進本部」とする。1996年9月。小田実本部長、山村雅治事務局長、北田美智子と私が理事。東京本部も発足させた。

月刊誌『世界』に、市民法案に関する発議者4名連名の論文が掲載

---

(12) 照屋寛徳、竹村泰子、穀田恵二、上田耕一郎、谷田部理、岡崎宏美、小森龍邦、山口哲夫、栗原君子、志位和夫、山原健二郎、松本善明、高見裕一、山下芳生、山本保、赤松正雄、笠井亮。

163

されたこともあって、賛同議員がふえた[13]。

東京都保谷市議会で「生活再建援助法案の立法化実現に関する国への意見書」が全国にさきがけて採択された。各地の議会で、公的援助で被災者救済を行えという趣旨の国への意見書が採択され出した。心強かった。

衆議院選挙の立候補予定者（東京都124名、兵庫県47名）に、「被災者の生活支援に公的援助が必要と思うか。『市民立法案』に賛同されるか。」などのアンケートを実施。回答　必要と思う（東京50％、兵庫45％）市民立法案に賛同（東京46％、兵庫36％）。

賛同国会議員をさらに拡大させるために議員会館を廻っては、街頭演説し、東京、芦屋、神戸で集会開催。

1996年11月15日、毎日新聞朝刊トップに「阪神大震災　被災者が市民立法」の大見出しに大いに勇気付けられ、自民党役員連絡会の「個人補償　難しい」（朝日新聞11月20日）の報道にめげずに、賛同議員は69名となり第1回「市民＝議員立法実現協議会」開催。ついに市民＝議員立法運動のカタチが見えてきた。12月上旬、第1回「市民＝議員立法研究会」を参議院議員会館で開催。参議院法制局課長が同席して議論を聞いて、私たちの求めているのは個人補償ではなくて、社会保障であることを読み取ってくれた。

公的支援急務であることを、より深く国会議員に認識してほしい。被災からほぼ2年の被災現場に実際に立ってほしい。この間、被災行政は、幹線道路や再建ビルや港湾施設などの整備された復興現場ばかりを視察団に見せている。それでは明らかにならない被災者の生の姿や声を、生活現場で受けとめて欲しい。

「公的支援議員立法懇談会」代表の田英夫参議院は"視察"という言葉を使わず「市民＝議員調査激励団」と命名、年の瀬の迫った12月20日実行。私たち神戸のメンバーがなけなしの金をはたいてチャー

---

(13) 田英夫、本岡昭次、正森成二、聴嘉寛、寺前巌、大渕絹子、秋葉忠利、萱野茂、大脇雅子、佐々木秀典、緒方靖夫、金田誠一、土肥隆一、後藤茂、伊藤茂、中島武敏、清水澄子（1995年10月15日現在）。

ターしたバスを用意し、神戸の市街地から引き離されて遠くの溜め池埋立地の仮設住宅や公園避難所に暮らす被災者との交流を重点にして被災地を案内した。民主党も共産党も自民党の国会議員も文字通り呉越同舟の超党派議員団であった。

その直後、議員団は「弔慰金法改正による見舞金案」を特別措置法として提案した。自殺者、孤独死が相次ぐなかで現金給付のこの案は魅力的だったが、問題も含んでいた。

「見舞金」では権利性が問えるのか。特措法では、今後に起こる災害被災者は救済されない。侃々諤々、神戸で被災者仲間が寄り集まって議論を深めた。

3　市民と議員による法案検討作業

被災から丸2年の1997年1月、「孤独死119人／犯罪人は増加」と、仮設住宅暮らしの長期化に従って深刻な影を落としていると神戸新聞（97.1.10）。地元で集会を開いては、上京し「市民＝議員立法研究会」を重ね、さらに賛同議員拡大に議員会館をまわる。徐々にではあるが賛同議員が増えて、1月末、衆議院51人、参議院30人。

市民側の「生活再建援助法案」修正案を提示。日本国憲法が理念を掲げたように、公的支援を行うことは国と自治体の責務であると、前文で原理を明らかにすべきである。小田さんは前文の削除はできないと突っ張る。議員側は作業チームで、別に議員立法案を練り上げることになった。

衆議院予算委員会（1月29日）での災害救助法の適用を巡って論議があり、伊藤公介国土庁長官（当時）は「（被災者が）立ち上がっていける支援を国がやる」、小泉純一郎厚生大臣（当時）は「生活支援しよう、援助の手を差し伸べようという気持ちは各省持っている。今後検討する余地がある」と発言。

在京の支援グループの応援を得て賛同議員が徐々に増え、市民と議員がそれぞれの法案を詰め合わせる段階に、ようやくこぎつけた。ところが、この状況は被災地では見えない。事務作業が見えるはずもな

いが、被災地では焦燥感が漂っている。見えないという点では国会議員や東京の報道関係者にも被災者が見えていない筈だ。これまでほとんどの場面で、被災地から小田、山村、中島の3人で、節目に早川先生の参加を仰ぐなど少数で切り込んで押しまくってきた。それにこの間、国会議員から、「被災地は復興していると聞くが」「被災地の行政から被災者が困っていると言ってこない」などの声をよく聞いた。

このままでは被災者の一部の声として受け止められかねない。広範な被災者の切実な要求であることを、永田町で見せて、この局面を打ち破って前進させなければならない。

Ⅳ 「公的援助法」実現ネットワークの活動

1 「公的援助法」実現ネットワーク発足

被災地でみんなの心を奮い立たせ繋ぎ合わせてパワーアップしなければならない。そのためには最大被災地の神戸でみんなが勇気づき展望を持つことだ。私は一面識もない井上ひさしさんに事情を伝えた。快諾を得て、「井上ひさし 小田実 二人の文学者が震災を語る」講演会を開催。「市民立法の動きは、自分たちの手で生き方を切り開こうとすることだ。生活を立て直すことから始まった動きが国を建て直すことにつながろうとしている。それは憲法を豊かにする動きだ」の井上さんの言葉を聞いて、被災者が元気づいたことはいうまでもない。

この機を逃さず、神戸を発信基地にする被災者団体を立ち上げなければならない。「ボランティア村」のプレハブ2階の物置の一角に、机、椅子、電話を持ち込んで事務所として、「公的援助実現のために結集しよう」と呼びかけると、たちまち仮設住宅や公園などの被災者自治会や個人、やがては労働組合も加わった120団体となった。

1997年4月1日、「公的援助法」実現ネットワークと命名。「すべての被災者に対する公的援助実現のために、被災地の各種団体、個人が主体性をもちながら対等の立場で連帯、協力する。思想信条・党派・宗派を超えた組織」「被災地で活動してきた被災者団体、支援団

第6章　この国の主権者として憲法を豊かにする動き

体、個人、学識経験者、その他で構成する」と、目的、組織原則、構成メンバーを協議して決定。運営スタッフは事務局長に中島、会計に北田、事務局員は自主的に活動に参加する者と決まった。事務所開きには飛び入り参加の作家・田中康夫さんが、大型公共事業一辺倒の神戸市政を痛烈批判、大いに盛り上がって決意を新たにした。

ついに、少数者による市民＝議員立法運動を、被災者による公的援助法実現運動として前進させていく大衆的な基盤が成立した。

2　一歩前進

第7回「市民＝議員立法研究会」（1997年4月10日）で協議し「災害弔慰金法」（1973年）の改定による市民＝議員立法案をつくることになる。法案起草に新しい法案を一から作るには事務作業が膨大で時間的な余裕がない。法律の形式として現行法改正し、支援制度を新たに設けるとともに同法の題名が新しくなる、と、手法を聞く[15]。

ネットワーク発足後、「公的援助法案」の勉強会を各所の仮設住宅、フェニックスプラザ（三宮）で矢継ぎ早に開催。「復興のカナメは市民生活にある。市民がいきいきと安心して暮らせることで、街が活性化し、社会が再生できる」「憲法で保障された健康で文化的な暮らしを取り戻したい」「生活再建の土台が築ける援助の実現を」と、時には小田実さんや伊賀興一弁護士が参加して、公的援助法を実現するには、被災者が自分の意思で動いてこそ運動が拡大すると、確認し合った。

別の動きが活発になる。貝原俊民兵庫県知事（当時）が基金制度による支援金給付を提案。野党三党（新進、民主、太陽）は家族1人につき50万円で上限250万円支給、所得制限300万円等の新進党案に合意して衆議院に提出（4月14日）。

---

[14] この後、地方議会による政府への「被災者への公的援助」要望の意見書は、全国137議会で採択された（読売新聞1997年1月13日）。
[15] この頃「市民＝議員法案」の賛同国会議員は参議院69名、衆議院38名（1997年4月4日現在）。

第8回「市民＝議員立法研究会」で協議の後、法案骨子を最終確認し、ついに、1997年4月25日、「災害被災者等支援法案（仮称）骨子（案）」の発表。

「全壊500万円、半壊250万円、所得制限2,000万円。災害援護資金の拡充（貸付を500万円に引き上げて償還期間を12年に延長）。阪神・淡路大震災に遡及適用しその経費1兆1千億円」これが主な内容であると、新たに座長となっていた（「被災者支援法実現議会の会」）本岡昭次参議員が説明。会期末（6月18日）が迫っている。上程が急がれる。

3　市民＝議員立法案上程も審議せず

被災者が求めているものが「市民＝議員案」であることを大々的にアピールしたい。被災地ど真ん中の震災火災現場に残された新湊川公園に被災者結集をよびかけた。2トントラックの荷台を舞台に、市民＝議員立法案の議員側座長の本岡昭次議員、神戸市議会議員、兵庫県議会議員、被災者が思いの丈を発言して大盛況の集会となった。

抗議するだけではない。憲法の生存権保障を実体化して、人間が人間らしくいられるように、この国に新しいルールをつくり出すために行動する。

ところで、衆議院は圧倒的に与党自民党が議席を占めているが、参議院の議員構成は野党勢力に期待できる。そして議員立法の発議者は、衆議院では40名以上が求められるが、参議院では20名以上の賛同者で発議できる。このような条件下、1997年5月20日、参議院に「市民＝議員立法」による「災害被災者等援助法案」上程となった。発議者、田英夫、本岡昭次、山下芳生ら6名の参議院と賛同議員33名の総勢39名。

被災市民による提案が法案となるのは憲政史上、画期的なのだ。この機に被災者の思いを国会で爆発させよう。国会前のデモ行進でアピールしよう。「請願デモに行こう」と呼びかけて大型バス2台をチャーターし、名神・東名高速道路で8時間、国会議員も被災者も東京の支援グループも入り混じって、国会前から日比谷公園までにぎや

第6章　この国の主権者として憲法を豊かにする動き

かにデモ行進した。

　とはいえ、国会は一筋縄ではいかない。審議入りのトバ口の趣旨説明をさせない。法案を審議せずに放っておく。これを「干す」「吊るす」という永田町用語で表すことをはじめて知った。挙句には会期末まで審議せず「塩漬け」にして廃案に持ち込む手法があるという。このような非民主主義的な手練手管に乗せられてはたまらない。審議入りを強く求めるには東京に滞在し続けて国会行動することだ。ところが宿泊費がない。テントで寝よう。住居倒壊で家なき民の被災地ではフツーのこと。ワゴン車で出発し日比谷公園でテントを設営、「被災者への公的援助法実現！」などと大書した黄色布地を張り巡らし、国会行動中のテント番は同行した私の愛犬2匹に任せた。「日比谷公園かもめの広場前」宛で郵便が届き、郵便局員のプロ根性に感激。院内外での集会、街頭行動、議員への働きかけなど必死に訴え続けた。ついに会期末前日（1997年6月17日）、審議入りが決定し、賛同議員に握手して廻った。田英夫参議員による災害対策特別委員会で趣旨説明が行われた。

　これで廃案は回避されて次の国会での継続審議案になったのである。

　そして秋（1997年9月29日）臨時国会開会。夜行バスを仕立てて被災者上京。開会日から審議入りの要請行動を始める。請願デモ、議員との立法研究会、街頭でのアピール演説、支援法審議入りを求める声明発表などを繰り返す。10月末、参議院災害対策特別委員会（浦田勝委員長）による被災地視察。「震災に傷は大きい。政治家として日本全土の災害を視野に入れ、早期に支援法案の審議を再開させたい」（神戸新聞97.11.1）と発言するが、審議される気配がない。12月に入ると、いたたまれず国会前での被災者座り込み、呼応して地元神戸三宮の目抜き道路でも座り込み行動。

　野党3党案「阪神淡路大震災被災者支援法案」（特措法）参議院上程。会期末を前に、参議院の災害対策特別委員会の浦田勝委員長のよびかけで、市民＝議員案、野党3党案、上程されていないが自民党による「被災者生活再建支援基金法案」（基金法案）の三案の勉強会を非公式

169

ながら開催。国会議員とともに一市民の私も三案協議の場に参加するという画期的な場となった。

臨時国会最終日、参議院本会議で継続審議が決まった。

4　「生物学的解決」にしてはならない

被災丸3年後の年明け、仮設住宅に2万5,374世帯、餓死を含む孤独死191名。昨夏、神戸を訪れたドイツの歴史学者に「これは生物学的解決だ」と指摘された。公的援助法を何としてでも実現しなければならない。神戸市役所前の公園で旗開き。阪神・淡路の被災者支援と公的援助法実現の支持・連帯をネットワークのシンボルカラーの黄布400枚をなびかせた。国会行動の合間や国会閉会の期間に、「公的援助法実現！　災害多発列島キャンペーン」を組んで、九州、中国地方、中部地方、関東、地元関西の街頭や集会で受けた連帯のしるし。

1998年1年12日、第142回通常国会開会。開会に合わせて例によってバス往復車中2泊行動1日の国会請願行動開始。

野党三党案は阪神淡路の被災者を支援するが、将来の被災者には備えない特措法。自民党案の基金案は基金創設後の被災者に適用するが、阪神淡路には遡及しない被災者置き去り案である。

1月末、「被災者支援法実現・議員の会」は実現すべき支援法を、「(1)給付金額は生活基盤を回復するに足る金額であること。(2)給付対象は中堅層を含む広範な被災者とすること。(3)阪神・淡路大震災の被災者に適用すること。」の3原則とする。市民側は四つの原則を立てた。「(1)自然災害による被災者の生活基盤回復を公的援助によって実現すること。(2)阪神・淡路大震災の被災者救済とともに恒久法とすること。(3)審議の全工程を公開し、超党派で実現すること。(4)「市民＝議員法案」は主権在民の民主主義政治回復の土台となること。」

国会行動、街頭キャンペーン、銀座歩行者天国や渋谷でのデモ、議員との協議会など東京の市民の応援も増えていく。例によって行動1日往復車中2泊のバスやワゴン車で被災者を上京させ、帰神して仮設

住宅を巡って報告学習会の日々。

　3月初旬、各党幹部（自民党村上正邦参議院幹事長、民主党鳩山由紀夫幹事長、社民党土井たか子党首）と面談し、「市民＝議員法案」を軸にして各党案を審議してほしい」と要請。

5　参議院災害対策特別委員会

　1998年3月20日、災害対策特別委員会（以下「災特」と略）開催。市民＝議員法案の審議入りはいまだに未定だが、「災害対策樹立に関する調査」と題して被災者支援がこの日の内容。議論が深まりそうな気配に阪神の被災者が審議を凝視していることをアピールしたい。傍聴には身体検査があってメモ用紙と筆記用具以外は持込禁止。しかし"色"を拒むことはできない。シンボルカラーの黄色のシャツ、セーター、ウィンドブレーカーなどで傍聴席を埋めた。

　田浦直委員（自民党）「被災者の生活再建について転換期」「"私有財産は自分で守る"にこだわりすぎている。困った人を救うのが政治。何らかの方策が必要」と発言。

　本岡昭次委員（民友連）は「住専への国費投入は預金者保護、即ち個人財産。人為的な倒産に支援し、自己責任ではない地震被災にはできないはなぜか」「兵庫県復興基金事業の『生活再建支援金』には一般会計から地方交付税を投入。即ち公的資金を個人に投入している。」と展開して事実を認めさせた。

　田英夫委員（社民党・護憲連合）は、「公的資金による被災者支援は、災害弔慰金法で肉体的被害に支援している。これを物的被害にまで拡大すべきとき」「3つの支援案は公的支援を被災者のために出すことについては共通」山下芳生委員（共産党）は「被災者の4人に3人が公的支援を求めている」。

　平野貞夫委員（自由党）は、「大震災を教訓に、国の責任で被災者支援する制度は必要」。

　亀井久興国土庁長官は、「国としてどこまでやれるのか検討する」「阪神大震災の復興が終わったとは考えていない。被災者の生活再建

努力を支援することを検討する」と発言。

　被災者への公的支援の市民案を提起して2年、この日、ついに党派を超えて、被災者に対する公的援助の必要性が共通課題になったのである。

　しかし私たちの「市民＝議員法案」は審議入りする気配がない。

6　「市民＝議員法案」11カ月の「吊るし」に耐え審議入り

　国会の会期後半になる4月を迎えても事態は一向に動かない。居たたまれなくなったスタッフの一人が「審議入りを求めて国会前で座り込む。一人でもやる」と言い出す。この決意が原動力となって国会前路上で、よれよれの中高年の被災者がまたもや連日座り込みを敢行。

　「被災者支援に無策の政府へイエローカード！」「公的援助法実現！」「阪神・淡路の被災者救済！」の横断幕を掲げて訴え続ける。この頃になると議員会館の衛視が飲み水をあげようと声を掛けてくれる。麹町署の警官が、1日の座り込みを解いて引き上げるスタッフの荷物運びを手伝ってくれる。座り込み現場に挨拶する国会議員が増えるなど、私たちの訴えが幅広く共感をよんでいることを実感した。そして朝日新聞「天声人語」が「即刻審議入りを」と掲載し、この反響はすさまじいものとなった。

　1998年4月10日、法案上程から11カ月、ついに、市民＝議員法案「災害被災者等支援法案」が「災特」で審議入りとなった。発議者の本岡昭次理事、田英夫委員、山下芳生委員、栗原君子委員が出席。発議者として答弁を受ける場面を、被災者のシンボルカラーの黄色で傍聴席を埋め尽くして見届けたのはいうまでもない。

　阪神・淡路大震災に対する遡及問題、雲仙普賢岳噴火災害との義援金格差、生活基盤回復支援という社会保障の考え方、兵庫県復興基金事業による支援の薄さ、中堅層支援の必要性、支援金の使途限定、被害認定基準と半壊支援、財源、被災3年半後の現況、支援金（上限500万円）の意義等々、矢継ぎ早に議論が展開されるが、到達点は見えない。

7 「災特」理事懇談会での非公開協議そして
　「被災者生活再建支援法」成立

　市民＝議員法案は同時に審議入りした野党三党案と合わせて、「災特」の理事懇談会（理事懇）での協議となる。理事懇に参加できる市民＝議員法案推進派議員は2名。非公式協議の場だから非公開となって最早傍聴出来ず、協議内容の経過を直接知ることができなくなった。議員会館地下にある委員長室前で新聞記者とともにへばり付いて、会議終了の度に協議経過を知るために理事の本岡議員に聞く。

　「市民＝議会法案、野党三党法案、上程されていないが自民党案との三案を一本化する。今国会で立法化する」「自民党の説得困難」の深刻な見通しが伝えられる。田英夫議員も同様の判断。

　ネットワークに結集した被災市民は小田さんと議論の末、「協議が平行線のまま時間切れになって無にしてはならない」と、市民＝議員法案の修正を決断する。

　「市民＝議員法案の支援金500万円を300万円、支給対象の所得制限1,000万円」と修正。次の日、参議院自民党の村上正邦幹事長に「三案を協議の上、委員長提案としてまとめていただきたい」と申し入れる。ところが自民党は強固な姿勢を変えず、終いには自民党案を引き上げると言い出し始めたと聞く。

　ここに至って、市民＝議員法案と野党三党案の発議者は協議の後、修正案を共同提案することを決める。

　「収入700万円以下の世帯に一律100万円支給。店舗損壊世帯をも支援対象とする」支援金額を大幅に譲歩することになるが、支援対象枠をなるだけ広げておく狙いであった。しかし最早この案も自民党は蹴ってしまった。

　審議入りから10日間にわたる「災特・理事懇」での攻防の末、着地点を見つけなければならなくなる。今国会で成立させるには、会期末をひかえて衆議院での審議日程を見込んで、参議院で終結させなければならない。

「市民＝議員法案、野党三党法案、自民党案の三案を基に共産党を除く超党派の共同提案とする。阪神・淡路大震災については遡及適用せず同法と同等の措置として講じる」（六党案）とする内容での決着についに至った[16]。

　何と言うことか。「阪神・淡路を救え」と主題にして今後の被災に備えるための恒久法の実現を目指して運動してきたのに、被災3年半後の阪神・淡路には及ばない法律になるという。遡及適用せず、「行政措置」に委ねることが被災者支援上どう展開されるのか、私たち被災者はやがて直面することになるが、それは後のこと。

　「理事懇」という政治折衝の場で決着した「六党案」に基づいて4月22日、「災特」で、「被災者生活再建支援法」は賛成多数によって可決された（共産党は反対）。その後、本岡議員が、阪神・淡路大震災については同等の行政措置を講じることを趣旨とする「付帯決議（案）」を提案して全会一致による可決。参議院本会議で可決の後、衆議院に同法送付。衆議院においても「付帯決議」されるように、地元選出の国会議員に要請にまわった。

8　「被災者生活再建支援法」成立

　1998年5月15日、衆議院本会議で「被災者生活再建支援法」可決成立。「同等の支援措置を講じる」「5年後の見直し」の内容による付帯決議可決。

　被災者生活再建支援法の目的は、「自然災害によりその生活基盤に著しい被害を受けた者であって経済的理由等によって自立して生活を再建することが困難なものに対し、都道府県が相互扶助の観点から拠出した基金を活用して被災者生活再建支援金を支給するための措置を定めることにより、その自立した生活の開始を支援すること」（1条）。

　支援要件と支援金額は、次のとおり。

---

(16) 六党とは、自由民主党、民主党、新緑風会、公明、社会民主党・護憲連合、自由党。

年収 500 万円以下の世帯	複数世帯 100 万円 （単身世帯 75 万円）
年収 500 万円を超え、700 万円以下の世帯で世帯主が 45 歳以上または障害者世帯等	複数世帯 50 万円 （単身世帯 37.5 万円）
年収 700 万円を超え、800 万円以下の世帯で世帯主が 60 歳以上または障害者世帯等	

さらに同法の適用要件が自然災害によって市町村の区域内で全壊10世帯以上の被害。都道府県区域では全壊100世帯以上の被害の場合と施行令で限定。支援金の使途を細かく限定。

獲得したものは市民＝議員立法案に比して、所得制限・年齢制限を設定、支給金額は低い上に使途制限。半壊、一部損壊は対象外等々、多くの制約があり、支援される被災者の範囲が限定されるものとなった。これが「市民＝議員」の政治力の限界であり到達点でもあった。

「自然災害に政府の責任はないから被災者支援は行わない」「私有財産制の下、個人財産の形成になる支援はできない」論を打破し、この国は被災した個人に対して法的支援を行う、と、転換させて被災者個人が生活基盤を回復するために現金給付による公的支援を行う法律を実現させた。

被災市民が国会を動かして、自然災害時に被災市民保護となる橋頭堡を築いたのである。

V　被災者生活再建支援法成立以降の活動

1　被災3年半後の阪神・淡路大震災への「行政措置」

私たち阪神・淡路大震災の被災者は自らの救済と今後の自然災害被災のために闘った。

しかしながら大きな課題が二つ残った。第一、阪神・淡路大震災に対する行政措置の内容。第二、不備不十分な被災者生活再建支援法の改正問題。

阪神・淡路の被災者支援については、兵庫県復興基金原資に3,000億円増額してその運用益360億円を支援金とすることになった。これが私たち被災者の闘いの成果である。

　被災者支援の恒久法は実現できたが、阪神・淡路の自分たちのために、その実施内容を巡って新たな活動を直ちに始めなければならない。

　国会で同法成立の見通しが立った5月早々、「被災者支援金ホットライン」を設置して電話による被災者の実態把握と相談活動を開始した。新聞紙上で報道された朝、午前5時過ぎに電話が鳴り始めた。用意した臨時電話回線は絶え間なく続いた。全壊はもとより半壊、一部損壊の被災者からの訴えは、受け手のスタッフがつらくなる内容ばかりであった。これらの声を受け止めて、兵庫県が実施する行政措置の内容に反映させるために提案しなければならない。

　同法成立の3日後の1998年5月18日、「(1) 支援金の一括支給。(2) 仮設住宅入居者や県外被災者などすべての被災者を対象にするために、『恒久住宅への移行』を支給要件としないこと。(3) 対象世帯を年間所得1,000万円以内とし、全壊世帯に100万円、半壊世帯に50万円を一律支給すること」を、兵庫県に要求。7月、「被災者自立支援金制度」開始。要求内容のうち一括支給、全壊、半壊世帯に対する支給は盛り込まれ、支給金額は上限100万円として設定された。

　ところが同制度要綱に「世帯主被災要件」「恒久住宅移行要件」を設定。「被災者生活再建支援法」にはない要件を付加したのである。「世帯主被災要件」は世帯主中心主義であるばかりか、被災後の世帯変動をまったく想定せず被災者の実態を理解しない要件であった。実際、被災後に結婚して世帯主でなくなった場合、或いは家屋崩壊でやむなく子ども世帯などに同居した高齢者を支援しないことになってしまった。「恒久住宅移行要件」は、仮設住宅に入居している限り支援金を給付しない。支援金が欲しければ仮設を出て行けという言外のメッセージで、被災者はこれを"仮設追い出し策"と批判した。この2つの要件撤廃を要求したが受け入れない。

2 「世帯主被災要件」は女性差別

　連日続行中の相談電話に、「女性差別の制度は納得できん。裁判してでも問いかけたい」という女性が現れた。1999年8月、財団法人・阪神淡路大震災復興基金（理事長＝兵庫県知事）を被告として支援金請求訴訟を起こし、市民＝議員立法の「発議者」の一人である伊賀興一弁護士が弁護団長となり、私たちの団体がバックアップして闘ったことはいうまでもない。一審、二審ともに民事訴訟で勝訴、2001年4月の高裁判決では、「復興基金の主張は公序良俗に違反する」として、「世帯主被災要件は男女差別、世帯間差別であり無効。被告復興基金は高度の公益性を有し地方公共団体に準ずる。支援金制度は高度の公益目的を持つ」との画期的内容であった。

　井戸知事は上告を断念し判決は確定。勝訴によって約400人の被災者が支援金を手にした。私たちは司法判断に従って「世帯主被災要件」撤廃を要求したが、知事はこの要件を削除せず、新たに「特例制度」を設けて支援対象枠を少し広げるに留めた。このために支援から取り残される被災者が多く、納得できない9人が、2005年6月、復興基金を被告として支援金請求の民事訴訟を提起した。被災時一人暮らしの借家が全壊。アパートを探したが高齢者には貸さない。やむなく娘夫婦に同居したところ支援の対象外とされた高齢女性。全壊した被災者同士が震災後に知り合って結婚し、二人の収入を合算したら収入要件を満たさないとして対象外とされた夫婦など、いずれの場合も被災者生活再建支援法なら支援される被災者を、兵庫県知事は救済せずに置き去りにしてしまった。

　このような事例を通して、法の保護を受けることの意義の大きさを痛感した。裁判が和解によって決着したのは2008年3月31日。被災から実に13年後の支援となった。

　兵庫県知事が被災行政トップとして、復興基金理事長として被災者支援において積極的行政を怠ったことは災害救助行政における汚点である。

2　被災者生活再建支援法の改正を求めて

「被災者生活再建支援法」制定に続いて、被災者自立支援請求訴訟の勝訴判決を得たことによって、「資本主義社会では自然災害の被災者個人を支援しない」とする行政府の岩盤のような見解を打破して、自然災害時には被災者個人を支援するという「基本的人権」を私たちは手にした。

しかしながら「被災者生活再建支援法」はその制定過程、とりわけ最終盤での「六党案」決着が政治的妥協であることによる不十分な内容、そして住宅再建等の支援問題など成熟しないままに議論が残された。残された課題の大きさについて関係者は気づいていた。同法成立時「5年後の見直し」が衆議院で付帯決議され、同法付記2条には、全半壊世帯に対する住宅再建支援については検討し、必要な措置を講じる旨が明記された。

同法見直しを前に、政府に対する私たちの提案はつぎのとおり。

【Ⅰ】　被災者生活再建支援法を次のように改正すること。
（1）　同法適用要件（被害規模・地域単位）の撤廃
（2）　年収・年齢要件の撤廃
（3）　支援金の経費区分や使途制限の撤廃
（4）　支援単位を世帯単位から個人単位に転換すること。
（5）　支援対象を拡大すること。①半壊②事業所の全壊、半壊によって失職し収入が途絶えた場合。
（6）　長期避難指示等によって避難生活を余儀なくする場合の生活維持支援の創設。

【Ⅱ】　住宅再建等の支援制度を創設すること。
（1）　支援金額は住宅再建や修理の目途がたち、居住し続ける意欲を湧かし得る実効性のあるものとすること。収入・年齢を要件に組み込まない。

> (2) 支給対象を次のように行うこと。①現に居住する住宅が全壊または半壊の被害を受け、住宅再建する場合にその所有者に支給する。②現に居住する住宅が全壊、半壊、一部損壊の被害を受け、修理する場合に修理支援金を支給する。③現に居住する住宅が、全壊、半壊、一部損壊の被害を受け、住宅再建や修理ができず居住不能になった者に対して支給する。

4 "住宅本体"に支援しないのに「居住安定支援制度」?

　2004年3月、被災者生活再建支援法改正。3年余も続く三宅島噴火災害についての私たちの思いが通じたのか、「長期避難者」に対する支援は、「特例」として実現した。住宅支援に関して新たに「居住関係経費」として上限200万円の支給が決定された。即ち、全壊の場合の再建・購入に200万円、大規模半壊（全壊に準ずる世帯）の修理に100万円、全壊・大規模半壊で賃貸入居した場合に50万円の支給。これを政府は"居住安定支援制度"と称したが、支援経費の使途は、家屋の解体・撤去・整地費、住宅ローン利息、諸経費負担などに限定した。住宅本体の建設費に使うことを認めなかった。半端な居住安定支援策だが、被災者支援策だが、被災者支援に住居確保が不可欠であることを認めた証しではある。

　住宅支援については、すでに2002年10月、全国知事会は住宅再建支援制度の創設を支援法改正とともに政府へ要望。さらに早く2000年10月、「自然災害から国民を守る国会議員の会」(災害議連) は「被災者住宅再建支援法案（仮称）骨子」を提案している。住居の公共性に着目して住宅支援を最初に実施したのは、鳥取県西部地震 (2000年10月) で、片山善博鳥取県知事（当時）は、政府による住宅再建支援制度の欠如を補う被災自治体の独自施策を打ち出した。住宅再建に上限300万円支給等によって、被災者の生活基盤回復と地域再生を果たしている。

　また2000年12月、国土庁（当時）の「被災者の住宅再建支援のあ

り方に関する検討委員会」(委員長・広井修東大教授)は、従来、個人資産と位置づけてきた住宅を、地域社会との兼ね合いなどから公共性があると認定した最終報告書を提出した。災害支援を巡る国の議論の中で、個人住宅に公共性を初めて認めたものである。

この流れの中で衆議院選挙 (2003年11月9日) の際に私たちが行ったアンケートに答えて、井上喜一防災担当大臣 (当時) は、「住宅再建について国として支援すべきである」として「被災者の居住安定支援制度創設も含めた生活再建支援制度の拡充を図っていくことが現実的な対応であると考えます。住宅の再建、補修、賃貸住宅への入居等を余儀なくされる被災者に対し自助努力のみでは円滑な居住の確保が図られないおそれのある場合に、必要となる経費等の負担軽減を図るものです。」だった。

にもかかわらず被災者生活支援法の見直しに関して政府が、住宅本体に対する支援策を打ち出さず、半端な住宅支援策を展開する所以は、「居住」は基本的人権であるという居住福祉の思想についての見識不足と言うべきである。

改めていうまでもないが、この居住関係経費は、全壊には住宅再建・購入、大規模半壊には家屋修理、全壊・大規模半壊で賃貸住宅を確保した場合に限られる。だから住宅再建・購入しない限り、家屋の解体・撤去は自費負担となるのである。しかも対象を年収500万円以下の世帯 (世帯主が45歳以上なら収入要件は上がる) と収入・年齢要件を低く抑えたままだから、子育て世代は収入要件にはばまれて対象外とされ、ローンを組めない高齢者も支援の対象外となり、被災によって失職、廃業した世帯であっても前年度の収入制限で対象外である。制度設計のはじめから該当する世帯を狭めていたのであった。

この「居住関係経費」は、阪神・淡路大震災のメニューを参考にはしたが、実際の支援においては約半分程度の後退したものとなった。阪神・淡路の場合、解体撤去費は平均249万円 (産業廃棄物処理法運用)、住宅再建利子補給 (最高) 142万円 (復興基金) で合計391万円であった。また鳥取県西部地震では解体・撤去は住宅支援とは別枠の全額公

費であった。支援金額の多寡はともかく、災害時の崩壊家屋の解体撤去は居住問題と捉えるには無理がある。治安、防災、救助救援、公衆衛生の観点から公共性を問うべきである。

5　再び宿題が残った！

　被災者生活再建支援法は改正されたが残った課題に対応するために、衆参両院の災害対策特別委員会で「4年をめどに見直しを検討」と付帯決議された。その改正時期を迎える2006年末までの被災者生活再建支援法適用の災害は29で、「生活関係経費」は93％の支給率であった。また、「生活関係経費」受給者のうち「居住関係経費」の受給者は28.3％に過ぎず、年収500万円以下の世帯にとって住宅再建が容易でないことを裏付けている。また、「居住関係経費」が新設された2004年法改正後から2006年までの被災者生活再建支援法適用の災害16のうち三宅島噴火災害を除く15についての支援金支給額は平均119万6千円に過ぎない。住宅本体への支援抜きの「居住関係経費」の使い勝手の悪さを示す数字である。

　2007年の再改正時期を前に、日本弁護士連合会は、「①住宅本体の補修費、建設費、購入費を支出の対象として認めるべきである。②支出要件の緩和をすべきである。」の意見書提出。

　私たちは再び同法改正の意見を提出した。

(Ⅰ)　同法適用要件の被害規模・地域単位要件の撤廃。
(Ⅱ)　年収・年齢要件の撤廃。
(Ⅲ)　「生活関連経費」に関して①使途制限を撤廃した上で緊急生活支援とすること。②支給対象を半壊（半焼）、床上浸水世帯にも拡大し、全壊世帯の2分の1を支給すること。③世帯単位の支給を改めて個人単位とすること。
(Ⅳ)　①住宅建設、購入、補修のための支援費として居住確保支援を実現すること。その支援費を増額すること。②申請期間を延長すること。③被災地域内での住宅再建・購入する場合、建築

主が被災者本人でなくても（子どもが親のために家を建てる場合）、被災者と同等の支援をすること。④補修費を大規模半壊のみならず、全壊、半壊にも適用すること。⑤被災住宅の解体撤去費は別に公費負担とすること。
(V) 長期避難指示等が継続する場合、「生活維持支援金制度」を創設すること。

6　住宅本体への支援制度実現

　第168回国会（臨時）の2007年11月、被災者生活再建支援法は大きく改正された。

　同法第1条の目的を「自然災害によりその生活基盤に著しい被害を受けた者に対し、都道府県が相互扶助の観点から拠出した基金を活用して被災者生活再建支援金を支給するための措置を定めることにより、その生活の再建を支援し、もって住民の生活の安定と被災地の速やかな復興に資すること」に改めた。

　第一に、これまで被災者間格差を生じさせて年収・年齢要件を撤廃した。第二に、「生活関係経費」は使途を限定しない「定額渡し切り方式」に変更された（基礎支援金）。全壊世帯に100万円、大規模半壊に50万円の定額支給となった。大規模半壊が加えられるとともに、「敷地被害により住宅の解体に至った世帯」が支援対象に追加された。第三に、「居住関係経費」については、居住する住宅の再建の方法に応じて定額支給となった（加算支援金）。即ち、住宅を建設・購入する世帯に200万円、補修する世帯に100万円、民間住宅を賃貸借する世帯に50万円となった。従来対象外とされてきた全壊で補修する場合も支援対象に組み入れられた。

　この内容でわかるように、かねて私たちが提案し続けた大きい部分が受け止められての改正となった。年収・年齢要件が撤廃されたことによって被災者間格差が解消され、また被災によって収入が途絶えたにもかかわらず、前年度の収入によって支援が受けられないという不

合理も解消された。「生活関係経費」(基礎支援金)については、これまで対象経費を35品目に限定した上で、品目ごとの申請の後、実費額を積算し実績報告までしなければならないという煩雑な方式が撤廃されたことで、百人百様に異なる被災者ニーズに対応でき、被災者のみならず被災自治体も事務処理が簡素化された。この煩雑な事務手続きのために全額支給に至らなかったが、定額支給によって該当被害世帯は満額支給となる。

「居住関係経費」(加算支援金)については、従来認めていなかった住宅本体についての支援をついに認めることとなった。全壊で補修による居住確保を選択していた世帯や、住宅敷地に被害が生じ、やむなく解体した世帯にも支給されることになって、被災実態に寄り添った支援になったといえる。

7　今後の課題

しかしまだ残された課題がある。

(1)　国が住民の安全・安心をはかることは基本である。国の責務と役割を被災者生活再建支援法に明記すべきである。

＜理由＞

現行法は、「都道府県が相互扶助の観点から拠出した基金を活用して被災者生活再建支援金を支給する」として、支援金支給業務を「被災者生活再建支援法人」に委託している。被災者支援についての国の責務・役割が明らかになっていない。

(2)　被災者生活再建支援法の適用要件を撤廃し、自然災害規模による被災者支援を平等に行うこと。

＜理由＞

①　現行の被災者生活再建支援法は、次のいずれかに該当する自然災害に適用される(同法施行令1条)。①　災害救助法施行令1条1項1号又は2号に該当する被害が発生した市町村における自然災害。(例えば被災市町村で人口5,000人未満であれば「住家が滅失した世帯」が30以上、人口100万人未満の都道府県でその区域内の市町村の人

口10万人未満で「住家が滅失した世帯」が15以上）②　市町村の区域で全壊世帯10世帯以上。③　都道府県の区域で全壊世帯100以上。④　①又は②の被害が発生した都道府県の区域内で他の市町村（人口10万未満）が全壊世帯5以上。⑤　③又は④の被害の都道府県に隣接する都道府県の市町村区域（人口10万未満）で、①～③の区域のいずれかに隣接し、全壊世帯5以上。

②　同法の適用外の自然災害で同等の被害を受けた場合、即ち、小規模の災害であるということで同等の被害を受けながら支援対象外とされる。同法の目的は、「生活基盤に著しい被害を受けた者」の「生活再建を支援」することにある。この趣旨からすれば、被災者はそれぞれに支援が平等に行わなければならない。

③　同法は被災者支援法制上、最低限の支援として、自然災害規模による格差を生じさせてはならない。

④　基本的人権（憲法11条）、個人の尊重（憲法13条）、生存権（憲法25条）保障の観点から、自然災害規模による支援の有無を生じさせてはならない。

(3)　「生活関連経費」(基礎支援金)は、「世帯単位」支援を廃止して「個人単位」による支援を行うこと。

＜理由＞

①　現行法の支援金支給は単数世帯と複数世帯との2区分であり、多人数世帯には手薄である。また自然災害という非常事態時には離婚など世帯変動が激しい。支援金は被災時の世帯主が需給するから、災害離婚の多くの場合は妻は受け取れない。被災に起因して生じる世帯変動に対応して被災者支援を行うには「個人単位」が望ましい。

②　被災者生活再建支援法は、「自然災害によりその生活基盤に著しい被害を受けた者」（同法1条）に対応する支援である。被災者個人に対する支援を実現するには「個人単位」であるべき。

③　年金制度改革が実施され、税務上の扶養控除廃止が個人個人尊重、男女共同の社会参加の観点において、個人単位であるべき。

(4)「生活関係経費」(基礎支援金)の支給対象を半壊、床上浸水被害に拡大し、全壊の2分の1を支給すること。

＜理由＞

半壊、床上浸水は、家屋被害とあわせて畳、襖、障子、電気製品等の家財が破損、使用不能になって生活を維持する上で被害は相当であるが、現行では一切の支援がない。全壊、大規模半壊に対する支援にとどめず、基礎支援金を支給すべき。

(5) 住宅再建等の居住確保に関わる支援金の増額

＜理由＞

① 同法の目的は、「生活基盤に著しい被害を受けた者」に対して支援し、「住民の生活の安定と被災地の速やかな復興に資すること」である。現行の被災者支援は、同法の支給額の不十分さを補完するために被災自治体が独自の支援策を講じる場合がある。都道府県間や市町村間に支援格差が生じている。2004年の台風23号豪雨災害の被災地の京都府舞鶴市は、独自策として300万円を上乗せしたので法による300万円との合計600万円の支援となったが、同一の災害ながら香川県満濃町ではまったく支援がなかった。被災自治体の独自策を否定するものではないが、法による支援の薄さがこうした支援格差を生じさせている。「生活基盤」を回復するとは居住確保を行うことであり、そのために最低限の保障を行うよう支援金を増額すべきである。

(6) 被害家屋の解体・撤去は別途、公的支援の対象とすべきである。

＜理由＞

崩壊家屋の解体・撤去は治安上、防災上、公衆衛生上、放置できない。また都市の復旧復興のためにも、所有者責任に帰さず、道路整備と同様、公共性の観点から速やかに実施すべきである。

第7章　鳥取県西部地震に学ぶ居住の大切さ

片 山 善 博

　最初に、居住という問題について、私どもが鳥取県西部地震の際に体験したことを基に、居住がいかに大切なことであるかを痛感した、そのことを中心にお話しさせていただきます。

死者はゼロ

　ここ鳥取県は、2000年（平成12年）10月6日に最大震度6強、マグニチュード7.3という大変大きな地震に見舞われました。これはあの阪神・淡路大震災に匹敵するほどの大きな地震でした。1つだけ幸いにも違いましたのは、死者が1人も出なかったことです。奇跡的といっても過言ではないかと思います。これは大変ありがたいことで、幸運というか、こうした最大の奇跡に対して、感謝しなければなりません。

　私は1999年4月に知事に就任しましたが、自治体の長を仰せつかる以上、阪神・淡路大震災のような災害に備え、県民の生命・身体・財産をいかに守るかということに、十分注意を払ってまいりました。

万全の備え

　阪神・淡路大震災のように、兵庫県が特にというわけではなく、当時は、やはり客観的にみて、全国の自治体が災害に対して、あまりにも無防備であり、何の準備もしていなかったことは、否めない事実であります。

　そんな中、もしこの鳥取県で同じような災害が発生した場合は、被害をゼロとはいかないまでも、それを最小限に抑えることが、行政の取るべき政策だ、と準備を怠らなかったのでありました。それがまず

居住福祉研究叢書　第5巻　　　　　　　　　　　　　　　　　　　［片山善博］

第一に幸いした、と今もって自負しております。

　防災の機構、組織の強化を計る、その上でスタッフと、マニュアルの点検と整備、それから、防災関係機関、たとえば自衛隊とか消防機関とかと連携をとって、合同で防災訓練をやったりもしました。そんなことがあり、他の幸運にも恵まれ、犠牲者はゼロということになりました。幸運でした。

その日に、防災対策本部設置

　それはそれでよかったのですが、現地に入ると住宅は倒壊、屋根は飛んで家は傾いている。このままではとうてい住めない。そんな家ばかりでした。

県西部地震の住宅被害状況（読売新聞 2001.1.1）

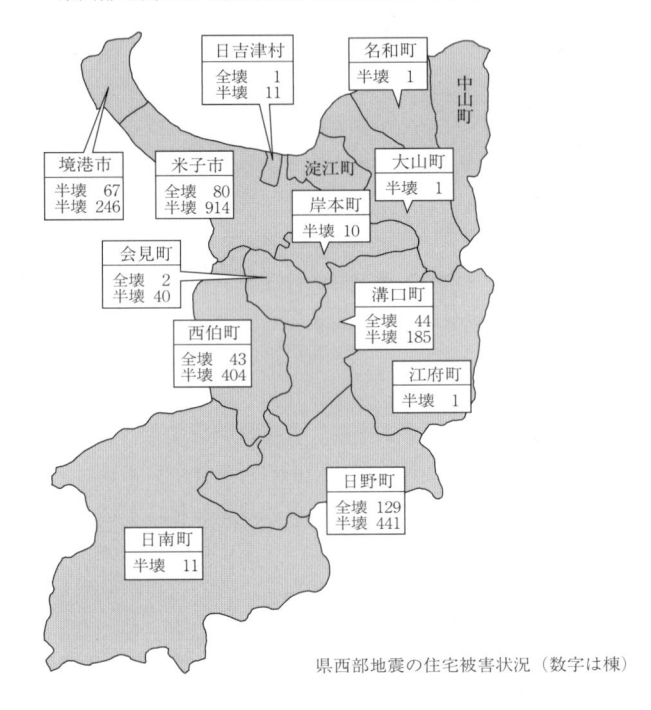

日吉津村　全壊 1／半壊 11
名和町　半壊 1
中山町
境港市　半壊 67／半壊 246
米子市　全壊 80／半壊 914
淀江町
大山町　半壊 1
岸本町　半壊 10
会見町　全壊 2／半壊 40
溝口町　全壊 44／半壊 185
西伯町　全壊 43／半壊 404
江府町　半壊 1
日野町　全壊 129／半壊 441
日南町　半壊 11

県西部地震の住宅被害状況（数字は棟）

188

第7章　鳥取県西部地震に学ぶ居住の大切さ

　こんな時に、一番大事なのは被害の状況をいち早く把握することと考え、早速県庁の幹部職員と、毎日のようにヘリコプターで現地に通いました。

　県庁にはその日のうちに、災害対策本部を設置しました。刻々と集まる情報を瞬時に分析して的確な判断、指示を下し処理を講じました。その上で、やはり現場を見ることの大切さを痛感しました。

　当たり前のことでしょうが、道路が寸断されている、いくつもの大きな岩が道路の通行を妨げている、崖崩れがある。だがこんなことは迅速に対応することができる。一見すれば誰にも分かることです。しかし、現場に降り立っただけではすぐには把握できなかったものがありました。

　災害に遭った人たちにとって本当に必要なものは何だろうか、何を求めているのだろうか、一番大切なものは何か、ということであります。

いい知れぬ「不安……」

　それはいい知れぬ不安……。「不安」を抱えているということ、そのことが最大のものでした。現地に入った私の一番印象に残ったことでした。被災地に行くと、今回の地震は総じて高齢化、過疎化が進行しているそんな地域ですから、大半の被害者は高齢者でした。私が現地に行くと、それぞれの避難所とか、壊れていない知り合いの家に身を寄せておられるお年寄りが、ぞろぞろと出てこられます。

「いかがですか」

と聞きますと、皆さんは本当に元気よく話してくれます。家が大きく揺れて、箪笥や食器棚が倒れて壊れ、家の中がぐちゃぐちゃになったとか、そんなことから始まります。でも命からがら家の外に出て助かった、誰それさんに助けてもらったとか、そんな報告でした。本当に皆さん、予想外に元気だなぁと思いました。着の身着のまま避難所に来ている人ばかりなのに、意外と明るいな、というのが私の第一印象でした。

居住福祉研究叢書　第5巻　　　　　　　　　　　　　　　　　[片山善博]

この先、どうなるんだろう

しかし、それは表面的なことであって、その後だんだん話を進めてゆくと、やはり一番気に掛かっていることに到達するのです。それは、何か。今後ここにちゃんと住み続けることができるか、ということに尽きるようでした。皆、その地域に住み続けたいと願うのです。これまでずっと長い間住み続けてこられた方がたばかり。当然といえば当然な話ではありませんか。

たとえば男性で、そこで生まれて70年なり、80年なりという方ばかりで、女性も結婚して新しく移り住んでかれこれ40年、50年という人がほとんどでした。これまでも、そしてこれからも一生住み続けるであろうことを前提に、人生設計を立ててこられた方がたでした。

それが10月6日（平成12年）、午後1時半に起きた大地震によって一瞬にして壊れようとし、これからも本当にそこで平穏に住み続けられることが可能なのだろうか、このことが一番の「不安」であったことは、もう想像に難くないのでした。「この先どうなるんだろう」もちろんこれは知事の私にどうこうしろと言われたのではなく、自らの「不安」から自然に出た言葉でした。家が壊れているから、もう住むことはできない。ペシャンコだったり傾いていたり、このままでは絶対住めない。

私は早速、危険度調査をし、それぞれを分類しました。建築の専門家が、レッドカードやイエローカードでランクを付け、まあまあ大丈夫だろうと判断した家にはグリーンカードを貼ったりもしました。

高齢者には困難な改修

余震もまだ続いていて、なおも不安を募らせます。いずれにしても建て替えるか、修繕するしかない。じゃあそうすれば話は簡単かも知れないが、たとえば75歳前後のご夫婦で家を建て替えろというのは、これはかなり困難が予想される。修繕でも同じで、屋根が飛んだ、しかし瓦を葺き替えるくらいなら、大して費用も掛からないのではと私

第7章　鳥取県西部地震に学ぶ居住の大切さ

も思いましたが、これは素人考えでした。この被災地域は冬は雪が深く屋根も瓦も頑丈にされていて、聞いてみるとこれが結構費用が掛かるんです。300万円、少なくても200万円とかね。これは被災されたお年寄りには大変だ、かなり厳しいものがあるなと。75歳にもなれば銀行ローンも組めないし金融機関は貸してくれません。よほどしっかりした担保があるとか、保証人がちゃんと付いてるとかの条件があれば可能かもしれませんが……。じゃぁ自己資金といえば、大体が年金暮らしの方がほとんどですから、右から左へと建築資金や改修資金が捻出できる人は少ないわけです。

このまま、ここに住み続けたい

そんなことを考えると、この先どうしようか、でもこのままでは元のように住めませんよ、という結論になってしまう。そんな時、その老夫婦には東京とか大阪の都会に出ておられる息子さんとか娘さんとかがいて、被災された親御さんに対して、「私の家にきて一緒に暮らそう」と言われた人がすいぶん多かったようです。「それはそれで、大変ありがたいし、嬉しいのですが」またそれで、おじいちゃんおばあちゃんは悩むんですね。せっかく息子たち夫婦がそう声を掛けてくれるから、最後は行かなくてはならないかも知れない……。

けれど、やっぱりよく考えたら、行きたくない、ここに住んでいたいというのが本心のようでした。嫁姑で気を遣うのもお互い窮屈だし、もうこの歳になって周りの住まいの環境がガラッと変わるのはごめんだ、とそんなことに対する不安、これが一番大きかったと思われました。

若い人なら、新天地で生活を再建する、ある種の希望なり期待が湧くのかも知れません。でも70年以上も同じ所に住んでいれば、全く見ず知らずの所に転居して、新たに人間関係を結ぶというのは、容易なことではないと私自身も思います。そういうことに対する不安が、視察し始めたころ、もう早くも充満していました。お年寄りの皆さんは、私の前で本当に泣かれて、息子の所へ行くか、いや行きたくない。

ここに住み続けたい。でも家がこんな有様ではどうしようもない。どうすればいいんだ。そんな心の揺れが、手に取るようにひしひしと伝わってきました。

復旧のキーワードは「住宅」

その時、分かったのです。住宅というものが、被災地を復旧する一番のキーワードなんだ、と。道路とか河川、橋だとかの災害復旧も大きな柱としてもちろん当面の課題ですが、今回の災害の復興には、住宅を建て直す、これを復興、復旧することこそが最大の仕事なのだと、その時私は直感したのです。これこそが被災に遭った県の知事として取るべき最大の方策だ、と。

現に、避難所にさえ出てこられない方もいる。壊れた家には住めないはずなのに、それでも出てこない。ではどこで暮らしているのかといえば、ビニールハウスで寝泊まりしているらしい。「牛の世話は誰がしてくれる？　永年一緒にいた牛のためにも、自分が避難所に行くことはできない」住み慣れた住宅とは、ただ自分ひとりの問題ではなく、牛の世話もそうですが、その土地に定着することが、いかに根強く、大切でかつ重要であるかということを、この震災で痛感させられた次第です。

女子職員の涙

震災から1週間ほどして、再び私は二巡目の視察へと現地に向かいました。その頃には避難所から家に戻ったり、身の周りの世話をしたりして生活の再建をはかる余裕、一種の意欲というか力が、人びとに湧き出てきている時期でした。とある役場の住宅相談窓口で、ひとりの女性職員に、「その後、いかがでしたか」と尋ねましたら、「年老いたおじいちゃん、おばあちゃんが夫婦で、家が壊れたけれど、行政で支援してくれる何かよい手立てはないだろうか、補助金などはないのだろうか、何とかならないか、と言って役場に来られるんですよ」しかし、その職員さんは、大工さんや工務店を紹介したり、町営住宅の

空きがあれば斡旋するしかない。実際に自力で住まいを立て直そう、改修しようとする人に、資金援助するなどの手を差し伸べる手立ては何もない、メッセージすら与えることができない、と言うのです。その女子職員は私にそう説明する間にも、顔をクシャクシャにして涙を流し、「知事さん、もう耐えられません。本当に気の毒で可哀相なお年寄りばかりで……。何とか自分も助けてあげたいと精一杯ですが、何もしてあげられないんです。何かそんな自分が町役場の職員として歯痒くて惨めです。どうにかなりませんか、知事さん」と言って、その職員さんはさらに泣き崩れてしまったのです。

その時、私も思わずもらい泣きをし、「やっぱり住宅、居住というものが人間が生き、生活するうえで一番基本となるのだ」ということを、再認識したのでした。私は災害を被った鳥取県知事として、阪神・淡路大震災の際にも成し得なかった、住宅再建の支援というものを、事実、今回のことで全国に先駆けてやりましたけれど、実はいろんな障害があったのです。それは後ほどお話します。ですが、その障害を乗り越えてでも、住宅再建の手助けをしよう、支援をしようと最終的に決断したのは、その女子職員の涙を感じ、その役場の幹部から実情を目の当たりに聞くにつれ、これは絶対にやろう、必ず実行しようと心に決めたのでした。もう私に迷いはありませんでした。

今さら大都会で暮らせない

その後も、私はいろんな方に会い話を交える中で、もし自分が目の前にいる被災者だったら、いったいどういう行動を取るだろうか、と考えました。私は当時48歳でしたから、まだまだ元気で、恐らく住宅が倒壊しても、この歳ならば、再建も可能だと思ったに違いありません。でも年齢も境遇も、目の前の高齢の被災者と同じだったら、自分はどう行動するだろうか、ということを常に考えていました。きっとこんなに壊れた家を直す元気などない、そんな気力も資力もない。

幸い私には6人も子どもがいるんだから、誰かひとりぐらいは面倒を見てくれるのではないかと……。シェイクスピアの戯曲『リア王』

に、子どもが何人もいて、老後になって皆のもとを順に巡っても、誰もが邪険にして、親切にしてくれない、という話がありました。しかし私は、6人中の1人くらい親孝行者がいて、そこに身を寄せるしかないんだろうなぁ。でも75歳にもなって、いまさら大都会の息子夫婦の所へ行くのは、やはり嫌だと正直思いました。

　これが、私の目の前にいるおじいちゃん、おばあちゃんの率直な気持ちなんだろうなあと思いました。ならばその気持ちを大切にして、希望が叶えられるような老後、人生の最期を飾らせてあげるようにした、これが私の思いでした。

そんな制度はない！

　そんなことがあって、住宅再建支援というものを、是非やりたいと考えたのです。すでに災害直後から「住宅」がキーワードだと考えていたものですから、職員に住宅再建を手助けする仕組みを調べてくれと指示しておりました。しかし、いくら調べてもそんな手立ては、どこにも何もありません、という答えが返ってきたのでした。日本の現行の制度では災害に遭ったとき、個人の住宅再建を支援する仕組みなどはありません、ということでした。そんなはずはないだろう、災害復旧に対して日本ではかなり手厚い仕組みが用意されているはずだから、ちゃんと調査し直すよう苦言を呈しました。阪神・淡路大震災時に、そんなことはきっと議論になっているはずだろうから、兵庫県とか神戸市に問い合わせてみては、とも言いました。

　ですが兵庫県庁や神戸市役所からも、「そんな制度はないので、当方もずいぶん困りました」との答えが返ってくるだけでした。唯一あるとすれば、住宅金融公庫の低利融資ぐらいでした。確かにそれは民間のローンよりも低利でしたが、これは借りられる者だけにしか適用されない制度です。借りられない人にすれば、いくら低利だろうが無利子だろうが、意味がありません。私は、このような大災害に遭って住宅再建支援制度すらないのは、現在のわが国では変だなぁと思いました。

第7章　鳥取県西部地震に学ぶ居住の大切さ

個人住宅に、国は冷淡

　そんな時、私は災害対策本部長として陣頭指揮に立ち、道路を直す、崖崩れを止める、壊れた橋を架け直す、港や空港を整備するなどし、それらについては政府の支援を仰ぐことができます。県だけでこれほどの公共施設の復旧を成し遂げるのは、完全にお手上げ状態です。そのことは本当にありがたいと認識しております。ですがそれだけになおのこと、住宅再建支援に関して何もないのは、やはり変だなぁ、と感じたのは率直な思いでした。政府の政策全体が公平さを欠き、バランスがとれていないのではないでしょうか。

　道路や崖崩れ、河川や橋、港や空港など公共施設を直すのと、個人の財産の面倒をみるのとは違うのだろうという、政府のいうことが分からないでもないのですが。われわれが納める税金は、公共目的を達成するための税金であって、これをプライベートに使うのは間違っているというのです。それはそう、分からないでもない。それはそれで国の言い分とすれば、理屈には適（かな）っているのでしょう。だろうけれども私は、やはり変だなぁ、一方では仮設住宅があって手厚い制度で守られて、阪神・淡路でもたくさん仮設住宅を造ったはずです。あれでも一戸300万円、用地代を入れれば優に平均400万円は掛かったでしょう。なのになぜ、本物の住宅には冷淡なのか、疑問に思ったものです。

仮設住宅はあくまでも仮設住宅、壊すのが前提

　というのは、仮設住宅はいずれは壊すもの、いや絶対壊さなければ違法になる、というのです。おかしいじゃありませんか。要するに壊すものなら補助金は出すが、壊さないことが前提なら補助金は出さないというのです。変じゃないですか。皆さんもそう思いませんか。

　私はその時、考えました。壊れた家の敷地内に、仮設住宅を造れないか。鳥取県の場合、都会のように小さな家が密集しているわけではないので、公園や学校の校庭を潰（つぶ）すこともないし、自らの田畑を占領

195

居住福祉研究叢書　第5巻　　　　　　　　　　　　　　　　　［片山善博］

> **被災住宅への復興支援の動き**　読売新聞 2001.1.1
>
> 10月6日県西部地震発生　2,000棟以上が全半壊　県庁に災害対策本部を設置　7日片山知事が被災地を視察　8日県庁で住宅再建支援の検討開始　10日利子補給を柱に検討進む　片山知事が50億円を専決処分　12日住宅再建支援の素案完成　14日支援制度の骨格固まる　16日片山知事上京　国に支援制度説明　17日制度最終決定　記者会見で発表　19日超党派の国会議員が「被災者住宅再建法案」の要綱まとめる　26日日野町に仮設住宅　入居開始　11月2日県議会が40億円の住宅再建補助金を盛り込んだ補正予算案を可決　23日住宅再建支援補助金の適用第1号となる建替住宅が着工　12月11日片山知事が自然災害により被災住宅を支援する独自の基金創設提案　14日県住宅供給公社が米子の住宅団地に液状化対策助成金の支給決定

することもないんです。その人の敷地に仮設すれば事が足りるはずです。だからトータルコストは相当安くてすむわけですね。場合によれば、大切に使ってもらえて、資源の有効利用にだって一役買えるのでは。答えは、絶対駄目でした。理由の第一は、仮設はあくまでも仮設で壊すことが大前提、誰かが自分の所有物として利用し続けるのは、違法となり、絶対に駄目。壊さないものには補助金は出さないということなんです。

　もう一つの理由は、個人の敷地では駄目だというのです。それはパブリック、公共利用のできる所でなければならない。個人の敷地なら独り占めされる可能性があるというんですね。税金を使うんだから、一個人が独占してはいけない、用途があってもあくまでも仮設なんだから解体する。まぁ理屈は通ってもいましょうが、何か釈然としない。その人の敷地ならば利便性もあるはずで、何かと楽だし便利だと思うんです。確かに税金を使うのだから、パブリックなものに注ぎ込むとの大前提がある。正直言って、政府はそれらのことには全く惜しまない。

第 7 章　鳥取県西部地震に学ぶ居住の大切さ

　しかし、鳥取県の被災者はほとんどが高齢者でしたから、その地域の皆が去って行ったら、それは何だったろうかと。大金を注ぎ込んで道路や橋を直して、あぁ、よかった完成したなと思ったら、住民がいなくなっていた。笑い話にもならないですよ。財政上のルールは守ったが、地域は守れなかったとうことになりかねません。

　政府は、それでもいいと言うのですが、やはり変ですね。地域を守ることは、極めてパブリックなことだと私は思います。何もしないで手をこまねいていたら、人はいなくなっていた。これはパブリックではありません。一見プライベートに税金を費やすことにはなったとしても、そのことによって人が皆これからも住み続ける、そうして地域を守っていくことになる、強いていえば、これこそがパブリックな目的を達成したことになるんではないだろうか、と。

住み続けることこそパブリック

　というのは、鳥取県は農村地帯ですから兼業農家も多い。農地というのは全体が一つのシステムとして機能しているのです。たとえば用水路が途中で崩壊すれば下流も困るのです。それまで皆で維持してきたのに何人かが、もう辞めたと出て行ってします。すると不耕作地となって、下流水域も困って、やがては同じことになって全体のシステムも破壊されかねません。皆で守ることがやはり大切なわけです。ということはそこに住み続けることが、本当はパブリックに繋がるのだと私は思うのです。よってその手段として、住宅、個人の住宅を再建するに当たって、行政が支援すること、このことこそが理に適っているのではないかと判断したのです。

　行政というか、国は非常に冷淡でした。10月6日に地震があって、17日にはこの住宅再建支援制度の創設を公表することにしたのですが、その前に霞ヶ関の関係官庁へ、その報告に行きました。それまでにも一応そういう情報は電話で伝えてあったのですが、とにかく凄い、あまりにも強い反発がありました。そんなことは出来ないし、またしてはいけない。なぜなら、これこれこういう理由だと綿々と綴られた

FAXが止め処もなく流れてきていました。色んなことが書かれていました。そんな長ったらしいのをほとんど読んでいる暇はありませんでしたが、とにかく駄目だ、させない、ということだけは分かりました。

憲法違反と猛反撃

　私は根回しというのは好きでないし得意でもありませんが、ここはもう上京して仁義のひとつも切るしかないと思ったのです。案の定もの凄い猛反撃を受けました。政府に補助金を出してもらえることはまずないだろうから、そんな期待はしていませんでした。鳥取県も決して裕福じゃぁないが、これまでの貯えで、なんとか住宅再建支援をやろうと思っていると言ったのです。

　しかし政府はそんなことはしちゃぁいけないし、させない、憲法違反だと言うのです。私は霞ヶ関の役人の真意が分からず不思議でした。「何が憲法違反だ。私だって昔は憲法を勉強したが、第何条にそんなことが書いてあるんだ、どこを探せば都道府県が、住宅再建支援の手助けをしちゃぁならんと書いてあるんだ。むしろ憲法第25条には基本的人権の尊重とある。住宅支援がいけないとは何条にあるんだ、言ってみなさい」と、私もつい興奮して声を荒げてしまったものでした。

　これに対して政府は、私が主張するように、憲法にはそんなことを禁ずる規定はなく、具体的には書いていない。けれど財政上のルールで憲法はそれを許してはいない。まあそんなことなんかを言われたように思います。

　だけど日本は法治国家で、法律に基づいて行政を行うわけで、具体的に実例を挙げてあれば私も従わねばなりませんが、そんなことは法律にはどこにも書いていない。霞ヶ関の役人の勝手な思い込みだろうから、「皆さん、どうかマインドコントロールを解いてください」と、ハッキリ言いました。

　この時に分かったのは阪神・淡路大震災の経験がトラウマになって

いるんですね。当時、迂闊（うかつ）にも私は知らなかったのですが、あの頃は、やはり住宅再建に手を差し伸べて欲しい、と非常に強い要請、圧力があったと聞いています。それに対しても政府や兵庫県はちゃんと対処できていない。気の毒だけど、憲法上、法律・財政上のルールだから、してあげたいけれど、出来ないという返答をしてきたようです。

しかし、それはまやかしだと思うんです。やりたくても金がない、本音を言えばそんなことはやりたくないんだと。これではあまりにも品がなさ過ぎるので、制度上無理だとして、論理を摩（す）り替えていただけなんです。そう思いました。

役人は出来ない、出来ないと何度も言っているうちにそれを信じ込んでしまって、自らがマインドコントロールに掛かってしまっている、どうもそのようなことでした。丹念に法律を調べる、憲法も繙（ひもと）く、他の規定も見る。調べれば調べるほど、政府の言うようなことは根拠がなく剥（は）がれてゆく。後に残ったのは、やはり、「膨大な金が掛かるからとても出来ない、やりたくはありませんよ」本音はそういうことだったようです。

霞ヶ関の〈嫉妬〉

鳥取県の場合、幸いなことに、神戸のような人口密集地でなかったために、やろうと思えばまだやれた。やりたくないのではなく、私は先ほども言ったように、目の前のお年寄りたちのこれからの生活を支えてあげたい、やってあげたいという発想でしたから、法律上の制約がなければ、これはできるという判断をしたのです。

余談ですが、なぜ霞ヶ関がそんなに冷淡かをよく考えてみると、阪神・淡路のマインドコントロールの影響のほかに、もっと別の理由がある、と最近思っているんです。それはひょっとして嫉妬ではないかと。嫉妬……。それはどういうことかというと、私もかつては霞ヶ関にいたのですが、役人にとって住宅問題というのは、個人的には非常に深刻なんです。

彼ら官僚はほとんど家を持っていません。東京で家を持つっていう

のは大変なことなんです。その多くは国家公務員住宅で暮らしているのです。狭いし、地下鉄で長い距離と時間をかけて通勤し、私もそうでしたが、我慢して仕事をしているわけですね。そういう実体験からして、個人の住宅支援なんてとんでもない、自分たちだって我慢しているのに何を考えているんだと。そんなに住宅が必要なら、災害復興住宅とか、町営住宅に入ればいいじゃないか、と多分こう言いたいのだと思うんです。

ですから、道路や橋なんかには暖かい手を差し伸べてくれるのですが、個人の住宅に冷淡なのは、どうやら霞ヶ関の人たちが、自分の実生活、実体験と照らし合わせて、そういう物差しでもって評価、判断をしているんではないか、と最近思うようになりました。というのは、個人の財産に手を差し伸べてはいけないというが、実はそうでもないケースが結構あるんです。

農地だって個人所有なのに

地震でなくても、災害があって農地が潰されたり破壊されたとしますね。で、これを復旧させるためには、ずいぶんと手厚い制度があるのです。農地だって個人所有だし、昔のソ連のコルホーズやソフホーズのように国営農場や集団農場じゃありません。個人の財産であっても、農地ならば災害復興の対象になって補助金が貰えるのです。政府がいうように、個人の財産に対して税金を注ぎ込むことはまかりならんとは、真っ赤な嘘なんです。現実にはそんなことには補助金をどんどん出しているのです。

農地と住宅の違い、その尺度は何だろうか。答えはこうです。霞ヶ関の役人は今はそうでもありませんが、以前は農村の出身者が多くて、農地に関してはよく理解できるんです。自分の故郷のあの農地が壊されたら、直してやらなければと共感するわけですよ。でも住宅となれば、先にも言ったように、自分たちがこんなに苦労して、まだ家が持てないでいるのに、なぜ他人の住宅の支援をしなきゃぁならんのか、とつい個人的な本音が出てしまう。まぁ、こんなことが、住宅に対し

て国が冷淡なことなのかなぁ、と思ったりもしました。ともかくそれは余談として、いろんな経過もあって鳥取県としては住宅再建支援を実施することにしました。

『再建支援』発表、でも募る不安

10月17日、そのことを記者発表することにしましたが、当日は本当に不安でした。「住宅再建支援をします。建て直す人には300万円……。これは同じ町内の現地に、これまで住み慣れた所に建て直すことが前提です。東京にいる息子宅の横に離れ家を建てるというのは対象外です。地域を支えるための支援ですから、同じ理由であれば修繕も支援します。修繕には150万円を限度として、その一定割合を支援します」と、まぁこういうことにしました。

でも不安がありました。どういう不安かというと、一体どれくらいのお金が掛かるのか分かりません。この時期には、まだちゃんと調べがついておらず、50億円掛かるのか100億円なのか、200億円なのか、皆目見当もついていませんでした。それからもう一つは、現地でそれぞれの認定が、正確に出せるのだろうかということ。たとえば修繕補助にしても、一体いくらで見積ればいいのか、ことによれば地震発生の前から壊れていたのに、この際地震に託つけて、ちゃっかり補助金を貰って直そうっていう人がいるのではないか。そんな不正を見落とせば不公平ではないかとか、役場の人がきちんと認定するのに苦労するんではないかとかですね。

色んな不安が渦巻いていました。また政府に反してこんなことをやれば、後でしっぺ返しされるのではないか。江戸の仇は長崎で討つってこともあるので、本当に不安でしかたがありませんでした。こんなに不安を感じたことは、私のこれまでの人生の中ではありませんでした。あれだけ自信があったのに、凄く戸惑いがありました。

けれども、もうやるしかないから、皆で頑張ろう、さぁやろうと気合いを入れ、頑張ったんです。だが記者発表の直後は、本当にこれでよかったんだろうか、日本中で孤立無援になるんじゃないかと思った

りしました。現場では制度がうまく作動しないで、行き詰まってしまうんではないだろうかなどと、財政がパンクするんじゃないだろうか、本当にその日は大変不安でした。県の職員も私のことをよく見ていてくれて、「知事さん、本当に疲れた感じですね、体は大丈夫ですか」と言われたこともありました。肉体的っていうより、精神的に疲労を覚えました。

被災地に元気が蘇る

ですが、次の日からその不安はなくなりました。住宅再建支援の発表を受けて、事態がずいぶん変わってきたからです。被災地にすごく元気が出てきたのです。それまで、これから自分たちはどうなるのかと不安にかられていた被災者たちに、何か元気が蘇ってきたのです。「行政がそこまで手助けしてくれるんなら、自分たちも、さぁこれから頑張ろうじゃぁないか」という意欲が湧いてきたわけです。

最大のメンタルケア

後で聞いた話ですが、現地でずっとメンタルケアをしていただいている、精神科のチームのお医者さんから、「とにかく住宅再建支援のメッセージを発したことが、最大のメンタルケアでした」とおっしゃっていただきました。「ああ、そういう効果があったのかなぁ」と私は思いました。

災害で皆が不安な時は、大袈裟ではなく、絶望しかねないわけです。絶望するかも知れない人たちがいっぱいいるんです。その絶望を希望に変えるということ。これが災害の復興にあたっては、すいぶん大切なことだな、と私はその時に知りました。

神戸から拍手喝采の援軍

それから思わぬ援軍がありました。あの神戸から、拍手喝采が寄せられたのでした。私もよく知らなかったのですが、神戸でもこの公的支援を要請する声が、これまで5年も6年も問題になっていて、それ

に対して行政は何も応えていない、とのことでした。それが長い間ずっと尾を引いていて、神戸の人たちから、その気になればやれる、住宅再建支援だってできるじゃないか、との拍手喝采が私たちの許に寄せられてきたのでした。これは、大変大きな力となりました。私は、この制度の実施を決断して本当によかったなぁと思いました。

人口の流出なし

その後、復興は大変順調に推移しており、今ではもうほとんど復興しています。地震で被災者、特に高齢者は大きく打ちひしがれて、にっちもさっちもいかなくなったのですが、それでもたとえば、県外に住む息子さんの許に身を寄せるとかの人口流出は、ほとんどありませんでした。色んな事情での数件の例をみただけで、皆無といっても過言ではありません。私たち行政に携わる者にとって、このことは本当にありがたいことなのです。こういう大きな災害に見舞われたら、やはりある程度の人口が減っても止むを得ないと思っていましたから。

元気を出していただいて、被災者の一人ひとりが住宅を再建したいということで頑張っていただいたこと、大変ありがたいことです。300万円では住宅は建たないじゃぁないかと言われる人もいました。それはそうでしょう。300万円では足りません。500万円で小さな家を建てたお年寄りがいましたが、それぐらいは独り暮らしの場合でも最低限必要です。それまでに貯えをお持ちの方や、県外に住んでいるお子さんから援助を貰われたりということも聞きました。

また中には、それまで空き家にしていて都会に出て暮らしていたが、老後のことを考えて、行政が援助してくれるのなら、この際それで家を修繕して元の古巣で暮らそうと、帰ってきた人もありました。先程数件の流出があったと言いましたが、逆に数人が戻ってこられたので、そういう面で、人口はこの地震が原因では、ほとんど減っていないのです。ありがたいことです。

[片山善博]

原則は元通りにしてあげること

こんな災害は自分自身では、初めての体験です。冒頭にも申しましたが阪神・淡路大震災の教訓もあり、万が一の不測の事態に備えて、色んな準備をしてきました。それもすぐに遭遇するからと思ってやったわけではなく、念のためにやっていたことなんですが、まさか私が知事に就任して、1年半でこういう大きな災害に見舞われるとは、思いも寄りませんでした。

自分のこれまでの人生の中で、今回の災害復興は、本当に一番気合いを入れて当たったことでした。このことを通じて、私自身多くのことを学びました。県庁の職員も学びました。色いろありますが、災害復興に当たって何が一番重要かと問われれば、もう迷わず、それはできる限り元通りにしてあげること、元通りに近づけてあげること、このことに尽きると思います。完全に元通りにはなりません。ですができる限り、元通りにしてあげること、これが一番だろうと思います。

100年、200年後の復興は間違い

よく大火があったり、地震があると、この際だから今まで出来なかった街づくりをしようと、区画整理をしたり再開発を計画したりしがちですが、それは間違っていると私は思います。もちろん災害があると、100年後を見通して、いい街づくりをしようというのは、やり易いんです。だから行政も、ついついやってしまう。100年経ち、200年経ったら、ああ、あの時の復興に際して、いい街づくりをしておいてよかったなぁ、とたぶん思ってもらいたいのでしょう。

ですが復興というのは、100年後、200年後の人のためにするんじゃないのです。災害復興は目の前で被害に遭った、今、ここにいる本当に困窮を極めている、泣いている、その一人ひとりのお年寄り、住民の皆さん、そういう人たちのためにするべきであって、100年後や200年後の人のためじゃないのです。その辺が都市計画や街づくりと災害復興を混同して考えがちなのです。私はやはり間違っていると

思います。

今、困っている人のために復興

　災害復興というのは、第1に考えなければいけないのは目の前にいる人、今、本当に困っている人たちをどう手助けしてあげられるか、ということだと考えています。

　その考えからすれば、絶対に元通りに近い姿にしてあげることが、第1だろうと思います。鳥取県の地震は、まさにそういうことでありました。

　たとえば傾斜面に建っていた家の石垣が壊れてしまって、もう住めないなんてことがずいぶんありました。石垣の石が下の方に落ちていて、危なくてどうしようもない。さてどうしようか。急斜面で危険だから、もうそこには住まないようにして、この際だから他所に移ってもらおうという意見もありました。が、しかし、やっぱりそこで長い間住んでこられたのも、一つのシステムなのでしょうから、なんとか住めるように支援をすることにしました。お陰で皆さん住み続けています。でも、そういう国の補助制度は一切ありません。

　そんな時、その土地を公共事業とか国の補助制度を適用できるようにして、行政が買収してしまう。危ないからという理由で住めないようにして、移転補償費を出して、どこかに移ってもらうという解決の仕方です。だいたいがこうした方法です。私は、これはやはり間違っていると思います。本当に危険な所ならば別ですが、直して住めるのであればちゃんと元通りにしてあげる。当事者の意志に従って、その方がいいのではないかと考えます。

ダム中止費用が財源

　こうしたことでお金もずいぶんと掛かりましたが、県として少し余裕があったのは、地震の半年前に、一つのダム建設をとり止めているんです。鳥取県中部ダムといって、その建設計画を中止していたのです。鳥取県では、脱ダム宣言なんてのはしていませんが、ある調査に

基づけば、どうもこれは無駄だということが分かったものですから、止めました。

建設費が240億円だったんです。ダムに代わって治水整備や、洪水を防ぐためなどの、ダム以外の手法でやる場合には、30〜40億円ですんだものですから、200億円くらいがリザーブできていたのです。もちろん現金をそれだけ貯めたわけではありませんが、使おうとして使わなく済んだ200億円でした。地震に際してこれまでにも例がなく、政府からも、やっちゃぁいけないと言われ、反対された住宅再建支援でしたが、このようなことに使うのなら、先鞭を切っても罰は当たらないのではないか、とそういう余裕はありました。

この鳥取県中部ダムというのも、実はいろんな問題がありました。掻い摘んで話せば、県がダムを造ることを前提に、当該地域の振興計画とか移転補償とかを、全部計画していました。これは昭和48年からの計画だったのですが、ダム建設を前提にして、そこに住んでいる人たちは、移転補償金をもらって、他所に移り住むことを考えていたので、いずれ家はダムの底に沈んでしまうからと修繕もせず、農地も荒れてきている。行政も、道路などはほとんで整備していない。そんな箇所をどうやって再建するかが、実は大きな問題だったのです。

地震の後、旧ダム予定地、水没予定地の振興計画を作りました。しかし、やはり住宅が一番のネックでありました。家の手直しもしていない住民は、移転補償を貰う当てもなくなってしまいました。じゃぁどうしようか。私は考えました。「ダムで崩壊すると思っていた地域の皆さん、ぜひこれからも一緒に住み続けて下さい。そのために家を修繕したりする必要があると思いますから、それには支援します。建て替えたり大きな補修をする方には、300万円を限度に支援しましょう」ということにしたのです。

ダムでなくても地域を振興する

だんだんと手直しされていて、つい先だっても現地に行きますと、皆さんの表情が、非常に明るくなっておられました。ダムを中止する

と言った時、最初はずいぶん非難されました。「怪しからん、何てことだ。ダムが出来ることを前提に、皆は生活設計、人生設計を立てているのに、ひどいじゃないか」と、こっぴどく怒られました。

　ダムを造らずに地域を振興する。10年も経ったら、ダムを造らなくてよかったといえるような村づくりを、皆さん、一緒にしようじゃありませんか。そのためのお手伝いをします、ということで住宅再建の支援を申し出たのです。そのダム予定地で、96歳の寝たきりのお年寄りを、これもご高齢の奥さんが介護されているご家庭に行きましたら、「知事さん、本当によかった。補助金で家もきれいに直すことができました。これからもこのばあちゃんと一緒に、ここでずっと暮らしていきます。他所(よそ)に移ることになっていたけれど、ダムが中止になって、昔からおった土地、家に住めるようになって」と、改修された家の中を案内してもらいました。

住み慣れた所が一番、安心の源

　これをみても、住宅というものが一番基本になっており、人の安心の源になっているんだなあ、と実感しました。人間はどこに行っても、暮らせるとは限らない。必ずしもそうではないのですね。やっぱり住み慣れて安心できる所が、一番必要なんだなと。特にお年寄りにとっては。普段はあまり気にも留(と)めない、川のせせらぎや、鳥の鳴き声、風の音。そういうものも大切なんだなあ、とダム建設中止後の地域の再建と、地震の後の地域の復旧、この二つの事例でつくづくと感じました。

　移転することは、居住環境がガラッと変わることで、人間関係も変わります。それまでの隣近所もなくなります。目に見える生活環境も変わるし、馴染みの商店も、散髪屋だって変わる。そういうことがお年寄りにとって、堪え難いストレスになる。居住選択は、安全・安心の大きな基礎となります。それにつけても、人が生きるうえで、第一番の源というのは、地域であり、その中にある住宅、そこに住み続けることが、いかに大切であるか、ということ。このことが今回の地震

災害を経験して、痛感した次第です。

第8章　新潟中越地震からの復興

長島忠美

I　「帰ろう、山古志へ」の実践

　震災から5年を過ぎた山古志にお越しいただきましてありがとうございます。おかげさまで山古志も10月23日に5回目の追悼式ができました。被災早々から、早川先生や吉田先生には、山古志に来て下さり有難うございます。後にも話しますが、「生業保護・補償」の重要性ということを、あの時居住福祉の視角として教えていただいたことを印象深く覚えています。

全村避難

　「全村避難どうだったのですか」とあちこちで聞かれるのですが、一番したくなかった下山です。誰もが村を離れたいと思ってやったことではありませんし、いくら村長でも「村を捨てる」と言えるとは思っていません。10月23日に被災し、翌日午後1時に全村避難の決断をし、指示したのです。その間、職員は懸命になって村民をどうやって守るかを考えてくれたと思うのです。私は夜10時ごろまでに職員、自衛隊のヘリコプターの乗務員、いろいろな関係機関の情報を統合し、14集落全てが孤立していることがわかりました。そして、道路、水道、電話、電気、すべて失われ、公共施設のすべてが被災していることがわかりました。

　この村にとどまって、みんなで頑張って災害復旧するのが本当の姿であったのかもわかりません。あの時は、やがて冬が来る。高齢者が多いわれわれの村をこのまま放置しておくことは、命の危険を冒すことになるのではないかということが、私の頭の中で勝ってしまいました。私を含めた村民すべての避難生活があんなに長くなると思った人

は誰一人いないと思うのです。ただ、災害の状況がわかればわかるほど、2週間や3週間で元の生活を取り戻せる状況にはない。その間に災害復旧、村の形を考えられなかったら、このふるさとは、なし崩し的に外に出て行ってしまうだろう、と思いました。

　全村避難を指示した時に、全員が指示に従ってくれるという想定はありませんでした。必ず残る人がいる。でも、その人にとって大切なことだからやむを得ないだろうと思いました。最初は残りたいと言った思った人も何人かいましたが、25日午後3時、全村民が1回村を離れることを決断してくれました。

　それから2時間ほど私は村内の最終点検を自衛隊の皆さんとしました。見たらみんなあきらめてしまうだろうと思ったからあの被災地を誰にも見せたくないと思いました。見せないうちに直して連れて帰りたいと思いました。私も午後5時に長岡に避難し、8カ所に分かれて避難をした村民の前に立ち、「村を絶対に取り戻したい。必ず1回は村民が帰れる村にしたい」と思うようになりました。村民の前に最初に立ったときに言ったことはたった一言「何の情報も伝えられないままだったけれども、よく指示に従って付いてきてくれました。ありがとうございました」です。

　8カ所の体育館を回って、役場が間借りをする振興局に帰った午後10時ごろ、手を空けられる職員が私の帰りを待っていてくれました。私は「みんなも被災者、つらいのもよくわかる。住民は絶望の中にいる。われわれがやらなかったら、住民を絶望の中から救い出すことはできない。だから力を貸してほしい」と言いました。すべての職員は、その日から今日まで村民に向かってくれました。

村に帰りたい思い

　最初の仕事は、思いを共有することです。災害は誰のせいでもありません。でも、悲しいことに大きな傷跡が残ります。そして、災害は平等ではありません。重い人も軽い人も、重い地域も軽い地域もあります。生活も平等ではありません。災害復旧はそれぞれの家族、それ

ぞれの地域によって道が違う。重い地域と軽い地域、重い人と軽い人、放っておいたら擦れ違いが起こります。擦れ違いが起こってしまったら、「村を取り戻す」という大きな目標を共有することができない、そんな恐れを抱きました。

　村民は大切なものを取り返してほしいと思っています。いろいろな要望を受けて一時帰宅が実現しますが、「被災地全体を村民に見てほしい。それでもなお立ち上がる気力を持ってほしい」という思いで一時帰宅をさせていただきました。上空からヘリコプターで自分の集落だけでなく、山古志全体の災害状況を村民が見てくれるだろう。それで心が壊れてしまうか、立ち上がろうとするか、それは大きな賭けでした。村民は「村に帰りたい」、そう口々に言ってくれたのです。私にとっては大きな勇気になりました。

集落機能の回復へ

　誰からともなく「隣のおばあちゃんはどこへ行ったの」、「隣のおじいちゃんはどこへ行ったの」という声が役場に届くようになりました。ヘリコプターの到着順に避難所に入ったので集落という機能を失ったのです。家族という最小限の機能だけが避難所の中で復活していました。

　その時、職員が「避難所を引っ越ししよう」と言い出したのです。「阪神・淡路大震災の教訓が生きました」とよく言われましたが、私の頭の中にも職員の頭の中にも、阪神・淡路大震災の時にこうしたから良かったということはありませんでした。とにかく集落、コミュニティを取り戻そう。そのために避難所を引っ越そう。そのことだけだったのです。山手線みたいにバスとトラックを回そうと職員がやってくれ、ボランティアの皆さんがやってくださって、一日かけて避難所を引っ越ししました。

　三日ぐらいたって、ある集落の避難所に行ったら、こういう光景が目につきました。避難所の真ん中が片付けてありまして、新聞紙が敷いてありました。自衛隊が作ってくれた食事をそこに並べ、集落全体

で食事をとって話し合いをしていました。引っ越しして良かった。集落というコミュニティがよみがえっている。これがわれわれが頼らなければいけないコミュニティの力、集落の結束、きずなだろうと思いました。そこで初めて「帰ろう、山古志」と言ってみました。そうしたら94.7％の人が「一緒に帰りたい」と言ってくれました。

仮設住宅へ

仮設住宅もそんなことを受けて、集落ごとに配置していただきました。村がそっくり引っ越しをしたような形の中で、一番長い人は3年2カ月を暮らしました。私は最後に出ました。なぜか入る時に、一番最後に出る人が一番つらい思いをするだろうなと思ったのです。一番最後まで仮設住宅にとどまらなければいけない集落を想定して、天空の郷に住んでいる人たちと一緒に過ごさせてもらいました。

今になって思うと、それなりに村民の力を試されていたような気がします。集会所も造ったし、診療所も造ったし、デイサービスセンターも造った。何とか生活できる環境は造りましたけれども、われわれの気持を確かめられる3年2カ月でもあったような気がします。

私が一番残念なのは、「帰りたい」と言いながら、おじいちゃん、おばあちゃんが、仮設住宅で命を亡くしたことです。

住宅再建と生業再建

住宅再建時に青木支所長と私は、「山古志村は住むだけの場所ではないのです。われわれの生活そのものなのです。畑も田んぼも、隣も、神社も、ウシもコイもすべてわれわれの生活の生業なのです。われわれの暮らしは住宅の再建だけでは再生しないのです。生業を再建しない限り村の再生はあり得ないのです」という話をさせていただいた。

この前、栗原に行ったら、同じ問題が起きていました。あそこも住宅再建だけではないのです。生業を再建しない限り、住宅を再建してもそこに住むことができない人たちがいました。中山間地や地方は神戸や東京の災害と少し意味合いが違うのは、居住再建の中に必ず生業

の再建がプラスされなければいけないのだという思いでした。

　住民は住宅の再建に手いっぱいです。そこに農地だとか、牛舎だとか、越冬施設だとかの復旧まで加わったら、村に帰れない人がいっぱい出てきます。できるだけ生業部分の再建は公費で賄ってほしい。本人の資産に国税を入れることは問題があるかもしれないが、生業は産業です。産業を復活しない限り村は再生しない。そんな話を何回もさせていただきました。おかげさまでいろいろな制度を組み合わせ、田んぼも池も災害の前より良くなったと思います。

　住宅再建という問題が残ったときに公平な資源の分配をどう思いますか。被災者生活再建支援法は、私もその法案の策定にかかわったのですが、少し制度が変わりました。われわれのときは解体にしか使えないという枠組みがあったのですが、一応所得制限を撤廃しました。だから、他世帯でも同居でもきちんと支援していただける形になりました。今までは積み上げの300万円で、何に使ったかという領収書が必要でした。今度は上限は300万円で変わらないのですが、被災認定を受ければ300万円を渡しましょうという制度です。われわれの災害の時よりずっと使い勝手がいいと思いますが、それでも住宅再建に足るものではありません。

　われわれが考えたのは、生活も平等でないように災害も平等でない。支援を公平に分配することも確かに一理あるが、帰るために公平な分配方法を考えたらどうだろうか。つまりAとBという人がいて、Aは100万円かけたら帰れそうだ。Bは300万円かけなかったら帰れそうにない。公平論からすると100万円ずつ配って終りなのかもしれないが、Aには50万円で我慢してもらう。その代わり、Bには200万円払おう。そういうのはどうかという話しをさせていただいた。そのことは受け入れてもらえていませんが、山古志村の義捐金だけはそんな思いを込めて分配させていただいたつもりです。

被災者公営住宅

　住宅の再建にとって欠かしてはいけないのは、どうしても自分の力

では再建ができない、つまり公費で住宅を整備しなければいけない人たちをどうするのかです。われわれもコミュニティの一員として同じ村に返すことが望ましいことなのか、それとも1カ所に被災者公営住宅を造って、そこまで集まってもらうのがいいのかという議論を随分しました。山古志村の結論は、元いた集落に帰ってもらう、でした。もちろんそれぞれの都合があるので、帰りたいという思いがあれば元の集落に帰ってもらうことを前提にしよう。それもできるだけ早くというのがわれわれの大前提でした。被災者公営住宅を元いた集落に造ってもらおうという発想に至りました。

　もともとは戸建ての公営住宅を造ってくれと言ったのです。元自分の住んでいた宅地に公営住宅を建ててくれと要望したのです。土地は個人のものですから、個人のところに公営住宅は建てられないという。では、それを市が買い上げて、そこに公営住宅を建ててくれという。そこに戸建ての公営住宅、木造でいいからという発想をしたのです。仮設住宅で暮らしている間におじいちゃん、おばあちゃんが隣に人がいたほうがいいという発想が出てきて、2戸で1戸になったり、少し長屋風になったりしているのですが、基本は戸建ての公営住宅を国交省が認めてくれたのです。これからの集落再生に、この方法は有効ではないかと思います。元いたところに住まわせてくれる。これも可能です。買い上げてもらって、借り上げてもらってそこに建ててもらう方法は可能になりますから、望めば元いた集落に、元いたように生活を再建できるということです。

コンパクト集落

　コンパクトシティというのがはやっていますが、駅の近くに集まるコンパクトシティに私は賛成しません。戦後、若い人たちを中心に都会へ人口が流出し、まばらになった集落をこの地震を機会に再生したらどうでしょう。つまり隣近所をもう少し近くするのです。隣にもっと家があった時には、おばあちゃんが大根煮を作ったというと、夕方になると届けに来てくれました。隣の嫁さんの実家から柿を送ってき

たというとおすそ分けですと届けてくれました。今、まばらになったために薄れてきたような気がします。仮設住宅で3年2カ月暮らすと、見事によみがえりました。玄関を開けたら隣ですし、寝ているところから大声で隣の人を呼んだら聞こえるのです。

　全戸全壊の集落が幾つかありましたので、まばらになった集落をお互いに土地を工夫し、周りに少し畑ができて、隣におじいちゃん、おばあちゃんが歩いていけるような距離の団地を造ったらどうかと発想しました。なかなか自分の生まれたところを離れたがらないので、実現したところは少ないのですが、天空の里みたいな形で集落が再編できました。モデルがないのでなかなか踏み切れなかったと思います。災害にあった中山間地の人にあの住宅と宅地を見てもらったら、畑や田んぼに通える距離、隣近所に通えるコンパクトな農村集落を作り直そうという発想が受け入れてもらえると思います。

ボランティアの役割

　ボランティアの皆さんが地震の翌日から山ほどおいでいただきました。ところが、我々は仕切り方がわからないのです。うちの職員だって、想定していません。

　翌日から村に入れないでしょう。ボランティアの皆さんはいろいろなことをするために駆け付けてくれるのですが、われわれはその仕事を想定できなくて、ボランティアの皆さんを仕切ることができなかったのです。1週間たったか、たたないかのときだと思うのですが、ボランティアの経験者やリーダーみたいな人に集まってもらったのです。職員は連絡をしたり、必要なものを用意するために付きますが、「避難所を皆さんにお任せしたい」と言ったのです。そうしたらうまくいったのです。

　ボランティアの皆さんは、5年過ぎてもこの地域で必要とされています。なぜかよく考えてみたのです。地震があった時、職員に「今日から全課廃止する」と言ったのです。つまり縦割りをやめようということです。相談があったことは自分が責任を持って答える。例えば建

設課の職員のところに住民票の相談が行っても、「それはそちらだから」と言わないで自分が必ずその人に答えを返す。あの状況の中では職員と村民が信頼関係を持たない限り、絶対に駄目だと思いました。ボランティアの皆さんはそれを全部知っていたのです。ボランティアの皆さんは自分が相談を受けたことを、行政を駆け巡り、支援の品物を駆け巡り、その人が必要とするものを必ずその人のところに届けたり返事したりしてくださった。

仮設住宅にいる間もそうです。被災者は行政に頼らなければいけないところがあるのです。時として、家族として接してくれるような人を望んでいたのです。時として行政にもつないでくれる自分の息子のような人、自分のおばさんのような人を望んでいたのです。いつの間にか仮設住宅はボランティアの皆さんがいないと回らなくなっていました。

私は、ボランティアの皆さんが自分の損得ではなく、時として家族としてわれわれの住民に接してくれたことが大きな役割を果たしてくれたと思います。もう一回村を作ろうと言ってこちらに帰ってきた時もその人たちが必要だったのです。その人たちは今でも、われわれが新しく作ろうとする地域とか村にかかわってもらわなければならない人たちになっています。

災害と行政の力

私は「地震から5年経つと、いつの間にか縦割り行政に戻ったな」と言っています。あの時はみんな目の色を変えて住民の思いをかなえようと飛び回っていたのが、今はまた縦割りではないか。ボランティアセンターの人は今、サテライトにいますが、サテライトの人は今でも誰が来てもきちんと受け止めてくれるだろう。そういう話をします。

うそだと思ったら、黙って村民だと思って役場へ入ってください。役場へ入ったときのあいさつとサテライトに入った時のあいさつを見てください。感謝の気持ちを忘れてはいけないと言っているのです。山古志村は地震で裕福になったなんて喜んでいたら、すぐに忘れ去ら

れてしまいます。何が日本中の人たちに受け入れられたのか。どんなにつらいときでも、どんなに切ないときでも、来てくれた人や支援をしてくれた人に「本当にありがとうございます」と言ったからでしょう。感謝の気持ちを忘れたら、山古志村なんて忘れられてしまいます。「当たり前みたいな気になってお客様を受け入れるな」という話をしています。

　私はおかげさまでこの仕事になってから、神戸、雲仙、水害のあった兵庫県佐用町など全国の被災地に寄せていただきました。災害の形は違ってもそこに暮らす人たちの思いは、変わらないということがよくわかりました。それは家族を守りたいということであり、家族が守れたら地域を守りたいということです。そのことをかなえてあげるのが行政の力だと思いました。そのためにあの時あれだけ心を開いた山古志村の行政を全国に伝えたいと思っています。

地震で取り戻した地域への誇り

　若い人は東京へのあこがれ、若い人がいなくなった。おじいちゃん、おばあちゃんがこの村を守り、まばらになった。長岡の人たちから「大変でしょう。不便でしょう。雪もいっぱい降るでしょう。」と言われているうちに、「山古志大好きだ」、「すごいところだ」、「素晴らしいところだ」とみんなが胸を張って言える環境が少なくなってきたのです。修学旅行へ行くと土産物屋へ寄りますが、「どこから来たの」と必ず聞かれるのです。一時期、うちの子どもたちが「山古志から来ました」と言えなくなったのです。「どこから来たの」と言われると、「長岡の近くから来ました」などと答えます。悲しいことに本当です。私が村長になろうと思った一つの大きな原因が、「これでは駄目だ」、どこへ行っても山古志の子どもたちが胸を張って「山古志から来ました」と言えるようにしたいと思ったのです。

　私は大学時代を含めて10年間東京に行っていたので、大都会に気後れしているつもりはないのです。大都会の生活を経験して、山古志に帰ってきて、山古志はとてもすごいところだと思うし、サラリーマ

ンをして15年間雪の中を長岡へ通いましたが、それでも山古志のことを嫌いになったことはありません。だから、子供たちが胸を張って、「私は山古志が大好きです」と言えるような村にしたいと思ったのです。それには何より大人が誇りを持つことが大事だと思いました。

　地震が大人にそのことを言わせたのです。不便だと言われている山古志を胸を張って「いいところだよ」と、避難生活をして「山古志が大好きだった」ということをみんなが再認識して、どこから来る人にも「山古志最高ですよ」、「山古志大好きです」、「だから山古志に帰りたいのです」。これが子どもたちに見事に伝わったのです。子供たちが胸を張って「山古志に帰りたい。山古志大好きです」と言ってくれました。これが私にとってはとてもありがたいことでした。今は村ではなくなりましたけれども、地域を作っていく中でこういう気持ちが大事なのではないかと思います。

生活復興と文化

　地震は10月でしたが、2月8日に浅草に牛を引っ張っていきました。「みんな大変なこの時期に牛を浅草に引っ張っていって何をしているのだ」と怒られました。でも、私はあの時こう思いました。文化を守りながら生きていくということです。牛も元気になりました、われわれも元気を出していきますということを、お世話になった浅草の皆さんを始め、東京の皆さんに伝えたいと思ったのです。帰ってきて「牛なんか浅草に引っ張って行っていい気になるな」と怒られました。でも、ここに暮らす以上は文化が必要です。文化を気取ることはないと思います。国立劇場で演奏したり、国立国会図書館で読んだりするのが文化ではなく、生活をする上の知恵すべてが文化だと思うのです。それがここにはたくさんあるのではないですか。そのことを大事に思えるような地域にすることがわれわれにとって大事なのです。全国の皆さんの支援にお返しできるのはたった一つ、元気になった姿を見せることしかないと思います。

第8章　新潟中越地震からの復興

復興計画への気構え

　復興計画を立てるときによく議論をしたことは、「今まで100だったら100を取り戻す復興計画は駄目だ。150にも200にもなれる可能性を示さなければ絶対に駄目だ。そうでなかったら村を取り戻す意味がない」。今は災害復旧から5年、たどり着けたか、たどり着けないかというところだと思います。これからわれわれ暮らす者の気持ち、暮らす者の在り方、そして、そこに来てくれる人たちとの交流の在り方、それによって150にも200にもなると信じています。人口は確かに減りましたが、かかわりを持ってくれる人は地震の前より数段多くなりました。その人たちと一緒に村を興していきたいと山古志で暮らしています。

　復興計画の「帰村」目標ですが、2004年の被災で青木支所長が2006年9月だと言ったのです。国交省も新潟県も普通で10年と言ったのです。復興計画の目標を2年で掲げると言って大激論しました。議会で猛反発を受けました。「できない約束をしてどうなるのだ。そんな絵空事をどうやってどうするのだ。理念的過ぎるじゃないか」と言われたのです。私は「2年という目標を掲げない限り、限りなく2年に近づくことは絶対にない。高齢者の多いわれわれの村にとって避難生活の限界は2年。だから2年だ」と言い切って、議会の了解をとりました。

　3年で全地域帰ることが可能になったということを考えると、2年という「帰村」目標はありがたかったのです。私は「2年後に帰村という目標」を持って地方に行きました。私が考えても、青木支所長が考えても2年後の帰村という目標は無謀です。道路だけで7年、道路、川、田んぼと順番にしても7年、10年かかるところを一緒にやってくれていたのです。「われわれは村に帰ることをできるだけ先延ばしして、工事関係者に協力をするから2年でやってくれ」とお願いしたのです。

　村民の皆さんに一日10台とか、20台とか、通行証がなかったら帰

れないという不便を我慢してもらいました。7年の工事を3年で終わらせた原動力は村民の協力だったのです。われわれが勝手に道路を造って、その間に工事をやれと言っていたらできなかったのです。村民に不便をかけたし、よく理解をしてもらった。早く帰りたいけれど、1年我慢することで早くなるということを村民の多くが理解してくれたのです。

土地問題と村民の思い

　土地はみな所有権があります。道路を切る前に土地の所有者から了解をもらわなければいけないのです。災害時もそうです。それが災害復旧を遅らせる原因の一つでもあります。無謀なことをやりました。全村民に「どこを通ると言っても文句を言うな。はんこを押せ」と言いました。最後は建設課長が苦労したみたいですが、それぐらい言わないとあれだけ早く工事できないのです。「村長、責任を持つか」と、よく電話があるのですが、私は「必ず責任を持ちますからやってください」と言うのです。

　これを動かしたのも村民です。梶金集落は真ん中にあり、周辺の道路がズタズタになって、最後まで仮道路を切れなかったのです。12月10日に仮道路を切るから、それまではちょっと我慢してくれという話を特におじいちゃん、おばあちゃんにしました。若い人は山を越える方法があるのですが、おじいちゃん、おばあちゃんにはちょっと待ってくれという話をしました。少しずつ周りから仮道路ができると、種芋原とか虫亀とかの集落の人が帰って、「家具をとってきた」とか、「囲いをしてきた」と言うわけです。そうすると、「私たちも帰りたい」と言うのです。

　道はできていないのですが、11月の下旬に「おら、止めても帰る」と言うものだから、バスで送って、沢を歩いて帰ってもらいました。昼から雨が降ってきたので、国交省や県の役人、私も含めた役場の職員で迎えにいきました。国交省や県の役人は私が「こんなところをいつまでも放っておいて」と怒られると思いました。私はその人たちが

上がってきたので、「申し訳ない、こんなところに帰して」と言ったら、そのおじいちゃん、おばあちゃんが「帰れて良かったよ。村長、ありがとう。また帰して」と言ったのです。そこにいた国交省と県の役人が「こんな人たちを見たことがない。こんな人が住んでいるところをわれわれが助けなかったら、助けるところがない」と言うのです。それが1年10カ月と11日の原動力なのです。大手の企業が夜を徹して仕事をしてくれました。

あの開通式の時、誰も声が出ません。涙しか出ません。それは住民の思いがそのことをかなえてくれたということだと思います。思いが通じるということは、これから村を造る上で、地域を作る上で一番大事なことだと思います。過疎だとか限界集落という言葉はどこかへお返しして、私はここにいる人たちが元気を出していけばいいと思います。

災害と共同

大事なものを取りに帰る一時帰宅がありました。大事なものをリュックサックに背負って、夜、帰ってきました。その日の夜、自衛隊の若い隊員が私のところに来て「村長、もう一回一時帰宅をやりましょう」と言いました。「どういうことなのか」と聞いたら「村に帰ったのだけれども、自宅がペシャンコで、うちに入れず、ただ座って泣いている人たちが何人もいた。あの人たちをあのままにしておけない」。任務ではないのに私に言ってきた。再びその人たちに一時帰宅をしてもらう時、自衛隊のヘリコプターの中にはチェーンソーとかバールがたくさん積んであり「住民が大切なものを取りに入るために危険なものを取り除くことがわれわれの任務だ」と言ってくれました。私の気付かないこと、職員の気付かないことを、現場にいる人が教えてくれたことをわれわれが決断することも大切なことだと思いました。

山古志の災害は、村民にとってとてもつらい災害だったけれども、その後の5年間、私は人に恵まれたと思います。いろいろな人にいろいろな力を貸してもらい、知恵も貸してもらった。そして、これから

の村のありようも教えてもらった。地震という猛威で全員1回は村を離れたけれども、村を造っていくときに、皆さんに力を貸してもらいながら、新しい可能性を探していきたいと思います。

　学会と言う専門家が研究するところはとても大切なことだと思います。でも、その大切で有効な研究を生かせないことほどさみしいことはありません。われわれも協力しながら日本居住福祉学会が住民と一緒に実践することが国民の幸せにつながると思います。最後に要望をさせていただいて話を終わらせていただきます。

第9章　能登震災の被災者生活及び
　　　　コミュニティへの影響調査

第1節　能登半島地震被災者への聞き取り調査から見える地域発展への課題
――被災者生活再建支援制度がもたらすコミュニティへの影響――

井 口 克 郎

I　はじめに

　2007年3月25日に発生した石川県能登半島地震から、5年が経つ。同地震直後に発足した金沢大学能登半島地震調査部会では、度々現地調査を行ってきた。しかしながら、時間が経つとともにこの震災に対する世間の関心が次第に薄れつつある感があることを歪めない。阪神・淡路大震災や新潟県中越・中越沖地震に比べ、能登半島地震は死者・負傷者の数こそ少なかったものの、復興への道のりは遠い。死者・負傷者の数だけでは推し量ることのできない深刻な被害が依然として存在する。

　金沢大学能登半島地震学術調査部会の生活・住居・福祉班（以下、生活・住居・福祉班）では、能登半島の震災の中でも「生活問題」（所得や医療・福祉、居住の問題を含む日常生活を送る上での困難）に焦点を当てて取り組んできたが、同班は今回の震災の問題に取り組むに際しては、単なる震災からの「復旧」をするだけではなく、地域の発展や持続性の実現が重要であるという視点から調査や活動を行ってきた。能登の地域は震災の前から過疎や高齢化という大きな問題を抱えていたが、そこに地震がおき、社会保障・福祉政策の貧困や経済政策の矛盾が顕在化し、さらに地域の問題を一段と深刻化させている。「復旧」というのは、とりあえず地震前の過疎・高齢化の能登に戻すということになるが、現在の能登の現状に鑑みるならば、元に戻すだけはなく

地域の発展の道筋をどのようにしてつけるかという視点が重要になろう。そのような視点からの「復興」への取り組みが必要である。本節ではこれまで生活・住居・福祉班が行ってきた調査から、応急仮設住宅（以下、仮設住宅）が終了する地震後2年目までの時期の被災地の状況について、この時期の被災者の生活の中心的課題であった住宅再建とそれに関する保障制度の問題点と、そこから派生するコミュニティへの影響について論じたい。

Ⅱ　能登半島地震の概要

　石川県能登半島地震が発生したのは2007年3月25日9時42分頃のことである。能登半島地震では、最大震度6強の石川県輪島市、穴水町、七尾市、震度6弱の志賀町、中能登町、能登町、震度5強の珠洲市を中心に被災し、被害は石川県だけにとどまらず、富山県、新潟県、福井県でも負傷者や住宅被害が発生した。石川県内では、死者1名、負傷者約400名の人的被害、全壊686棟、半壊1,740棟、一部損壊2万6,958棟の住宅被害などの甚大な被害が生まれた。

　地震発生直後には、2市4町の学校の体育館や保育園、公民館などの避難所で2,500名以上が避難生活を送ることになった。地震発生から時間が経過していく中で、避難所から自宅へと帰る人（中には全壊の家に戻っている人もいる）が増えていくことになるが、地震直後に自宅を取り壊した人や自宅に戻ることができない人、もしくはすぐに戻るめどが立たない人々は、仮設住宅に移り、生活を始めることになる。2007年4月末に、石川県内の仮設住宅は、輪島市（道下地区、舘地区、宅田地区、山岸地区）の250戸を中心に、穴水町、志賀町の仮設住宅も合わせて、合計で334戸が建設された。仮設住宅に入居していた時期はそれぞれの世帯で異なるが、多くの人がそれまで住んでいた住宅とのギャップに悩みながら、2年間の生活を送ることになった。

　そして、自宅に戻ることができなかった人々の多くが生活したその仮設住宅も、2009年4月30日に閉鎖された。現在ではすでに仮設住宅の撤去も終了した。同じ石川県に住んでいても、金沢市にいると日

常会話の中で、能登半島地震の話が出てくることもほとんどない。また石川県内の新聞やテレビなどのマスメディアでも紹介されることはほとんどなくなった。地震から時間が経つにつれて道路や家屋は補修され、仮設住宅も撤去された現在では、被災地の震災の爪あとが見えづらくなってきていることは確かである。震災直後から継続して聞き取り調査を続けているが、住民の方からも「今さら地震のことを聞いて何になるのか？」という声が出てきているのも事実である。このように地震後2年以上が経過した頃から周囲の関心が薄れるにつれて、震災問題は潜在化する傾向にある。しかし、以下論じるように地震による問題は未だ存在する。そのような時期だからこそきめ細やかな対応が求められているのである。

Ⅲ　金沢大学能登半島地震学術調査部会（生活・住居・福祉班）の取り組み
——深見・道下・稗造の3地区を中心とした聞き取り調査——

　震災の問題に向き合うためには、最初の作業として、とにかく被災した住民の方々の震災後の生活を送る上での困難やニーズを十分に聞くことが不可欠である。そのために生活・住居・福祉班では、民間団体である医療・福祉問題研究会（以下、研究会）と合同して、被災直後から現地で継続的に聞き取り調査などを行ってきた。生活・住居・福祉班及び研究会が主に調査・聞き取りを行ってきた地区は以下の3ヶ所である。

　第1は、石川県輪島市門前町深見地区である。深見は、震源の日本海に直に面する海際の集落で、30数世帯からなる小さな集落であるが、地震によって門前の町中から集落へと続く道路が崖崩れによって寸断されて孤立し、集落の裏山も斜面の崩落の危険性があることから、全世帯が門前町道下地区の仮設住宅へと移り住んだ。地震直後、船に乗って住民が集落を脱出したことで有名な地区である。

　第2は同じ門前町にある道下地区である。道下地区も震源の日本海に直に面する海際の地区であるが、地区全体で260世帯ほど存在する

比較的大きな地区で、震源に近かったことから特に被害の大きかった地域である。地震後、56世帯が道下地区の仮設住宅に入居した。

第3は、震源からは少し離れるが被害の大きかった地域といえる、志賀町富来にある鵜野屋稗造集落である。こちらは、深見や道下のように海に面した地区ではなく、山間に立地しており、起伏の多い地理的条件が特徴である。山の斜面に建っている家も多く、集落内の多くの家が、地震によって土地や土台から歪み、9戸ほどが集落内の小学校のグラウンドに建設された仮設住宅に入居した。

以上の3ヶ所の集落・地区の住民の入居する仮設住宅を中心に、被災した住民などから生活を送る上でどのような問題が生じているか、直にお話しを伺ってきた。これら3ヶ所の地区は、それぞれ地形や立地、産業、人口、医療・福祉へのアクセス環境等が異なるため、当然地区によって地震による被害や発生してくる問題は異なるのであるが、本稿では以下、その中でも比較的世帯数の多い道下地区を対象に行ってきた聞き取り調査を中心に、被災者の住宅再建とその支援制度に関する問題点を紹介する。

Ⅳ　門前町道下地区における被災者聞き取り調査から
——被災者の住宅再建と住宅再建支援制度——

1　調査の目的と対象・方法

輪島市門前町道下地区は地震直後から継続的に調査を行ってきた地区の1つである。同地区で、生活・住居・福祉班と研究会では2008年3月1～3日の3日間、各世帯を訪問し、被災者から地震後の生活状況に関する聞き取り調査を行った[1]。この調査の目的は、2007年

（1）本稿でその一部を紹介する2008年3月の道下地区世帯調査結果は、金沢大学能登半島地震学術調査部会生活・住居・福祉班の研究成果の一部である。これまで金沢大学と医療・福祉問題研究会では合同で聞き取り調査を行ってきており、この調査もその1つである。この調査は輪島市門前町道下地区全世帯を対象としている。ただし2008年3月調査は被災判定全壊の世帯から開始し、ここでの調査分析結果は全壊世帯に対象を限定している。2008年3月調査の調査対象は、自宅生活世帯（全壊判定）

第 9 章　能登震災の被災者生活及びコミュニティへの影響調査／第 1 節

3 月 25 日の能登半島地震後 1 年が経過する時期における、被災者の生活状況や困難、国や行政への要望等を把握し、国や自治体に向けての提言、および被災者の生活と能登地域復興・発展への道の模索に資することである。日本においては従来、災害被災者の生活状況に関する調査は、その殆ど全てが仮設住宅や避難所に所在する被災者を対象に行われてきた。しかし、本調査では、仮設住宅に入居する被災者に加え、より多くの被災者の意見を伺うべく、地震後自宅で生活する被災者（地震直後から自宅で生活している被災者、及び地震後一時避難所や仮設住宅などでの生活を経験してその後自宅に戻った被災者など）にも調査範囲を拡大している。震災からの復興を行うために被災者の生活困難やニーズ、要望の集約を仮設住宅等にとどまらず、自宅に戻った被災者にも拡大し継続的に行っていくことは意義深いと言える。またこのような調査活動は、被災後孤立しがちな住民のお話し相手、精神的な支えをになうという役割も兼ねている。

2　被災者の住宅再建と住宅再建支援制度

能登は地震以前から過疎化・高齢化という問題を抱えていたが、能登半島地震はその問題を改めて顕在化させ、深刻さを浮き彫りにしている。被災者が地震後、最初に直面する復旧や復興への課題に、住宅の修理・再建の問題がある。収入の基盤が不安定で、高齢化が進み年金生活者が多い被災地では、住宅再建・修理の費用が重くのしかかる[2]。

従来、日本の政策は、住宅保障、個人の私有財産である住宅の建築

　が 71 世帯、仮設住宅入居世帯（全壊判定）が 25 世帯の合計 96 世帯である。（有効回答数は、自宅生活世帯（全壊判定）が 47 世帯、仮設住宅入居世帯（全壊判定）が 14 世帯、合計 61 世帯であった。有効回答数は、自宅生活世帯（全壊判定）66.2 ％、仮設住宅入居世帯（全壊判定）56.0 ％、合計 63.5 ％である。
（2）震源に最も近い自治体である輪島市の高齢化率は 2008 年 4 月 1 日現在、市全体で 36.0 ％、本調査を行った道下地区にある輪島市門前町では 47.7 ％である（輪島市市民課）。2008 年 3 月調査でも、調査に回答して下さった方の平均年齢は、自宅生活世帯の回答者が 67.7 歳、仮設住宅入居世帯の回答者が 64.7 歳であった。

における住宅本体への費用の支援には極めて消極的であり、住宅を建てようとする人、災害などにより住居を失った人は、その建設・再建費用の大半を自分の収入や貯蓄を用いて、または銀行などでローンを組むことによって工面しなければならない（住宅ローンの利子などについて一部の公的な補助制度があるにしても）。よって、高齢者・年金生活者の割合が多い能登の被災者は、震災によって住居を失うと、その再建は極めて困難である。では、被災者はどのようにして地震後の住宅再建・修理費用を工面したのであろうか。

　図表1は道下地区の家屋の罹災証明で全壊の判定を受けた被災者のうち、2008年3月時点で自宅に戻って生活していた被災者が家の再建・修理費用を工面した方法である。被災者が住宅再建・修理に利用できる主な資金・制度は、図表にあるように、世帯の貯蓄の取り崩し、子供や親戚からの支援、民間事業者からの借金、資産の売却、被災者生活再建支援金、まちづくり支援復興支援金、義援金、農協などの地震・火災保険などである。調査の質問で、利用した制度を全て答えてもらった。

　まず、被災者が最初に思い浮かべる住宅再建・修理費用の捻出方法は、個人の貯蓄の取り崩しや子供や親戚からの支援である。「貯蓄の取り崩し」が59.6％となっているように、6割の被災者が個人の貯蓄を住宅再建・修理に用いている。しかし、「子供や親戚からの援助」は27.7％と3割に満たない。子供は子供自身の生活で精一杯なので、頼りたくないという声が多く聞かれた。しかし、このような自己資金や身内からの支援のみで住宅を修理・再建できる人は稀である。貯蓄のない人、また貯蓄を取り崩した人でもその多くが、公的な被災者支援制度による資金や全国からの義援金などを使用して住宅の再建にあたることになる。

　公的な支援の中でもとりわけ被災者の助けになったのが、被災者生活再建支援金である。同支援金は、被災者生活再建支援法による支援金であり、道下地区の調査でも74.5％の全壊世帯が住宅再建・修理にそれを利用している。しかし、同支援金は従来、住宅本体の再建・

第9章 能登震災の被災者生活及びコミュニティへの影響調査／第1節

修理には利用できなかった。2007年11月に改正された被災者生活再建支援法により、同支援金は住宅本体の再建に使用できるようになった[3]。これは、国が個人の私有財産に対する公的資金の使用を認めたという意味では、大きな進歩と言えよう。

そのほか、多くの人が利用しているものとして「義援金」が挙げられる。地震後2次に渡って被災者に配布され、80.9％の人が住宅再建に利用している。また、「まちづくり支援復興基金補助金」も19.4％

図表1　2008年3月時点で自宅で生活する全壊世帯の住宅再建・修理費用の工面方法（利用したものを全て選択）（N＝47）

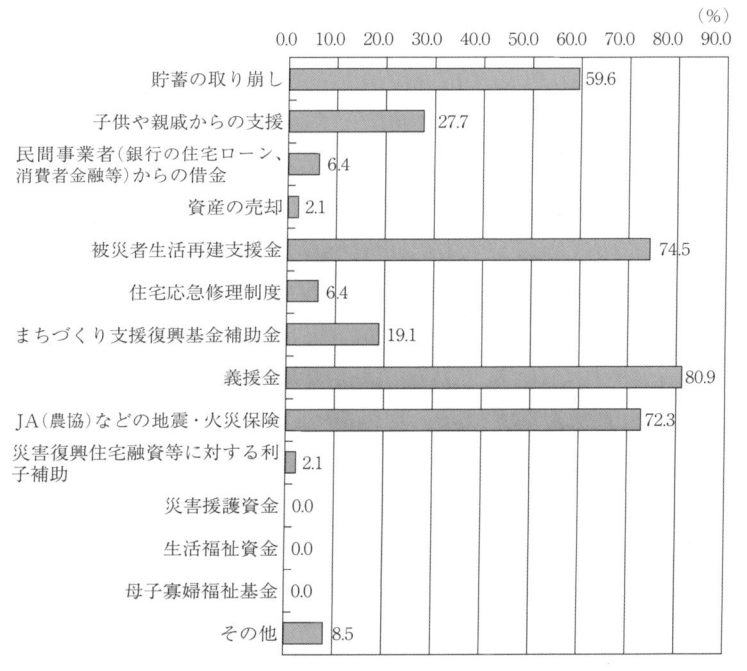

項目	（％）
貯蓄の取り崩し	59.6
子供や親戚からの支援	27.7
民間事業者（銀行の住宅ローン、消費者金融等）からの借金	6.4
資産の売却	2.1
被災者生活再建支援金	74.5
住宅応急修理制度	6.4
まちづくり支援復興基金補助金	19.1
義援金	80.9
JA（農協）などの地震・火災保険	72.3
災害復興住宅融資等に対する利子補助	2.1
災害援護資金	0.0
生活福祉資金	0.0
母子寡婦福祉基金	0.0
その他	8.5

（3）2007年11月の同法改正により、この他に従来年収500万円を境に、それ以上の年収がある世帯については支援金額が減額される、もしくは支給されないなどの所得制限があったが、その規定も撤廃された。

の人が利用している。これは、能登の町並みに調和した黒瓦や板葺きの外壁などの外観、バリアフリー、耐震・耐雪、県産材の活用などの一定の基準を満たす住居を建築する場合、支援されるものである[4]。また、「JA（農協）などの地震・火災保険」が72.3％となっている。この地区では、丁度地震のしばらく前から、地元のJAが積極的に火災保険の勧誘を行ったこともあって、JA共済の保険に加入している世帯が比較的多かった。そのことが今回の地震後の住宅再建に貢献している。

　道下地区の調査によれば、概観では全壊で住宅再建をした世帯の場合、1,500～2,000万円台の住宅を再建する世帯が一番多い。輪島市の全壊世帯の場合、公的な関係の支援・補助としては主に、被災者生活再建支援金（400万円、うち100万円は県独自上乗せ）や、まちづくり復興基金補助金（200万円）を利用している（いずれも該当の要件を満たした場合の最大限度額）。それに2次にわたる全国から集められた義援金の配分（計160万円）を加えると、合計760万円程度が住宅再建・修理に使用できる支援金・義援金の最大限度額である。それに、任意加入のJA共済の保険（地震による損害、全壊の場合1,000万円）を足すと、凡そ1,760万円である。

　この価格帯で、元は築何十年（中には100～200年の家もあった）という立派な2階建ての家が建っていた広い土地に、平屋の小さな一戸建ての家を建てている傾向がある。老後の夫婦や一人暮らしの高齢者が暮らすだけの機能的でコンパクトな家である。このような小さな家を建てる背景には、以上のような費用の問題がある。もはや子供たちが戻ってきても一緒に生活できる場所はない。また、地震の恐怖を体験した被災者の中からは、2階建てに住むのが怖いという声が聞かれる。

（4）これは、まちづくり協議会による、まちなみ保全や地域性に配慮した住宅等の建設や改修への取り組みの一環で、資金は能登半島地震復興基金「住まい・まちづくり協議会活動支援事業」の補助金によってまかなわれる。道下地区については、2007年10月25日に道下・勝田地区住まい・まちづくり協議会が設立されている。

第9章　能登震災の被災者生活及びコミュニティへの影響調査／第1節

このように、家屋の罹災証明が全壊の世帯に限っては、被災者生活再建支援金やまちづくり復興基金支援金、義援金等と、JA共済からの保険金あれば、小さな住宅が再建が可能であると思われる。しかし、被災者生活再建支援金など公的な支援制度だけでは住宅再建は不可能であるし、また、半壊世帯や一部損壊世帯については、全壊世帯に比べ、支給される金額が大幅に少ない[5]。半壊や一部損壊の世帯であっても、その修理費用に新築の家1軒建てるほどの費用がかかる世帯も存在する。半壊や一部損壊世帯と判定された世帯において、全壊の場合よりもむしろ経済的な負担が重くのしかかる事態が生じている。退職金や老後の資金を取り崩して家を建てた高齢者世帯は、今後の生活に不安を感じており、住宅金融公庫や銀行の住宅ローンから借りた被災者は、返済ができるかどうか、心配している。また、JA共済の保険に加入していた世帯が多い地域であったが、保険料が高いので途中で解約したり、保険に入っていない世帯も少なくなく、任意保険であるJA共済の保険料を払っていた、払っていなかったということが、住宅再建に影響を及ぼしている。そして罹災証明よって支援金の額に大幅に格差がつけられている被災者生活再建支援法の枠組み（しかも罹災証明の判定自体が、判定する職員の見方によって差が出る曖昧さもある）によって、各世帯の負担や復旧の不平等感が蓄積されている。

V　コミュニティ、地域の支え合いの現状と課題
―― 被災者生活支援制度や罹災証明の判定の
運用がもたらす地域のつながりの揺らぎ――

以上のように、被災者は住宅再建・修理や生活費をはじめ、そのほかにも医療・福祉・健康状態など様々なことで多くの困難を抱えてい

---

(5) 被災者生活再建支援金の支給に関しては、一部損壊世帯は対象外であり、半壊世帯や大規模半壊世帯も全壊世帯とは大きな格差が設けられている。また、2次に渡る義援金に関しても、全壊世帯については160万円、半壊・大規模半壊世帯は80万円、一部損壊世帯については2万5千円という格差が設けられている（金額は輪島市の場合。石川県ホームページ http://www.pref.ishikawa.jp/kousei/gienkinbussi/haibun2ji.html、2009年3月5日閲覧）。

る[6]。一般に、農村部は都市に比べ人間関係が密接であり、区や町会などの自治組織が強固であるとされ、住民同士の助け合いの仕組みが評価されることが多々ある。ところがこれまでの調査からは、地震後、自宅生活者と仮設入居者の間で、もしくは地域全体で被災した住民同士がお互いの生活困難や要望を共有することが難しくなっている現状が見受けられる。住民同士がそれぞれ現在どのような生活困難を抱えているのか、それが地域全体としては共有できていない、もしくは潜在化してしまっている可能性がある。

図表2及び図表3は、同じく2008年3月の道下地区調査で自宅生活者および仮設入居者それぞれに、生活の再建や住宅の修理・再建をしていく中で相談できる人や支えになってくれる人がいるか（またはいたか）を質問した結果である。自宅、仮設ともに7割の人が、まず「家族」と生活・住宅の再建について相談をしている。しかし、それ以外の項目は自宅生活者と仮設生活者で傾向が異なる。自宅生活者では「家族」に次いで「親戚」34.0％、地域の住民27.7％となっているのに対し、仮設入居者では家族の次に多いのは「友人」28.6％、「親戚」14.3％の順となっている。仮設入居者の方が親戚に相談をする人が少なく、友人と相談する傾向が強い。「地域の住民」と相談するという者も、自宅生活者の27.7％と比べると、仮設入居者では7.1％と極端に低い。

また、自宅生活者に関しては、「区長・町会長」「市役所・役場」といった地域の組織や行政に直接悩み事や相談を持ちかけているものが1割存在するのに対し、仮設入居者ではそれが0である。仮設入居者の方が、自宅生活者よりも生活困難や悩み事を相談できる相手が限定され孤立している状況である。しかし、自宅生活者の方に、「相談できる人はいなかった」と回答したものが8.5％存在することも見落と

（6）能登半島地震直後の被災者の生活困難については、井上英夫・井口克郎・村田隆史「能登半島地震による住民の生活被害の実態と人間と地域の復興への課題―能登半島地震被災住民への聞き取り調査を踏まえて―」（『過疎・高齢化地域での震災に関する総合的調査研究～金沢大学平成19年度能登半島地震学術調査部会報告書～』金沢大学能登半島地震学術調査部会、2008年、171～186頁）参照。

第9章　能登震災の被災者生活及びコミュニティへの影響調査／第1節

図表2　自宅生活者—生活の再建や住宅の修理・再建をしていく中で相談できる人や支えになってくれる人（あてはまるもの全てを選択）（N＝47）

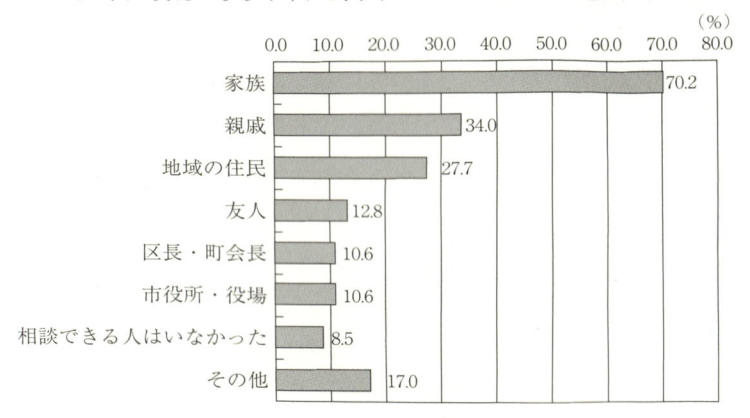

項目	％
家族	70.2
親戚	34.0
地域の住民	27.7
友人	12.8
区長・町会長	10.6
市役所・役場	10.6
相談できる人はいなかった	8.5
その他	17.0

図表3　仮設入居者—生活の再建や住宅の修理・再建をしていく中で相談できる人や支えになってくれる人（あてはまるもの全てを選択）（N＝14）

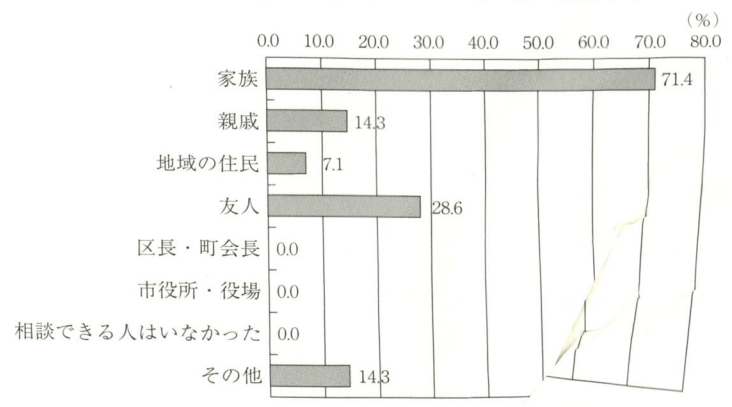

項目	％
家族	71.4
親戚	14.3
地域の住民	7.1
友人	28.6
区長・町会長	0.0
市役所・役場	0.0
相談できる人はいなかった	0.0
その他	14.3

してはならない点である。総じて見ると、□□□者、仮設入居者とともに住宅や生活の再建をするにあたって相□□ちかける相手は、家族や親戚、友人といったごく身近な存在□地区だけに見られるもの
　このような傾向は、この調査を行□

ではない。生活・住居・福祉班および研究会では、震災直後から多くの地区で被災者から聞き取り調査を行ってきた。その度毎に、被災者の方に「これからの生活や、地域の将来について話し合う場はありますか？」という質問を投げかけてきたが「話し合いの場がない」「自分のことで精一杯でそんな余裕がない」「周りも皆大変だ、だから、近所の人とか地区の人には生活が苦しくてもなかなか相談しない」という回答が何件も寄せられている。被災者が一人で、もしくは家庭内で生活困難を抱え込んでいる状況が被災地のあちこちで見受けられるのである。

　その原因は何か。経済的・制度的要因の一つに、被災者生活再建支援法や被災家屋の罹災証明の判定とその運用の仕方が挙げられる。先述のように、被災者生活再建支援金や義援金の配分に当たっては、家屋の罹災証明によって、支給される金額に相当の差が出る仕組みとなっている。全壊の世帯には全額支給されたとしても、半壊や一部損壊世帯に支給される金額は、大幅に少なかったりする。全壊世帯の住民が家を再建できても、半壊や一部損壊世帯の住民が家を修理・再建できないという、不平等が生じてくるのである。被災者の中には「家再建のめどがついた人、つかない人、立場がバラバラなので、これからの生活のことや、地域の将来についてまとまって話しにくい」という趣旨の声が何件も寄せられている。このように、制度上の欠陥・不平等から、被災した各家が抱えている問題や困難を他人に相談できず、被災者の要望や生活困難が潜在化してしまっている状況にあるように考えらえる。

　これまでの聞き取り調査では、地域のコミュニティや自治組織に関しては「地域のコミュニティを重視してほしい」という声が寄せられている一方で、災害対策や福祉・見守りなどは自治組織だけでは負担が大きすぎる、という声も寄せられている。門前町では普段から取り組んでいた「要援護者マップ」や民生委員などの取り組みによって、被災者の安否確認がすぐできたとしばしば全国から高く評価されるが、実際は民生委員にかなりの負担がかかっている。災害対応や

医療・福祉という生活や人命にかかわる分野に関しては、地域住民の要望や声、参加や自治を尊重することを前提としながら、その仕組みを維持するための住民の負担・自助努力が過大とならないよう、公的な責任による制度の整備や拡充、保障が不可欠である。

Ⅵ　おわりに

　以上本節では、被災者への聞き取り調査をもとに、住宅再建とその支援制度の不平等が、地域のコミュニティ内における問題や生活困難の共有のあり方に及ぼす影響を考察してきた。現在、被災地では住宅修理・再建や、仮設住宅の撤去、自宅及び災害公営住宅への「帰宅」が行われるなど、震災の外観上の爪跡はあまり見えないようになりつつある。

　しかし、自宅生活者にまで調査範囲を広げた調査を通じて言えるのは、第1に、住民が自宅を再建し、自宅に戻ること、もしくは仮設住宅が撤去されることが震災からの復興ではないということである。聞き取りを進める中で、住宅再建に老後のために蓄えておいた資金を使い果たしてしまった世帯や、借金・ローンを抱える世帯の不安の声が聞かれた。また医療や福祉に関する不安、今後もこの地域に住み続けられるのかといった不安に関するご意見を多く伺うことができた。これまでに寄せられた住宅再建の困難や医療・福祉、健康状態などに関する多くの意見は、単に地震災害に起因する特殊な被害や健康への影響という問題として捉えて終わらせてはならない。むしろ過疎・超高齢化地域がもとから抱えさせられてきた雇用や所得の基盤の脆弱さや、医療費抑制政策等が根底にあるのであり、それらをどのように改善・充実していくかということを模索する契機として捉えるべきである。

　第2に、地域のコミュニティや自助努力、相互扶助を評価・賛美し過ぎることに潜む危険性である。これまでの調査では、地震後になって地域の中では全壊世帯の住民らが半壊や一部損壊の世帯の住民に相当気を遣い、生活や制度への不満や要望などを表に出さずに抱え込んでいる様子を把握できた。同じ地域の中でも全壊の住民と半壊や一部

[井口克郎]

損壊住民の間に溝ができ、住民同士が国への要望をまとめたり連帯しあうことが容易ではない状況が窺える。

　また、本節で紹介した調査以降も生活・住居・福祉班および研究会では被災地での聞き取りを継続しているが、その中で気がかりなことがある。それは、被災された方々が時間の経過とともに次第に生活の改善や、地域医療・福祉、産業に関する行政への要望を口にしなくなってきているということである。「言ってもどうせ変わらない」という半ば諦めの気持ちがあちこちで渦巻いているのである。

　地域の復興は、以上のように被災した住民が疲弊し、生活困難を個々で抱え込み、潜在化している限り果たすことができない。仮設住宅の撤去をもって、被災者への聞き取り調査の場も、そこから自宅・災害公営住宅へと移行することになる。仮設住宅の終了・撤去は、外観上においても内実的にも、地震の被害や被災者のかかえる生活問題の実態を見えなくしてしまう。その意味でも2008年から開始した自宅への聞き取りの継続は、本当に能登が地震から立ち直り、人々が安心して生活し続けられる地域を築いていくための重要な作業となろう。今後も、住民の方々の生活困難や要望を丹念に集約していくことが求められる[7]。

　そして、復興にむけては、以上のような住民の方々の声に耳を傾けて集約し、地震の被害や生活困難の潜在化・埋没を防ぐ作業を行いながら、その上でそれを地域で共有できるようにする必要がある[8]。

（7）金沢大学能登半島地震学術調査部会では、能登半島地震後3年間に取り組んだ研究成果を、『「安心して住み続けられる地域を創る」―金沢大学能登半島地震学術調査部会報告書―』（2010年）として取りまとめている。その中で、分野ごとに課題や政策提言等をまとめているので、参照されたい。

（8）人間の、個々人、個々の世帯の生活に関する様々な問題は、極めてデリケートな問題として取り扱われることが多い。所得や医療、福祉といった生活上の問題は、現段階では一見、個人や各世帯の私事とみなされる傾向が多分にあり、たとえ被災者がそれを抱えていたとしても近隣住民に表に出したり相談できない場合が多いし、地域に根ざす団体や組織も、それが地域の組織であるが故に個人の家庭の事情にまではなかなか立ち入ることは難しく、その様な問題が町会などの地域の組織や関係機関にまで上がってきていないのが現状である。しかし、これまで調査で聞き取りをしてきた

第 9 章　能登震災の被災者生活及びコミュニティへの影響調査／第 1 節

能登には、各地区にもともとある町会などの強固な地域の基盤をはじめ、地震後、復興への独自の取り組みをしているボランタリーな団体・活動などがたくさん出てきている[9]。能登のコミュニティ、地域内の支えあいの基盤は、過度に評価することには危険が伴うものの、これらの基盤は評価できる強みだ。大学と研究会で集約した被災者の貴重な声を、要望や政策提言という形にまとめて国や自治体に働きかけることはもとより、地区の町会などの組織や、個々の復興に取り組むボランタリーな団体等につなぐことが求められる。そして、それらの復興に取り組む団体同士がネットワークを張ることが重要である。現在のところ、各地区の町会や、まちづくり協議会、その他のボランタリーな団体がそれぞれ復興に向けての取り組みを行っているが、それらはまだ個別に、バラバラに活動している段階である。それらの団体同士がネットワークを張ってその力を結合し、被災した地域全体で復興へのビジョンが議論され、共有されるようにしていく必要がある。以上のことに、大学や研究会が力になることができれば幸いである。

　単に地震の被害の痕跡が見えなくなることが復興ではない。色々な形で震災の爪跡が見えなくなりつつあるこの時期、生活問題の潜在化を食い止め、被災した人たちやそれを支援する人々が共に正面から課題に向き合うことが地域の存続と発展に向けては欠かせない。

　　［付記］
　　被災者の方々や仮設住宅の皆様には震災後の大変なときにお邪魔をし、

　　個々の家の抱える生活困難は、決してその人、その家だけが抱える特別な「事情」などではなく、他の世帯も同じように抱えている、過疎地域にある世帯のどこの世帯もが抱えうる、普遍性を帯びたものである。大学や研究会は、被災者からしてみれば飽くまで部外者、外部の団体であるが、部外者であるからこそこれまでの調査で生活問題というデリケートな問題について被災者から多くの声や本音を伺うことができた。地域の団体・組織だからできること、地域外の団体だからできること、それぞれの特性を生かして、両者が復興に向けて連携して取り組んでいけるようにする必要がある。
（9）たとえば、各地区町まちづくり協議会、NPO 法人輪島土蔵文化研究会、輪島市災害ボランティアセンター・輪島市災害ボランティアの会、中越・KOBE 足湯隊、金沢大学足湯サークル「灯」、能登 3.25 災害ネットワーク（準備中）など。

貴重なご意見を聞かせていただきました。また区長さんや市役所さんなどにもご協力を頂き、多くのことを教えて頂きました。この場を借りて厚く御礼申し上げます。

本節で紹介した被災者への聞き取り調査は、科学研究費（特別研究促進費19900002）「過疎・超高齢化地域での地震による生活被害実態の解明と人間・地域の復興のための調査研究」（研究代表：金沢大学井上英夫教授）の成果の一部である。

第2節　能登半島地震から3年目の被災者の生活実態
――「生活被害」の拡大と「復興」における長期的視点――

村 田 隆 史

Ⅰ　はじめに

　前節の井口論文では、地震発生から2年間の被災地の状況について、被災者の生活再建の中心的課題である住宅再建に関する制度（主に被災者生活再建支援制度）の問題点と、制度の運用が住民間の問題共有を困難にし、コミュニティに影響を与えていることが論じられた。本節が分析対象とするのは、3年目以降の被災者の生活実態である。

　時間の経過とともに、能登半島地震に関して、人々の関心が低下していくことは避けられない。したがって、地震発生からの3年目は、重要な時期である。関心が低下する原因は様々であるが、第1に、インフラの復興が進み、仮設住宅も2年間経過したことで閉鎖・撤去されるなど、被害が目に見えなくなること、第2に、行政が「復興」を強調することによって、多くの人々が「被災した人々は元の生活を取り戻すことができた」と考えてしまうことが深く関わっているように思われる。地震発生から2年間は、多くのマスメディアが被災者の生活実態を取り上げる特集を組んでいたが、3年目以降は、地震発生日に行われるイベントが紹介される程度である。したがって、同じ県内の金沢市に住んでいても、時間の経過とともに能登半島地震が風化されていくことを感じる。

　それでは、能登半島地震の被災者は、地震発生以前の生活に戻ることができたのか。また、安心して生活しているといえるのであろうか。そのことを明らかにするために、住宅の修理・再建を果たした自宅生活者と住宅の修理・再建を果たせずに災害公営住宅で生活している者を対象に聞き取り調査を行った。本稿では石川県輪島市[1]で行った

（1）輪島市は、2006年2月に門前町と市町村合併している。輪島市全体の2010年5月時点の人口は、3万1,913人である。輪島市役所ホームページ http://www.city.

2つの聞き取り調査をもとに、能登半島地震から3年目の時点での被災者の生活実態を明らかにし、「復興」に向けての課題を提起する。

II 震災からの「復興」を長期的に捉える必要性

1 震災から3年目以降の被災地の状況

地震発生から3年以上が経過した。しかし、これまでは一人ひとりの生活の「復興」が必ずしも最優先のテーマとして掲げられたわけではなかった。石川県や被害の大きかった市町村は、観光業や地場産業への風評被害を危惧し、道路などのインフラ整備を優先させてきた。

その後、行政の関心は「まちづくり」に移り、集落単位で結成された19の「まちづくり協議会」を中心に取り組みが進められている。梶文秋輪島市長も「まちづくり」の重要性を指摘している[2]。震災からの「復興」にとって、「まちづくり」は重要な課題である。しかし、それ以上に重要なのは、一人ひとりの生活再建である。「まちづくり」を優先するあまり、一人ひとりの生活再建が後に追いやられるようなことがあってはいけない。

2 震災から3年目以降の被災者の状況

被災者の中には、大きく分けて住宅の自力修理・再建を果たして震災前に住んでいた地域に戻ることができた者と、住宅の自力再建を果たせず、災害公営住宅に入居した者がいる[3]。輪島市の場合、仮設住宅に入居していた約250世帯のうち、49世帯が災害公営住宅で生

---

wajima.ishikawa.jp/simin/index.htm（最終閲覧・2010年5月29日）を参照。
（2）梶文秋輪島市長へのインタビューにもとづくルポタージュでは、震災からの復興は果たされたことと、「まちづくり協議会」の果たす積極的役割について書かれている。梶文秋（2009）「被災と復興の経験がもたらした市民協働のまちづくりへの契機」全国市長会『市政（第58巻10号）』28〜33頁。
（3）能登半島地震を契機に、能登を離れて自分の子どもの住宅で生活をしている者もいる。3年間継続して調査を行っていく中で十分に把握できていないが、「安心して住み続けられる地域」を創るためにも、追跡調査が必要である。

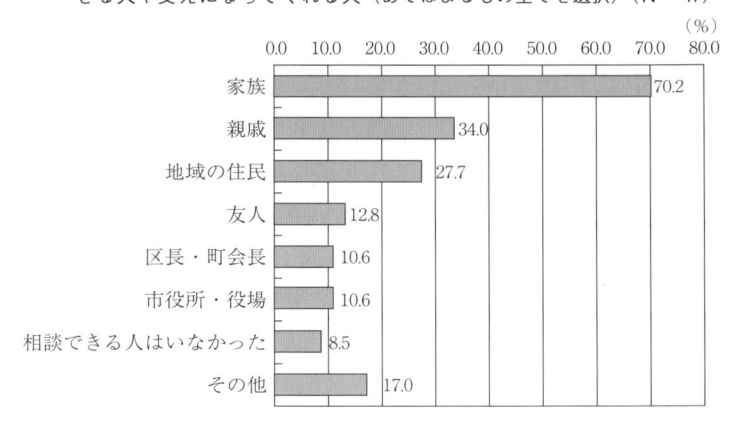

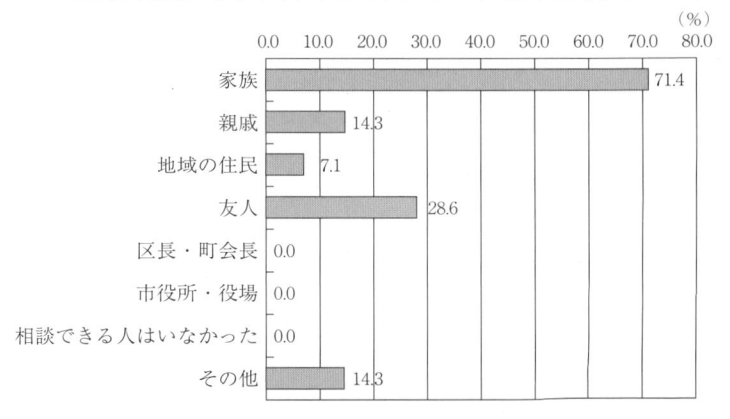

してはならない点である。総じて見ると、自宅生活者、仮設入居者ともに住宅や生活の再建をするにあたって相談を持ちかける相手は、家族や親戚、友人といったごく身近な存在である。

居住福祉研究叢書　第5巻　　　　　　　　　　　　　　　　　　　［井口克郎］

第9章　能登震災の被災者生活及びコミュニティへの影響調査／第2節

活をおくることになった。災害公営住宅に入居した者が、生活上の困難を抱えていることは、予想がつく。災害公営住宅に入居した被災者は2度に渡って地域から引き離されてきた（自宅から仮設住宅、仮設住宅から災害公営住宅）。井口論文では、同じ集落にいながら被災者が抱える生活困難が共有化できない実態が紹介されたが、災害公営住宅に入居した被災者の場合は、距離的にも引き離されてしまっている。特に、徒歩以外の移動手段を持たない高齢者の場合は、深刻である。実際に、近所付き合いが少なくなり家の中に1人で過ごす時間が増えているという。

　しかし、実際には住宅の修理・再建を果たした者の中にも生活上の困難を抱える者は存在する。住宅の修理・再建を果たしたといっても、「老後のために貯めておいた貯金」を使い果たしてしまい、医療や介護などの日常生活面での不安は、より増大されているからである。

　このような実態をふまえると、被災者の生活が「復興」を果たしたとは必ずしもいえない状況である。被災者の生活の復興を考えていく際には、長期的な視点が必要なのである。

3　長期的に生活困難を抱える被災者と「生活被害」

地震発生直後のみではなく、被災者が長期的に生活困難を抱えることは、能登半島地震に限ったことではない。阪神・淡路大震災（1995年1月）、新潟県中越地震（2004年10月）においても、未だに被災者の身体的精神的ケア、生活再建過程における被災者間の不平等、コミュニティの再生など、多くの問題を抱えている[4]。

　そこで、筆者は「生活被害」という視点から調査結果を分析し、生

（4）長期的な視点で被災者の生活実態や問題点を明らかにした研究は多数存在するが、本節では、金吉晴編（2006）『心的トラウマの理解とケア』じほう、63～95頁、阪神淡路大震災に関しては、丸川征四郎（2005）「第五章 保健・医療～10年の回顧と課題」震災復興誌編集委員会編『阪神・淡路大震災復興誌〔第9巻〕2003年度版』財団法人 阪神・淡路大震災記念協会、133～139頁、新潟県中越地震に関しては、関西学院大学復興制度研究所編（2008）『2007年度 被災地復興意識調査報告』32～34頁を参照した。

活実態を明らかにする。「生活被害」をどう捉えるかは、今後も検討が必要であるが、本節では「地震による直接的な被害」に加えて、「地震後の生活再建の過程で生じる困難とそれに起因する生活不安」と定義しておく。「地震後の生活再建の過程で生じる困難とそれに起因する生活不安」は、物的、人的被害と異なり、目には見えづらい部分である。しかし、この点を欠いては、被災者の真の生活実態と困難は把握できない。

Ⅲ 能登半島地震から3年目の自宅生活者の生活実態

1 調査の概要と分析の視点

それでは、2009年8月に輪島市門前町道下地区で行った調査結果[5]から、まず自宅生活者の生活実態＝「生活被害」をみていく。調査では、「生活復興感」と「生活満足度」について回答を得た。「生活復興感」については地震発生以前と比べて生活ぶりがどう変化したか、「生活満足度」については現在の生活に満足しているかどうかをそれぞれ聞いた。また、「生活被害」と仮設住宅入居の有無と期間に関連性があるという仮説を立て、2つの指標を分析する際に「仮設住宅入居経験なし」、「仮設住宅入居1年未満」、「仮設住宅入居1年以上」に分類し、クロス集計を行った。仮設住宅で生活をおくるという

（5）調査対象者は、輪島市門前町道下地区と近隣にある舘地区の仮設住宅に入居していたことのある高齢者と門前町道下地区に住む高齢者である。調査対象の両者は、地震発生直後の一定期間を道下地区で生活をおくっていたことになる。全体の調査対象者は、378名であり、235名から有効回答を得ることができた（回収率：62.2％）。ただし、仮設住宅入居経験者の中には、住宅の修理・再建が果たせず、旧門前町道下地区に建設された災害公営住宅に入居した者が8名含まれていることはお断りしておきたい。

本調査は、共同研究の成果であり、研究成果の一部は神林康弘、田中純一、村田隆史、大滝直人、柴田亜樹、林宏一、久保良美、人見嘉哲、井上英夫、中村裕之（2010）「能登半島地震による高齢者の長期的な健康被害の現状、要因、および、予防法と支援対策〜仮設住宅入居や生活面と健康の関わりについて〜」金沢大学能登半島地震学術調査部会『安心して住み続けられる地域を創る――金沢大学能登半島地震学術調査部会報告書――』108〜119頁にまとめられている。

ことは、住宅はもちろん、近隣関係や買い物など、あらゆる生活場面において、これまでと異なる生活環境に身を置くことになり、それが「生活被害」につながると考えられるためである。

2 生活復興感

「生活復興感」の分析のために、自身の健康、家で過ごす時間、人とのつながり（人とうまく付き合うこと）、生活の生きがい、自分の将来に関する質問項目を設けた。調査結果は以下のとおりである（表1）。

自身の健康に関する質問では、「元気はつらつとしていることが減った」と答える者が、仮設住宅入居1年以上で51.4%（19名）と最

表1　仮設住宅入居期間と生活復興感　　　％（人）

	仮設経験なし	仮設1年未満	仮設1年以上
① 元気はつらつとしていること（自身の元気）はどう変化したか（n=226)			
増えた	11.6（15）	8.3（5）	8.1（3）
変わらない	65.9（85）	58.3（35）	40.5（15）
減った	22.5（29）	33.3（20）	51.4（19）
② 家で過ごす時間はどう変化したか（n=218)			
増えた	32.0（39）	29.3（17）	57.9（22）
変わらない	60.7（74）	67.2（39）	39.5（15）
減った	7.4（9）	3.4（2）	2.6（1）
③ 人とうまく付き合うこと（人とのつながり）はどう変化したか（n=229)			
増えた	12.3（16）	21.3（13）	2.6（1）
変わらない	83.1（108）	72.1（44）	73.7（28）
減った	4.6（6）	6.6（4）	23.7（9）
④ 生活の生きがいはどう変化したか（n=226)			
増えた	13.3（17）	10.0（6）	10.5（4）
変わらない	74.2（95）	70.0（42）	50.0（19）
減った	12.5（16）	20.0（12）	39.5（15）
⑤ 自分の将来が明るいと感じることはどう変化したか（n=225)			
増えた	12.4（16）	10.3（6）	2.6（1）
変わらない	75.2（97）	69.0（40）	63.2（24）
減った	12.4（16）	20.7（12）	34.2（13）

出所）神林康弘、田中純一、村田隆史他（2010：114頁）を一部修正。

も多くなっており、なおかつ過半数を超えている。さらに仮設住宅入居経験なしで22.5%（29名）、仮設住宅入居1年未満で33.3%（20名）であり、全体の約3割が健康面が悪化していることと、仮設住宅入居期間が長期化している対象者ほど、その傾向が強いことがわかる。

健康面の悪化は生活行動に変化をもたらす。家で過ごす時間に関する質問では、「家で過ごす時間が増えた」と答えた者が、仮設住宅入居1年未満で29.3%（17名）が仮設住宅入居経験なしで32.0%（39名）を上回っているが、仮設住宅入居1年以上で57.9%（22名）と約6割に達しており、深刻な状況が生まれている。地震発生後、多くの被災者は外出する機会が減少していることがわかる。

外出機会の減少は、周囲との関係に変化をもたらす。人とのつながり（人とうまく付き合うこと）に関する質問でもやはり、「人とうまく付き合うことが減った」と答える者の割合が仮設住宅入居1年以上で23.7%（9名）と最も多くなっている。

周囲との関係が変化（悪化）すると、生活の生きがいに変化をもたらす。生活の生きがいに関する質問では、「生きがいが減った」と答える者が、仮設住宅入居経験なしで12.5%（16名）、仮設住宅入居1年未満で20.0%（12名）、仮設住宅入居1年以上で39.5%（15名）であった。被災者は、健康面での被害のみならず、生きがいの減少にまで被害が及んでいるのである。

生活の生きがいが減少すると、自分の将来に対しても悲観的になってしまう。自分の将来に関する質問では、「明るいと感じる度合いが減った」と答えた者が、仮設住宅入居1年以上で34.2%（13名）であった。

3　生活満足度

前項に続き、「生活満足度」をみていく。「生活満足度」の分析のために、毎日の暮らしと自身の健康に関する質問項目を設けた（表2）。

地震発生以前の生活に戻れていないということは、やはり生活満足度の低下につながっている。毎日の暮らし（生活状況）に関する質問

表2 仮設住宅入居期間と生活満足度　　　　　％（人）

	仮設経験なし	仮設1年未満	仮設1年以上
① 毎日の暮らしに満足しているか（n=228）			
満足している	60.5（78）	70.5（43）	57.9（22）
どちらでもない	24.8（32）	13.1（8）	13.2（5）
満足していない	14.7（19）	16.4（10）	28.9（11）
② 自身の健康に満足しているか（n=227）			
満足している	42.6（55）	35.0（21）	26.3（10）
どちらでもない	23.3（30）	26.7（16）	21.1（8）
満足していない	34.1（44）	38.3（23）	52.6（20）

出所）神林康弘、田中純一、村田隆史他（2010：114頁）を一部修正。

では、「毎日の暮らしに満足していない」と答えた者が、仮設住宅入居経験なしで14.7％（19名）、仮設住宅入居1年未満で16.4％（10名）、仮設住宅入居1年以上で28.9％（11名）であった。被災者の2割近く、特に仮設住宅の入居期間が長期化している者ほど、現在の暮らしに満足できていない。

毎日の暮らしと健康状態は深く関連している。健康状態に関する質問では、「自身の健康に満足していない」と答えた者が、仮設住宅入居経験なしで34.1％（44名）、仮設住宅入居1年未満で38.3％（23名）、仮設住宅入居1年以上で52.6％（20名）であった。被災者の4割近く、仮設住宅入居1年以上の者は半数以上が、健康状態に不安を抱いているのである。

4 「生活被害」の構造と長期的ケアの必要性

一般的に、震災からの長期的ケアの対象者として考えられているのは、災害公営住宅に入居している者である。しかし、調査結果から明らかなように、住宅の修理・再建を果たした自宅生活者も未だに生活面、健康面、精神面に不安を抱えながら生活をしている。

本節では、これを「生活被害」と定義したが、「生活被害」の構造をまとめると図1のようになる。被災者の生活再建過程は長期的で多岐に渡るが、はじめに直面するのが、住宅の修理・再建に関する困難

居住福祉研究叢書　第5巻　　　　　　　　　　　　　　　［村田隆史］

図1　仮設住宅入居期間長期者の「生活被害」の構造

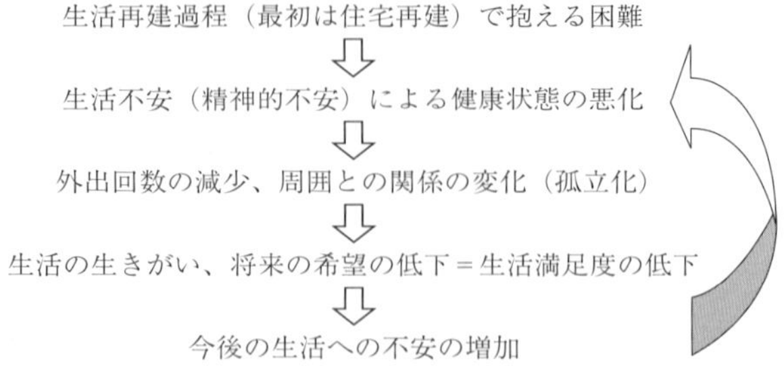

生活再建過程（最初は住宅再建）で抱える困難
⇩
生活不安（精神的不安）による健康状態の悪化
⇩
外出回数の減少、周囲との関係の変化（孤立化）
⇩
生活の生きがい、将来の希望の低下＝生活満足度の低下
⇩
今後の生活への不安の増加

である。被災者の多くは壊れた住宅を目前にして、「今後、自分の生活はどうなるのであろうか」、「地震発生以前の生活に戻ることはできるのであろうか」と不安を抱えた状態で生活をしている。生活再建過程で困難を抱えることによって健康状態が悪化し、健康状態が悪化することによって外出機会が減少し、外出機会が減少することによって近隣との関係が変化（悪化）し、人とのつながりが減少することによって生活の生きがいが減少し、将来に対して悲観的になってしまうというサイクルである。そして、今後の生活に不安を抱え続けることが、さらなる健康状態の悪化を招き、「生活被害」を拡大していく。仮設住宅への入居者、特に長期間入居している者は、より深刻な状況である。

　ここまで分析してきたように、震災から3年目を迎えた被災者（自宅生活者）の生活は、「復興」を果たしたとはいえず、「生活被害」が見えにくくなっている状況だからこそ、長期的で個別的なケアが必要になっている。しかし、現在、行政による継続的な保健活動や見守り活動は行われていない。

IV 能登半島地震から3年目の災害公営住宅入居者の生活実態

1 山岸地区仮設住宅と調査の概要

次に、2009年11月に輪島市の旧輪島市内に建設された災害公営住宅で行った調査[6]から、入居者の生活実態をみていく。

本調査は、災害公営住宅の入居者の中でも、山岸地区仮設住宅で生活していた者を重点的に実施した。山岸地区仮設住宅は、旧輪島市内の中心部に50戸建設された仮設住宅である。旧輪島市内は、旧門前町と異なり、特定の集落・地区の被害が大きかったというのではなく、被害が広範囲に分散していた。そのため、山岸地区仮設住宅への入居者も、約10の集落から集まってきていた。仮設住宅入居当初から、住民間の意思疎通を図ることができるのか、コミュニティを形成できるのか、ということが危惧されていた。

仮設住宅が閉鎖されるころには、山岸地区仮設住宅では、1つのコミュニティが形成されていた。この仮設住宅では、藤本幸雄区長が、毎日の朝夕2回、全戸を訪問し、声かけ活動を継続的に行っていた。そして、藤本区長の呼びかけで、仮設住宅ごとに建設された集会所が積極的に活用され、ボランティアや慰問活動はもちろん、イベントがない時も住民が集まり、いつでも周りとコミュニケーションがとれる憩いの場となっていた。

しかし、仮設住宅が撤去され災害公営住宅に移る際に、山岸地区仮設住宅の住民は横地地区、宅田地区、マリンタウン地区の3地区に分散することになった。藤本区長は、災害公営住宅の付近に集会所を建設することを要望したが、それは果たされなかった。コミュニティが

---

[6] 調査対象者は、旧輪島市内に建設された災害公営住宅に入居している被災者である。聞き取り調査を実施した10世帯のうち、9世帯は山岸地区仮設住宅で生活をおくっていた。輪島市内に災害公営住宅は49戸建設されている。調査日は、輪島市内の様々なイベントと重なっており、不在者が多かったが、聞き取り調査を実施できた者に関しては、1時間ほどかけてじっくりと話を聞くことができた。

形成され、住民間の交流が行われていた仮設住宅から災害公営住宅へ移った被災者の生活状態に、どのような変化がみられるのであろうか。聞き取り調査結果から明らかになったことを、被災者の言葉を交えて分析する。

2 家賃負担による経済的不安の増加

1点目は、家賃負担が発生したことによる経済的不安の増加である。仮設住宅は家賃が不要であったが、災害公営住宅は、輪島市内にある他の公営住宅に準じた家賃を支払わなければならない。毎月の負担額は収入によって異なるが、年金生活者にとっての1万3,000円、子育て世代にとっての2万7,000円は、生活に重くのしかかっている。「今までは家賃がいらなかったが……」(女性)、「家賃に関しては不安、家計負担がとても苦しい」(40歳代女性)という声が聞かれた。

毎月の家賃負担以外にも、災害公営住宅への入居時に様々な費用負担が発生する。部屋の照明器具、網戸などが自己負担となっている。他の公営住宅入居者と条件は同じであるが、災害公営住宅への入居者は住宅の修理・再建を果たすことができなかった者である。通常の公営住宅の入居者と「平等」の条件でよいのか、検討が必要である。

3 遠くなった病院との距離

2点目は、仮設住宅入居時は歩いて行ける距離に病院が存在したが、そこから離れたということである。山岸地区仮設住宅は旧輪島市内の中心部にあったため、市立輪島病院へは歩いて行ける距離であった。しかし、3つの災害公営住宅は、病院から極端に離れているわけではないが、高齢者が歩いて行くには困難な距離である。公共交通機関が整備されていない輪島市内においては、なおさらである。

輪島市内は全区間100円のコミュニティバスが走っている。しかし、「家から病院へのバスがなくて不便」(70歳代男性)、「近くに100円バスがあり、天気の良い日はそれに乗って、乳母車で歩くと25分」(女性)という状況である。それでも、天気の良い日は1人で病院へ行く

ことができるが、「雨の日は病院へ行けない」(女性) 人もいる。天気が悪いと、タクシーに乗って病院まで行かなくてはいけない。しかし、年金生活者にとって、医療費のみならず、タクシー代を負担することは、結果的に受診抑制につながる危険性もある。自宅生活者の調査でみたように、被災者の多くは、現在でも健康面、精神面での不安を抱えながら生活をしている。いかに、受診抑制につながる危険性を除去していくかは、重要な課題である。医療保険の保険料（税）負担と窓口での一部負担も合わせて考えなくてはならない。

4 2度に渡って地域から引き離される

3点目は、2度に渡って地域から引き離されたということである（自宅から仮設住宅、仮設住宅から災害公営住宅）。2009年11月調査では、仮設住宅から災害公営住宅に転居したことによる生活への影響を明らかにすることに重点を置いていたが、聞き取り調査の中では別の面で深刻な状況が明らかになった。それは、災害公営住宅の入居者の多く（10名中8名）が、地震発生以前に暮らしていた地域の住民との交流がなくなっているということである（もちろん、会えばあいさつや世間話はする）。長年生活していた地域の住民との交流が減少することが、被災者の精神面に与える影響は大きいと思われる。交流が減少した主な理由は、距離が離れたことと移動が困難なことである。この事実は、生活の場が元々住んでいた地域から離れることによる生活への影響を示している。

このことは、仮設住宅から災害公営住宅へ転居した場合も同様である。調査時は、仮設住宅の閉鎖から半年後であったが、生活の変化、特に精神面に大きな影響を与えていた。具体的には、「集会所では、みんなと話したり歌ったりつらいことを忘れる」(女性)、「山岸で知っていた人が3か所に分かれてしまい寂しい」、「山岸の人とは親しみが違う」(70歳代男性)、「山岸の時より寂しい。集会所がなくて会うことができない（したくてもできない）」、「集会所の集まりが楽しかった」(80歳代女性)、「集会所が欲しい（話すことでストレス発散）」(70歳代男

性) という声が多く聞かれた。

　災害公営住宅へ入居するということは、物理的な諸条件が大きく変化するのはもちろんであるが、精神面、健康面にも大きな影響を与えるのである。特に、山岸地区仮設住宅で暮らしていた被災者は、集会所における住民間の日々の交流が生活の支えになっていた。実際に、「ストレスがたまる」、「落ち込むことが増えた」という声は多い。

5　新たな生活の場としての定着への課題

　上記の3点をふまえて、新たな生活の場としての定着への課題について述べたい。住民が望むように、山岸地区仮設住宅の被災者間の日常的な交流を増やす方法を考えていくことは重要であるが、災害公営住宅が3か所に分散され、集会所が建設されていない現状では、災害公営住宅をいかに新たな生活の場として定着させるかも考えていかなくてはならない。そのためには、災害公営住宅の建設された地域住民との交流を増やすことが必要である。しかし、10名中8名が「地域住民と全く交流していない」と答えるのが、実態である。入居してから半年間経過しているにもかかわらず、「家族のみで過ごし、周りの家の人との交流はない。知らない人が通って行くようだ。挨拶もできない」、「知らない人の家の前を何回も通りにくい」(80歳代女性)、「近くに住んでいる住民とも交流したいとは全く思わない」(80歳代女性)という答えまで存在する。町内会に加入していない (案内が来ない) 世帯や周囲の住民に気をつかって散歩もできないという女性もいる。

　コミュニティをいかに形成するかということは、短期的に解決する問題ではない。しかし、地震発生以前の地域、山岸地区仮設住宅の住民とのつながりは減少しており、災害公営住宅入居者はますます「孤立化」してしまう危険性がある。「孤立化」の結果、「生活被害」につながることは述べたとおりであり、すでにその兆候は表れている。もちろん、どちらかの住民に問題があるというのではなく、現在はそのきっかけがないのである。災害公営住宅入居者と地域住民のつながるきっかけをつくり、コミュニティを形成することが重要な課題である。

第 9 章　能登震災の被災者生活及びコミュニティへの影響調査／第 2 節

V　おわりに

　以上、聞き取り調査結果をもとに、地震発生から 3 年目の被災者の生活実態を分析してきた。住宅の修理・再建を果たした者と住宅の修理・再建を果たせずに災害公営住宅に入居した者、仮設住宅に入居経験がある者とない者など、地震が発生してからの 2 年間の生活は、被災者によって様々である。しかし、「生活被害」の深刻化は共通していることである。多くの人々が震災を起因とする様々な生活困難に現在でも苦しんでいる。震災からの「復興」を強調し、あたかも地震発生以前の生活に戻れたかのような議論も存在するが、一人ひとりの生活をみておらず、軽視していると言わざるをえない。本節で明らかにしたように、震災からの「復興」を考える際は、長期的視点が必要になってくる。

　「はじめに」で述べたが、能登半島地震への関心は急速に薄れつつある。しかし、被災者の生活実態をふまえると、能登半島地震からの「復興・再生・発展」はこれからが正念場である。本節では、被災者の生活実態の分析にとどまったが、「復興・再生・発展」を視野に入れた研究及び政策提言が求められる。能登半島は震災以前から、過疎・超高齢化に直面していた。3 年間にわたる聞き取り調査の中でも、地震被害特有のニーズのみならず、能登半島で暮らし続けていくために不可欠な医療制度、介護制度、年金制度、雇用制度に対するニーズが示された。今後は、地震被害特有のニーズとともに、平常時の社会保障・社会福祉制度に対するニーズもふまえた「安心して住み続けられる地域を創る」ための政策提言をまとめる必要がある[7]。それは、一人ひとりの生活実態やニーズに基づくものでなければならない。具体的な検討は今後の課題としたい。

（7）詳しくは、井上英夫（2008）「震災を見る視点」医療・福祉問題研究会『医療・福祉研究（第 17 号）』62 〜 70 頁、同（2010）「能登半島地震学術調査部会報告書の概要と政策提言」金沢大学能登半島地震学術調査部会『安心して住み続けられる地域を創る──金沢大学能登半島地震学術調査部会報告書──』3 〜 5 頁を参照。

居住福祉研究叢書　第 5 巻　　　　　　　　　　　　　　　　　　［村田隆史］

（本節のⅡとⅢは、村田隆史（2010）「能登半島地震後の『生活被害』の実態と構造〜仮設住宅入居期間の差異に着目して〜」日本居住福祉学会編『居住福祉研究（第 10 号）』東信堂を加筆・修正したものである。）

［付記］

被災者の方々には、地震発生から 3 年間、大変な状況にもかかわらず、調査にご協力いただき貴重なご意見を聞かせていただきました。この場を借りて厚く御礼申し上げます。

本節で紹介した被災者への聞き取り調査は、科学研究費（特別研究促進費 19900002）「過疎・超高齢化地域での地震による生活被害実態の解明と人間・地域の復興のための調査研究」の成果の一部である。

第10章　三宅島の噴火活動からの復興の現状と防災

村　　　　榮

I　火山活動の姿と島びとの暮らし

　帰島以来、この5年間に雄山山頂から噴煙の立ち昇らない日はない。日によって、その色は白かったり、灰色がかったりと様々である。高さもまちまちである。活火山を象徴する見事な光景で、観光資源の第一になるはずだった。その噴煙の大部分は水蒸気である。ところがこの噴煙量（火山ガス）のおよそ十分の一が悪さの原因をなす二酸化硫黄と分かり、がっかりしている。人間の健康に害を与え、自然の緑を奪い、森林を無残な白骨の幹姿に変えてしまったのだ。緑を失った山腹は、噴火の火山灰粘土で固められ、雨水の浸透を遮り、土砂は豪雨のたびに海辺の磯を埋めてテングサ・トコブシの漁場を荒らしたままだ。サンゴは死に熱帯魚も減った。二酸化硫黄は、別名「亜硫酸ガス」とも呼ばれ、鉄をも溶かす強い硫黄酸である。比重が空気よりも重くて、山頂から山肌を舐めるように海に流れ下る。海洋に浮かぶ三宅島は、今回の噴火で島全体が沈下した。単頂峰の雄山は、標高780ｍ余、東西南北直径8kmほどの小さな島では、毎日のように風向きは変わる。海辺に散在する5つの集落とその間にある畑が被害をまぬがれることはない。喘息や呼吸器に疾患を持つ人は、火山ガス発生のたびに苦しみ、畑の作物は、種まき直後や収穫前にたびたび全滅して悲哀を味わう。屋根のトタンは腐りが早く、窓のアルミサッシもすぐに痛んでくる。金属類はこの火山ガスにとても弱い。学校や役所・避難所など公共施設には、火山ガス対策の費用がかかり、人口減で統合された学校通いには、幼稚園児まで含めてバス使用だ。今のところ、火山ガスで恩恵を受けることは、まずない。

　阿古地区は前回昭和58年の噴火では、一晩で集落の7割、約430

戸を一挙に失った経験を持つ。厚さ数mの溶岩流に埋没したのだ。熱さ700〜800℃のマグマ溶岩の下では、家・屋敷とも全部焼け溶けていると推定されている。その結果、集落は仮設住宅暮らしの後、3カ所の団地を含めて南北に長く分散してしまった。車社会とはいえ、端から端まで3kmも離れると、年寄りは、行き来に苦労し、話し合いも助け合いも難しくなる。集落のまとまりに欠け、勢いが失せる一方で、次の噴火では集落壊滅の危険分散が評価された。不便な生活の教訓が、今回の大噴火、東京避難生活に生かされなくて再び4年半も苦労した。都営住宅の空家にばらばら入居したのだ。島を離れてすぐに家を得た安心と引き換えに職と収入を失った。ここでも、散らばった島びとをまとめる苦労は再現された。村長が一言「まとまった住まいを希望します」と強く訴えれば、実現したかどうかは分からないが、長い避難生活で引越しの煩わしさはあっても、まとまりが生まれたかもしれない。私はたった一人、ぽつんと離れた団地で孤独に耐え、地域の善意に助けられての感謝の避難生活を送った。経験・知恵を生かす教訓を子や孫には確実に伝えたいものだ。前回、昭和58年噴火で家と土地を失った阿古集落の島びとは、新たに家を建て、そのローンを返せぬうちに、また今回の大噴火に遭ってしまった。火山島をふるさとに持つ島びとの歴史の定めとはいえ、帰島をためらうのは当然である。悲運と言える。

　しかも、近年の度重なる噴火のたびに、人口は大きく減っていった。それが今回の大噴火では、島中が大打撃を受け、ふるさとの島に戻った高齢者だけでは、復興の見込みが立たない状態になっている。島に戻った高齢者は、共済年金や厚生年金で暮らせる人と国民年金だけの人の間に経済格差が目立つようになった。仕事のあるのは、役所・学校などのサラリーマンと土建業で働く人ぐらいだ。重機を扱う山や磯の仕事は、島の年寄りには無理だ。観光民宿も農業も漁業者も商店も振るわない。噴火前は観光手伝いで収入があり、年寄りでもアシタバ切り葉やテングサの磯拾いで十分暮らしていけた。その副収入が消えて、苦しい暮らしを強いられている人が多い。本土に比べて有利なの

は、皆、自分の家があり、ホームレスがいないことや、辛うじて自給自足の暮らしができる地域があること。それに、留守でも鍵を掛けない習慣とか、採れた野菜・釣れた魚を隣近所に配る風習が残っていることぐらいだ。島びとの願いはただ一つ、火山ガスが止まって子や孫たちが戻ってくることだ。

II 火山ガス情報の徹底（防災無線放送）及び立入禁止区域・危険区域の設定

　朝7時と夕方5時に、村役場ではその日の火山ガス流れの予測を屋外・屋内の防災無線放送で全島に流す。火山ガス発生で流れる地域とその濃度を両放送でそのつど流し、避難注意・避難警報を呼びかける。

　特に健康診断による「高感受性者」は注意を要し、その家庭の一室には簡易脱硫装置が置かれている。

　火山ガス（二酸化硫黄）の観測点は、周回都道沿いに14カ所設置され、流れる濃度によって防災無線放送で、全島にすぐ放送される。観測点の色違い電灯表示も役立っている。

　阿古・坪田両高濃度地区を含めると、立入禁止区域は島全面積の45％になる。平成21年4月1日からの阿古高濃度地区の立入禁止解除でこの割合は、少し減った。

　＊阿古高濃度地区の居住一時滞在許可
　　　　　平成19年7月〜8月　7世帯　12人
　＊同上　　平成20年3月〜8月　6世帯　12人
　＊阿古高濃度地区の居住禁止解除
　　　　　平成21年4月1日　7世帯　11人

火山ガス濃度のレベル

レベル1	レベル2	レベル3	レベル4
避難注意報 0.2ppm	避難警報 0.6ppm	避難警報 2.0ppm	避難警報 5.0ppm
（高感受性者に重大な影響を及ぼす）		（一般の人に重大な影響を及ぼす）	

居住福祉研究叢書　第 5 巻　　　　　　　　　　　　　　　　　　［村　榮］

＊坪田高濃度地区の居住一時滞在許可
　　　　　　平成 20 年 9 月 1 日〜 10 月 31 日　19 世帯　33 人
＊同上　　平成 21 年 9 月 1 日〜 10 月 31 日　11 世帯 20 人

阿古高濃度地区に指定された地域は、薄木・粟辺で対象住民 24 世帯、50 人。

坪田同では、御子敷・三池・沖ヶ平で対象住民は、128 世帯、281 人。

避難から半年が経ち、家の補修に費用がかさみ、戻れない家庭が多い。

立ち入り禁止区域地図（平成 21 年 3 月 31 日現在）

（三宅村と三宅島観光協会提供）

第 10 章　三宅島の噴火活動からの復興の現状と防災

Ⅲ　火山ガスの生活被害

火山ガス（二酸化硫黄）の生活被害

① 家屋の金属部分が硫黄酸で腐食が早い。トタン屋根・アルミサッシ窓枠・水道蛇口など。他の例として、日常の洗濯ばさみのバネは半年で腐り、取り替える。
② コンピュータ制御の電気製品、エアコンやテレビリモコン・電子レンジ・風呂のボイラー制御器など、買い替え頻繁。テレビアンテナの取り換えもたびたび。
③ 車やバイクの傷み方が激しい、これには塩害も加わる。
④ 自然植生や畑作被害や雄山中腹以上の緑が消えて大雨の土石流頻発。ダムで防ぎきれず、満杯ダムの土砂運び出しが今後の課題となる。
⑤ 道路標識・カーブミラー・案内板鉄柱などが腐食で次々に倒れる。ガードレールも腐食が早い。鉄橋の塗装も頻繁。
⑥ 電線・電話線の張り替え工事は、本土の3分の1の寿命。
⑦ 酸性雨で水源地の上水浄化に費用がかさみ、水道料金が高額。それでも石灰分多く、風呂ボイラーや鍋・釜・やかん・湯沸かしポットなどの缶石（湯垢のかたまり）ひどく、家庭の飲料・調理にはペットボトル水使用が一般的である。
⑧ 植生被害甚大。マツ・スギ・果樹などほとんど枯れる。鎮守の森に多いシイ・タブや防風林・防潮林など消えて、台風や潮風から家・畑を守りきれない。
⑨ 実のなる木が減り、それを餌にする野鳥が減った。生態系の変化で国立公園の自然が痛む。
⑩ 土石流入では、海岸の磯が荒れて、特産のテングサやイセエビ・貝などが姿を消す。
⑪ 磯の釣り場の浸食が激しく、サンゴが死滅して、釣り人やダイバー客が減る。噴火で島全体が沈下した。特に島の南半分では、坪田漁港の約1km、阿古桟橋の80cmが目立ち、それぞれ約60cm

の嵩上げ工事がなされたほどだ。

Ⅳ 復旧・復興のインフラ整備

＊投入された予算（次頁を参照）
＊砂防ダム51基・治山ダム158基は、豪雨による土石流防止と山肌安定が目的だ。
＊港湾整備として、錆が浜港桟橋は、80cm地盤沈下でかさ上げ。三池港は桟橋延長。伊ヶ谷港は、第3の定期船発着港として整備されて使用開始。
＊村営住宅の改修と建設　210戸
　神着地区　6団地　34戸。伊豆地区　3団地　20戸。伊ヶ谷地区　1団地　10戸。坪田地区　7団地　51戸。阿古地区　11団地　95戸。
＊道路・都道は、歩道付きで立派になる。沢をまたぐ鉄橋も増えた。夜間照明もあって夜道が安心である。島びとは、老齢化でこの先、車使用は減る一方なので、もうこれ以上お金をかけなくてもよいといっているほど整備されている。残るは、坪田地区集落内の狭い道の拡幅と、阿古―伊ヶ谷間・峠道の急カーブの手直しぐらいである。一方、生活に密着する村道は、予算不足で荒れている。自治会活動で草刈りを年一回実施している。
＊電気・電話は、東電・NTTの仕事。本土で通常15年もつ電線・電話線が、島では五年の寿命で張替え工事が続く。火山ガス・潮風の被害だ。風の強い島なので、風力発電が利用できないものだろうか。昔その実験をしたことがあるが、結果は聞いていない。
＊携帯電話は、中継局建設で普及が進むが、島内には、なお通話不能地域がある。
＊三宅島空港
　　小さな島の空港の存在は、非常に心強い。都営の第三種空港で、1,300mの滑走路を持つ。しかし、空港敷地の北半分が火山ガスによる立入禁止区域に含まれていて、羽田空港との1日1往復の便が

第 10 章 三宅島の噴火活動からの復興の現状と防災

三宅島復旧・復興の公的支出概要

平成 17 年 8 月 1 日現在。内閣府防災情報より

以下は、国・都・村の支出合計額

安全対策関係	避難施設関係〈クリーンハウス〉	15 億円
	火山観測関係	6 億 5 千万円
	小型脱硫装置〈高感受性者用〉	2 億円
基盤整備関係	砂防ダム整備	323 億円
	治山ダム整備	79 億円
	漁港整備	43 億 5 千万円
	村営住宅復旧・新設	34 億 4 千万円
	都道復旧	34 億円
	水道復旧	5 億 6 千万円
	小・中・高校復旧	5 億 4 千万円
生活再建関係	生活・福祉・離職者特別貸付など	115 億 3 千万円
	被災者生活再建支援関係	12 億 8 千万円
	緊急雇用創設関係	7 億 4 千万円
	合計	683 億 9 千万円

この後、平成 19 年 3 月末までに総合計で、870 億円支出されているという。石原都知事談

平成 19 年 1 月記す　　村

参考

約 684 億円を避難当時の人口約 3,900 人で割ると、1 人当たり約 1,400 万円になります。

ダイヤ通りに運航されず、島びとの悩みのタネになっている。ターボプロップといって、形はプロペラ機だが、推進に空気を吸い込み高温・圧縮するジェット機能を併せ持つため、火山ガス発生だと使えないのだ。完全プロペラ機の就航が望まれている。

空港使用中の緊急避難・消防訓練を東京都消防庁・警視庁・海上保安庁で協力実施している。

居住福祉研究叢書　第5巻　　　　　　　　　　　　　　　　　　　　　［村　榮］

飛行機就航状況

三宅村広報「広報みやけ」

平成 20 年 4 月 26 日　羽田—三宅島運航再開
ボンバルディア DHC8-0300　56 席　エアニッポン・A-net
羽田発　11：45 → 12：30　三宅着　三宅発　13：00 → 13：40　羽田着
片道運賃　15,700 円　　　　　特割　11,400 円　　　　旅割　9,700 円
1849 便　東京→三宅　　　　　　　　1850 便　三宅→東京

	就航予定便(便)	運航便(便)	就航率(％)	搭乗率(％)	就航予定便(便)	運航便(便)	就航率(％)	搭乗率(％)
20 年								
4 月 26～30	5	2	40.0	71.4	5	2	40.0	95.5
5 月	31	20	64.5	50.5	31	20	64.5	83.0
6 月	30	16	53.3	41.9	30	16	53.3	84.9
7 月	31	16	51.6	33.5	31	16	51.5	88.6
8 月	31	18	58.1	48.5	31	18	58.1	91.4
9 月	30	21	70.0	17.7	30	22	73.3	54.0
10 月	27	19	70.4	25.8	27	19	70.4	88.0
11 月	30	10	33.3	29.3	30	9	30.0	78.0
12 月	31	13	41.9	16.6	31	13	41.9	71.0
21 年								
※1 1 月	16	5	31.3	9.3	16	5	31.3	55.0
2 月	28	10	35.7	15.0	28	10	35.7	59.6
3 月	31	15	48.9	17.4	31	15	48.4	63.7
4 月	36	11	36.7	17.1	30	11	36.7	66.7
5 月	31	13	41.9	19.5	31	13	41.9	75.7
6 月	30	12	40.0	12.9	30	12	40.0	67.6
7 月	31	41	12.9	17.9	31	4	12.9	53.6
8 月	31	81	58.1	28.9	31	18	58.1	84.7
9 月	27	91	70.4	26.0	27	19	70.4	74.6
10 月	31	41	40.0	15.8	31	14	45.2	76.0
11 月	30	0	33.3	17.9	30	10	33.3	61.6
※2 12 月	11	4	36.4	12.1	11	4	36.4	75.4

※ 1　機体整備で 1 / 13 ～ 27 運休　　○ 22 年中も同様の傾向が続いている
※ 2　機体整備で 12 / 3 ～ 22 運休

＊水道は、村役場経営で配水管老朽化のため、漏水事故多くそのつど
　応急修理。
　　また、水源の大路池に緑の消えた山腹から土砂が流入して、酸性

化著しく飲料濾過に苦戦中。一般家庭では、炊事・飲料にはペットボトルの水使用が普通の姿である。噴火までは、屋根に降った雨水を溜める貯水槽（島では天水井戸と呼ぶ）が普及していて、飲料や風呂水など一般上水として利用されていたが、今は火山ガスによる酸性化で使われることは少ない。

* 下水は、自然浄化槽で対応。古い家では、汲み取り式が残っている。
* 火山ガス避難訓練　村役場・消防・警察が各集落自治会と協力して、避難バスで毎年実施している。
* 避難所は、噴火・火山ガスなどに備えて300人収容の施設があるが、あまり利用されていない。この施設の正式名は、三宅村活動火山対策避難施設で、完成は平成15年3月である。伊豆地区にある。平穏時の有効活用ができないものだろうか。
* 中央診療所は、村営で運営が大変だが、とてもありがたい存在である。医師3人・歯科医師一人、看護師・レントゲン技師・薬剤師もおり、入院施設もあって心強い。医師の2年交代が寂しい。その医師は主に都立病院から派遣されてくる。火山ガスの関係で、呼吸器専門医は毎月、また産婦人科医も毎月1回予約診療が実施されている。その他では、精神科が月2回、眼科は年4回。小児科・耳鼻科は、年2回。巡回診療で専門医が来島する。救急患者や事故の大怪我の場合は、救急ヘリが昼夜を問わず飛んできて、都内の都立病院に運んでくれるので心強い。

V　コミュニティの復活及び新しい産業育成

新しい生き方

　阪神・淡路大震災以降、ボランティアの仕組みが社会に定着しつつある。社会生活での大進歩だ。そこで叫ばれたことばが、自助・共助・公助だ。三宅島に当てはめると、島びとの高齢者は、人口の半分に達するから、「自助」は、病気予防と食事・健康管理だろう。「共助」は、お互いの安否確認や相互訪問・余り物の分け合い。寄り合

い参加などで孤独に陥らないこと。「公助」では、食堂・配食の制度、診療所通いの便宜、医療・介護の不安解消などかと思う。

自治会の復活

　各集落ごとに復活したが、以前のように冠婚葬祭はやらない。年寄りばかりで、年1回の村道草取りがやっとだ。隣近所の付き合いだけになっている。元気を確認し、励ましの楽しみをしている。それでも、毎月定例日に各集落で老人会を催し、各集落の青年団や自治消防団は、事が起きると駆けつけてよく働いてくれるので、島中から感謝されているが、構成員の高齢化が頭痛のタネだ。

出荷品の開発と販路開拓

　火山ガスの中で育つ、値打ちのある出荷品が見つからないだろうか。広く世間の知恵を借りたいものだ。思いつくまま並べてみると、伝統技術の炭焼き技術が、生い茂るシノダケ木炭にならないか。噴火の枯れ木も大量にある。この木炭化は、実験段階で成功している。水の浄化や消臭剤に役立つとよい。そのシノダケの竹の子は、島で「苦っ竹」と呼ばれて、独特の保存食になっている。溶岩流の中も土も無いのにたくましく育つ「八丈イタドリ」は、火山ガスにも耐えている。その新芽は、島の子が、昔「すかんぽ」と呼んで、塩を付けて遊びながら食べていた。四国の高知県では、その新芽が自然食として郷土料理に使われるという。前に述べた。参考にしたい。ツワブキの新芽は佃煮保存食だ。ヨモギは冷凍も乾燥もできる。アシタバも乾燥粉末にすれば、出荷が容易で健康食品ブームに乗れそうだ。島では、売れない魚は捨てられる。すり身加工品になるとよい。難しいのは販路開拓で、NPOやボランティアの人たちの助けを借りたい。探せばいろいろありそうだ。5月の木イチゴ狩りツアーはどうだろう。火山ガスの心配があるが、日当たりがよい場所では食べ放題だ。「八丈クワの実」「オオシマザクラ（山桜）」のサクランボも、島では野鳥だけでなく、子どもも好んで食べている。2～3年前には、ニッポン丸が火

山島の噴煙見物ツアーで島の周りを周遊した。島上陸はないが、火山島宣伝になる豪華船旅だ。NPOの人たちが考えた5,000円豪華昼食はどうだろうか。島の伝統食「磯・麦雑炊」。サツマイモを何日も煮た柔らか甘煮の「ドンベラッコ」。売り物にならぬ小さなサトイモの潮煮「チッコ」など。豪華か、昔の素朴食かに二極化している時代だ。お客が求めるのは、島の個性ある昔文化であり、離島の個性だ。

島内観光スポットの整備と案内、道路・交通の整備

地図入り案内板の整備は、見事に進んでいる。そのスポットに入る道と対象の場所がまだ十分に整理されておらず、残念だ。例えば、阿古地区の「コシキの穴」は、江戸時代にできた噴火口で、集落のすぐ近くにあり、歩いていける。最近、ボランティアの人たちが周辺を整備してくださり感謝している。

火山ガスに備えた避難所もあると良い。都道沿いのトイレは整い、家庭にないほどの最新水洗設備だ。気軽な交通手段が生まれることを望む。

Ⅵ 復興から取り残された島びとたち

噴火から10年経った今も、噴火当時の人口の4分の1に当たる約1,000人が自宅に帰れず、島内の他の地区や東京都内で、辛い思いのまま暮らしている。

火山ガスの流れが頻繁で、居住禁止になっている島東部の坪田高濃度地区（御子敷・三池・沖ヶ平）の数百人、平成21年3月末で、居住禁止が解除になった阿古地区（薄木・粟辺）の島びとも、噴火から9年も経つと、手入れできないままの家には戻れず、同地区に暮らすのは数軒・十数人に過ぎない。これらの地区の島びとたちの多くは、東京で望郷の思いを募らせて暮らしたり、帰島しても他地区の復興住宅に住み、辛い思いを強いられている。その多くが、仕事と家を同時に失い痛手は大きい。老夫婦か、連れ合いを亡くして、独り年金で細々と暮らすのが実態だ。

この他、帰れない多くの島びとを大別すると、病気治療で東京の専門医にかかる場合。避難中に職を得て子供の教育や環境に馴染んでしまった家族。仕事のある夫だけが島に戻り、家族は東京でと、二重生活の家庭は、サーベイ・リサーチセンターの2005年〜2008年の来島4回の調査では、夫婦別居生活が全世帯の三割にも及ぶと、日本復興学会（平成22年5月14日、関西学院大）で発表されている。

　この現象を生んだ主な原因は、島に仕事がないこと。火山ガス終息のめどが立たず、島の家を修理・維持するのが困難なこと。また、その火山ガスに適応できない体質や幼児を抱えているケース。前回の昭和58年噴火で、一晩で集落の7割を失った阿古地区では、再建築した家のローンをまだ返し終わっていないため、東京で働かざるを得ないケースもある。

　ふるさとへの思いを胸に、東京や島で寂しく暮らす島びとを精神面・催しなどで強く支えているのは、三宅島出身の各種団体やボランティアの人たちだ。また「三宅島新報」を発行し続けている佐藤就之会長だ。望郷の気持ちや生活の惨状を隔月の便りで全島民に伝え、在京の島びとを励まし、個別訪問を続けている。それを支えているボランティアは、神奈川県の向上高校新聞部の生徒や卒業生の皆さんである。

　ふるさとへの思いを抱いたまま、異郷や借家住まいで終わるのは、どんなに辛いことだろう。帰島でき、我が家で暮らすことのできた島びとが、力になってあげられることを考える時にきていると思う。知恵を絞り、思いは小さくてもみんなで実行しよう。知恵や力を貸してもらってもよい。できることを形にして寂しい思いを癒してあげよう。帰島できた島びとの務めだと考える。

　火山ガスと共存できる道を探すのは、容易ではない。苦難に耐えながら、根気よく探すしかないだろう。火山島をふるさとに持った者の宿命である。科学の力を借りたいし、似たような火山地の生き方を参考にもしたい。古い経験も役立てたいものだ。

　熊本の阿蘇山・鹿児島の桜島・長野の浅間山・福島の磐梯山・長崎

第 10 章　三宅島の噴火活動からの復興の現状と防災

の雲仙普賢岳などは、火山噴火の先輩で、観光で暮らしているほどだ。三宅島の 3 カ月前に噴火した北海道・洞爺湖・有珠山では、すぐ下に隣接した洞爺湖温泉が活火山観光地になっている。富士山に至っては、日本を代表する火山の生活利用であり、世界にその美しい姿で知られている。火山ガスの収まらない三宅島であるが、工夫と努力で後に続きたいものだ。

おわりに
――東日本大震災と住み続ける権利確立のために――

　2011年3月11日、東北地方太平洋沖地震が発生し、大津波さらには原子力発電所事故と、未曾有の大災害となった。この東日本大震災発生から約3カ月、6月の初めにようやく被災地に立つことができた。

　訪れたのは、岩手県だけ、駆け足で限られた範囲であったが眼前に広がる光景と被災された人々の話に、絶句すること度々であった。4か月たった7月11日現在、死亡15,500人、行方不明5,344人に上り、なお10万人以上の方が避難している。

　編者は、2010年5月、NPT核不拡散条約再検討会議に向けてのニューヨーク平和行動に参加して、9・11テロの現場を訪れた。そして今年3月15日には広島原爆資料館に足を運んだ。パン・ギムン国連事務総長は、平和集会での講演で長崎、アウシュビッツとチェルノブイリを加えて、人類にとっての平和のためのグラウンド・ゼロとした。

　また、2010年3月にはインドネシアのバンダ・アチェの大津波跡を訪問した。名前はもちろん数さえ不明な多くの人々の遺体が葬られた墓地があり、グラウンド・ゼロと呼ばれていた。さらに、2009年、四川省地震でもっとも被害の大きかった曲山鎮の土石流に埋もれ放棄された姿を目撃した。

　そして今、東北、北関東の被災地・福島原発の光景は、まさにこれらグラウンド・ゼロそのものである。日本でこれほど大規模なグラウンド・ゼロが再び出現するとは未だに信じられない思いだが、人類のためにも平和と人権の礎を築く出発点とすべきであろう。

　世界中で、災害のみならず、戦争、原発事故、温暖化、そして過疎・高齢化、さらには地上げ等様々な要因で地域に住み続けられなくなっている。編者は、2007年3月25日の能登半島地震を契機に「住み続ける権利」を人権として確立することこそ21世紀の課題である

と強調してきた。すなわち、自分の生まれ育った地域に住み続ける、さらにはどこに住むか自ら選び決定できる、その権利が保障されなければならないということである。その人権は、平和的生存権を基底的権利として、環境権、居住福祉＝居住の権利、労働権、教育権等の人権保障、とりわけ所得、医療、福祉サービス等の社会保障権の保障によってこそ実現可能である。

これに対し、2011年6月25日東日本復興構想会議は「復興への提言～ 悲惨のなかの希望」を発表した。ここでは、「復興構想7原則」だけあげて置きたい。

原則1：失われたおびただしい「いのち」への追悼と鎮魂こそ、私たち生き残った者にとって復興の起点である。この観点から、鎮魂の森やモニュメントを含め、大震災の記録を永遠に残し、広く学術関係者により科学的に分析し、その教訓を次世代に伝承し、国内外に発信する。

原則2：被災地の広域性・多様性を踏まえつつ、地域・コミュニティ主体の復興を基本とする。国は、復興の全体方針と制度設計によってそれを支える。

原則3：被災した東北の再生のため、潜在力を活かし、技術革新を伴う復旧・復興を目指す。この地に、来たるべき時代をリードする経済社会の可能性を追求する。

原則4：地域社会の強い絆を守りつつ、災害に強い安全・安心のまち、自然エネルギー活用型地域の建設を進める。

原則5：被災地域の復興なくして日本経済の再生はない。日本経済の再生なくして被災地域の真の復興はない。この認識に立ち、大震災からの復興と日本再生の同時進行を目指す。

原則6：原発事故の早期収束を求めつつ、原発被災地への支援と復興にはより一層のきめ細やかな配慮をつくす。

原則7：今を生きる私たち全てがこの大災害を自らのことと受け止め、国民全体の連帯と分かち合いによって復興を推進する

おわりに

ものとする。

　美辞麗句といおうか。言葉は連ねているが、品格も感じられず、被災者、被災地の人々への共感も感じられず、心が通いあうものではないといわざるをえない。

　なにより、被災者、被災地住民が登場しない。誰のための計画なのか、結局、この間進められてきた新自由主義に基づく、社会保障をはじめとする構造改革の震災復興版に他ならず、大企業による、大企業のための、産業復興構想である。

　これに対して最後に、簡単に編者の復興・発展計画への提言をまとめておきたい。

　1　主権者たる被災者そして被災地住民を主人公にした人間復興そして地域復興・発展でなければならない。

　2　計画は、人権とりわけ住み続ける権利を保障するものでなければならない。

　3　産業復興・発展は農業、漁業そして林業という第一次産業を中心とすべきである。

　4　そのためには、被災地へ行って被害に実態とニーズを知ることから始められなければならない。国の官僚、国会議員は、すべて被災地へ行くべきである。ただし、大名旅行での視察ではなく、現地に迷惑を一切かけない方途を考えなければならない。

　5　とりわけ国会を被災地に、仮設国会でも良いから置くべきである。

　6　財源をどう捻出するか。消費税増税の前にやることがある。本当の意味での事業仕分けをし、不要不急の費用を削減し、復興・発展の財源にすべきである。

　　第一には、軍事費である。関連して自衛隊を災害救助隊・防止隊へ転換をすべきである。命を奪う軍隊から、命を救う部隊へと。

　　第二に、原発費用の転換である。

　　第三に、新幹線・高速道路・ダム、さらにはリニア・モーター

居住福祉研究叢書　第 5 巻

　カー計画の延期と中止である。

　こうして、日本は、大震災を契機に軍事国家（WAR STATE）から福祉国家（WELFARE STATE）の方向へ大きく舵を切るべきである。

　本書は、2007 年 3 月 25 日の能登半島地震を契機に企画された共同研究の成果も含まれている。企画してから後、次々に地震、災害が発生し、ついにこのたびの東日本大震災である。

　本来なら、原発事故も含めて東日本大震災の調査・研究を経て発刊すべきであろう。しかし、これまで我々が提言してきた震災を見る視点そして防止、減災、救助、救援、復旧、復興、再生更に発展政策は、今回の大震災の場合も基本的に当てはまるものである。

　それでも、東日本大震災の被害の甚大さ、深刻さ、苛烈さは、これまでの経験をはるかに上回るものであり、我々の検証、提言に不十分の点が多々あると自覚している。今後調査・研究を続けその成果を他日を期して発表したいと考えている。

　本書は、日本居住福祉学会の居住福祉叢書の一環として発行される。北海道大学の吉田邦彦氏に全体の編集をお願いし、信山社の稲葉文子さんに実務の労を取っていただいた。また、本書の成るについては、能登半島、四川、バンダ・アチェ等そして東日本の地震、津波、原発事故で被災された方々を始め多くの方々に話を伺い、お世話になっている。執筆していただいた方々と併せ、この場を借りてお礼を申し上げたい。

　最後に、多くの亡くなられた方々のご冥福と行方不明の方々のご無事をお祈りします。そして、依然として避難生活、仮設住宅生活等を余儀なくされている被災地の皆様の人間と地域の復興、すなわち住み続ける権利の保障に力を尽くしたいと思います。

　　2011 年 12 月

　　　　　　　　　　　　　　　　　　　　　　　井 上 英 夫

日本居住福祉学会のご案内

〔趣　旨〕

　人はすべてこの地球上で生きています。安心できる「居住」は生存・生活・福祉の基礎であり、基本的人権です。私たちの住む住居、居住地、地域、都市、農山漁村、国土などの居住環境そのものが、人々の安全で安心して生き、暮らす基盤に他なりません。

　本学会は、「健康・福祉・文化環境」として子孫に受け継がれていく「居住福祉社会」の実現に必要な諸条件を、研究者、専門家、市民、行政等がともに調査研究し、これに資することを目的とします。

〔活動方針〕

(1) 居住の現実から「住むこと」の意義を調査研究します。
(2) 社会における様々な居住をめぐる問題の実態や「居住の権利」「居住福祉」実現に努力する地域を現地に訪ね、住民との交流を通じて、人権、生活、福祉、発達、文化、社会環境等としての居住の条件とそれを可能にする居住福祉政策、まちづくりの実践等について調査研究します。
(3) 国際的な居住福祉に関わる制度、政策、国民的取り組み等を調査研究し連携します。
(4) 居住福祉にかかわる諸課題の解決に向け、調査研究の成果を行政改革や政策形成に反映させるように努めます。

───── 学会事務局 ─────

〒466-8666　名古屋市昭和区八事本町101-2
　　　　　中京大学　総合政策学部
　　　　　岡本研究室気付
　　　TEL 052-835-7652
　　　FAX 052-835-7197
　　　E-mail：yokamoto@mecl.chukyo-u.ac.jp

災害復興と居住福祉
居住福祉研究叢書　第 5 巻

2012 年 3 月 30 日　第 1 版第 1 刷発行　46 変上製カ
3265-01011　P296：¥3200E：PB1+100

著者　早　川　和　男
　　　井　上　英　夫
　　　吉　田　邦　彦
発行者　今井　貴・稲葉文子
発行所　株式会社 信 山 社

〒113-0033 東京都文京区本郷 6-2-9-102
Tel 03-3818-1019　Fax 03-3818-0344

Ⓒ 著者, 信山社 2012　印刷・製本／ワイズ書籍・渋谷文泉閣
ISBN978-4-7972-3265-3 C3332 分類369.000-a005
Ⓒ 禁コピー　信山社 2012